海权博弈史

观雨者 —— 著

四川人民出版社

图书在版编目（CIP）数据

海权博弈史 / 观雨者著. -- 成都：四川人民出版社, 2023.11
　ISBN 978-7-220-13530-9

Ⅰ.①海… Ⅱ.①观… Ⅲ.①制海权—军事史—世界—通俗读物 Ⅳ.①E815-49

中国国家版本馆CIP数据核字（2023）第205042号

HAIQUAN BOYI SHI
海权博弈史
观雨者　著

出版人	黄立新
出品人	武亮　刘一寒
策划	郭健
责任编辑	蒋科兰　石龙
产品经理	刘广生
漫画插图	一天到晚气fufu
封面插图	羊某
封面设计	末末美书
出版发行	四川人民出版社（成都三色路238号）
网址	http://www.scpph.com
E-mail	scrmcbs@sina.com
新浪微博	@四川人民出版社
微信公众号	四川人民出版社
发行部业务电话	（028）86361653　86361656
防盗版举报电话	（028）86361653
照排	天津书田图书有限公司
印刷	天津光之彩印刷有限公司
成品尺寸	158 mm × 230 mm
印张	22
字数	274千
版次	2023年11月第1版
印次	2023年11月第1次印刷
书号	978-7-220-13530-9
定价	65.00元

■版权所有·侵权必究
本书若出现印装质量问题，请与我社发行部联系调换
电话：（028）86361656

谨以此书献给我的父母

序　言

15世纪初，葡萄牙里斯本，国王若昂一世正忧心忡忡地看着自己的国家。此时的欧洲刚刚从黑死病的肆虐中缓过神来，几十年前的那场"世纪瘟疫"在这片大陆上造成了数千万人的死亡，搞得很多国家破败不堪。

不过，葡萄牙国王的焦虑倒不是因为葡萄牙人死得太多，恰恰相反，这群生活在伊比利亚半岛上的居民身体强壮、天赋异禀，在黑死病肆虐的时候基本没怎么死人，结果葡萄牙现在就碰到了一个在其他国家不存在的问题：人口超标了……

欧洲这个地方物产不算丰富，人还特别喜欢打仗，所以这片大陆是人类历史上战争爆发次数最多的地区。在这么一个环境里，如果你没有本事去争夺核心地区的土地，那就只能在边缘地带苟且偷生，终日缺衣少食，挣扎在温饱线上。葡萄牙就是典型的例子，它只是坐落在欧洲大陆边缘的一个小国，不仅自己没有多少资源，和整个欧亚大陆的贸易还被身边的卡斯蒂利亚王国（即后来的西班牙）卡着脖子。现在国内吃饭的嘴巴越来越多，金银和货物却运不进来，经济危机的阴影已经笼罩在若昂一世的头顶。

怎么办？

丛林世界的生存法则可以用六个字来概括：杀出一条血路。

道理虽然是这么个道理，但真要去硬打身边那个大国是肯定打不赢的。"杀出一条血路"的关键，是先找软柿子捏。1415年，若昂一世率军渡海南下，直奔北非而去。

陆路不通，就取海路！

在若昂一世的带领下，葡萄牙人顺利拿下了北非港口城市休达，并以此为据点，又连续吞并了大西洋沿岸的数个港口。此后，葡萄牙人便正式开启了他们的航海生涯，不停地向未知的大海进发。

当年的葡萄牙人恐怕没有想到，自己为了求生而采取的这个无奈之举不经意间彻底改变了人类世界的格局。

我们生活的这个星球有70％的面积是海洋，大陆本质上只是散落在海面上的孤岛，它们互相之间谁也看不见谁。在葡萄牙人开创了航海冒险的先河后，无数疯狂的航海家就用自己的性命拼出了一条又一条连接这些大陆的航线。人类世界也是从这个时候开始逐步凝结成一个整体，走上了"全球化"的道路。

只是，这个最开始的"全球化"并非人才和协作的全球化，而是坚船与利炮的全球化。欧洲列强四处劫掠，久而久之就在海面上形成了规模庞大的运输网络，而这也正是欧洲列强的经济命脉。

最终在这个全球物流网络的基础上，逐步发展出现代世界的基本格局。可以说，从15世纪到今天，世界的秩序本质上就是海洋的秩序。这里是人类博弈的真正舞台，任何一个有进取心的民族都不会放弃对海权的争夺。

进入21世纪后，我们也拥有了强大的远洋海军，开始正式走上海权博弈的舞台。如果从当年葡萄牙国王若昂一世渡海南下算起，这个星球上的海权博弈已经持续了600多年。站在其他传统海洋强国的角度来看，现在正在走上舞台的我们有点像是一个"半路杀出来的程咬金"。

中国是一个传统的陆权大国，这里地大物博，居民无须出海拼命，跟葡萄牙这样的"边陲小国"比起来确实要幸运得多。也正因为如此，我们在历史上错过了大部分海权博弈的机会，现在只能算是这个舞台上的"新人"。作为一个"新人"，难免会有很多问题萦绕在心头，比如说：

海军的真正作用是什么？

海战的基本原理是什么？

海战的胜负又会决定什么？

……

要回答这些问题，最好的办法就是看看在这个舞台上曾经发生过的故事。这也正是我和我的顾问谈书撰写此书的初心：通过海权舞台上的往事，去理解西方国家各种行为的底层逻辑，同时也看明白当今的世界格局是如何形成的，又将去向何方。

目 录

第一章 岛国惊魂

　　自作孽的岛国 / 003

　　伦敦爱情故事 / 010

　　渺茫的希望 / 012

　　海峡鏖战 / 017

　　孤注一掷 / 022

　　霸主沉浮 / 025

第二章 又见"日不落"

　　陛下何故谋反 / 031

　　抢劫，还是贸易 / 033

　　暴雷欧洲 / 037

　　全村的希望 / 042

　　山雨欲来 / 045

　　法式作战 / 048

特拉法尔加海战 / 053

新王登基 / 059

第三章　北美崛起

大英"内卷"帝国 / 065

北美内斗大陆 / 067

改变世界的怪物 / 073

乌龟游戏 / 078

大国买办的结局 / 082

新的时代 / 086

第四章　巨人折戟

北洋海淘舰队 / 092

明治杠杆天团 / 094

战争前夜的数学题 / 098

黄海决战 / 102

"一次性舰队" / 108

日本的不归路 / 111

真实的逻辑 / 113

第五章　新玩家入局

躺平美利坚 / 119

"老炮"的威胁 / 121

造舰到底有什么用 / 123

古巴惊雷 / 128

风云际会马尼拉 / 132

破　　局 / 135

古巴决战 / 138

霸权之路 / 144

第六章　东北大战（上）

龙兴之地 / 153

扩张，永远在路上 / 155

皇图霸业 / 159

日不落的棋局 / 161

破产式维新 / 163

再次狂赌 / 167

"第零次世界大战" / 171

第七章　东北大战（下）

"棋盘"的选择 / 179

秋山的锦囊 / 183

极限兑子 / 185

内讧型军队 / 190

最后的胜负手 / 195

秋山的终极锦囊 / 197

谁主沉浮 / 198

赢　家 / 203

第八章　起死回生的帝国

海权 VS 陆权 / 209

一盘散沙 / 211

挣扎的国度 / 213

统一之路 / 216

铁与血 / 219

统一与崛起 / 224

陆权入海 / 226

第九章　海上的疯狂内卷

　　德意志的红眼病 / 235

　　一山不容二虎 / 236

　　英国"大聪明" / 239

　　"内卷"无极限 / 244

　　大国吊车尾 / 247

第十章　不可避免的"一战"

　　天降横财 / 251

　　"契约精神" / 254

　　史诗级秀恩爱 / 256

　　命运的齿轮 / 259

　　海洋的权柄 / 266

第十一章　决战日德兰

　　德国的锦囊 / 274

　　梭　哈 / 279

　　"千里姻缘" / 283

冤家路窄 / 286

神兵天降 / 290

贝蒂的抉择 / 293

绝望之墙 / 296

沸腾之海 / 298

第十二章　霸权旁落

绝　境 / 307

豪　赌 / 311

巨兽出笼 / 320

最后的反击 / 323

没钱汉子难 / 328

霸权旁落 / 333

结　语 / 336

01 第一章

岛国惊魂

第一章　岛国惊魂

英国曾经是人类现代文明里的庞然大物，直接定义了当代的西方世界。这个庞然大物并非一开始就是天选之子，在四百多年前，它一度差点亡国。

当年的英国是如何从亡国的边缘爬上来，并迈出称霸全球的第一步呢？今天我们就来讲一讲这个故事。

自作孽的岛国

1588年7月29日，近130艘满载16000名士兵和7000名水手的西班牙军舰组成了历史上著名的"无敌舰队"，正向英国杀来。他们此行的目的，是要拿下英格兰、爱尔兰以及法兰西女王伊丽莎白头上的王冠。

当时的英国和我们后来认识的那个日不落帝国是两码事，别看伊丽莎白的身上挂着一大堆头衔，其实英国只是一个人口稀少的贫穷岛国。

那时候的西班牙，也不是我们现在看到的这个人畜无害（牛除外）的度假天堂，它作为大航海时代的最大受益者，在16世纪曾经盛极一时。

西班牙不仅独占伊比利亚半岛，还称霸地理大发现带来的新世界，其国土从秘鲁延伸至菲律宾，是人类历史上第一个日不落帝国，无可争议的全球霸主。

眼看日不落帝国的铁拳就要砸到脸上，这样的局面搁谁身上都会感到压力山大，而伊丽莎白对眼前的局势并不感到意外，她心里很清楚，是她自己把西班牙惹毛的。

一个贫穷的岛国是怎么把一个全球霸主惹毛的呢？

第一个原因是宗教。16世纪的英国在欧洲是个另类，他们在宗教改革方面特别积极，而这要归功于伊丽莎白的父亲亨利八世。

1527年，英国国王亨利八世想要和他信奉天主教的妻子离婚。在中世纪，王室不管是结婚还是离婚都要得到罗马教廷的批准，而且如无特别的理由，离婚一般是不被批准的。

亨利八世觉得自己的理由很充分：他的皇后年事已高，还没给自己生个儿子出来。

王室婚姻牵涉的人物都是皇亲国戚，哪边都不好得罪，罗马教皇推三推四地扯了几年就是不批。这让亨利八世很不爽，离个婚居然这么难，国王当成这样确实憋屈。

于是，1531年，亨利八世干脆冲冠一怒，掀桌！

这一年，亨利八世强迫英国宗教会议宣认自己是英国教会（圣公会）"唯一至高无上的主"。两年后，英国教会给罗马教廷的岁贡也停了，到了1534年，英国国会干脆通过了《至尊法案》，直接规定英国教会以英国国王为最高元首，而不是之前的教皇。

当时欧洲各国的宗教改革已经开始蠢蠢欲动，但像英国做得这么绝的并不多。经过亨利八世这一番折腾，英国对罗马教廷是钱也不用给了，话也用不听了，至于换个老婆那更是不在话下。

于是，亨利八世就此彻底放飞自我，又先后娶了五个老婆。

自由的代价就是英国顺理成章地成了天主教的公敌，也就是说，在那个年代，任何人攻击英国，罗马教廷都会在精神上支持他。

现在攻过来的西班牙就是天主教的铁杆支持者。对教廷铁粉来说，英国就是一个天然的死敌。

除了在宗教方面成为西班牙的死敌，英国在海外扩张中也跟西班牙结怨颇深。这主要怪英国自己，英国没有及时摸准时代发展的脉搏，导致自己中世纪后期的发展陷入了尴尬的境地。

长期以来英国向往的是欧洲大陆，岛国毕竟只是个岛，各种资源都差点意思，而农业时代最核心的资源就是土地，所以，英国非常希望能够在欧洲大陆上占一块地盘。

事实上，12世纪金雀花王朝时期的英国确实在法国占有广阔的土地，到了13世纪，大量法国领土已经被法国国王夺回。为了争夺对法国的统治权，英法两国又在14世纪开启了长达百余年的战争，一直打到15世纪。

1429年，本来占尽优势的英国被法国17岁农村少女贞德击溃，形势逆转。二十年后，英国丢掉了在法国的最后一个城市——加来，百年战争宣告结束。最终英格兰在欧洲是一块地也没有，彻底沦为岛国。

紧接着英国又陷入历时三十年的内战（玫瑰战争），长期的战乱导致英国国力衰败，成了欧洲的边缘角色。

尽管如此，英国人对法国土地的执念仍未消退，在法国查理七世夺回法国王位后，嘴硬的英国人仍不放弃其法国国王的头衔。

从中世纪晚期一直到近代，英国国王都一直宣称自己是法国国王，这也是伊丽莎白头上还挂着法兰西女王头衔的原因。这波"嘴炮卫冕"甚至一直持续到19世纪初，不过这都是后话了。

绵延几百年的"嘴炮卫冕"并不能改变英国从15世纪末开始就已经无力进军欧洲大陆的现实。

这时候，英国才想起来自己还可以"向海图强"，当时的航海技术已经非常成熟，欧洲国家得以去到全球建立殖民地，国家的发展前途早已不需要局限在欧洲大陆。

遗憾的是，他们来晚了。

就在英国为欧洲大陆的土地跟法国打得不可开交的时候，葡萄牙和西班牙开启了波澜壮阔的大航海时代，葡西两国从非洲获取奴隶，从美洲获取金银，从印度洋获取各种珍贵商品，在海洋上赚得盆满钵满，国力迅速增长。

按照当时的观念，海洋并非开放的资源，而是谁发现就归谁。为了平衡葡西两国的争端，罗马教皇大手一挥，在大西洋中间画了一条线，把全球海洋分为东西两边，西边全部归西班牙，东边全部归葡萄牙。这是欧洲人第一次自作主张地分割不属于自己的疆域。

随着海洋事业的迅猛发展，葡西两国在16世纪建立起的海外殖民帝国超过了2000万平方公里。而英国的这个数字是0。

强大的葡西两国当然不会允许外国势力染指他们的航线和殖民地，偌大的新世界根本就没有英国的立足之地。

陆地归了法国，海洋归了葡西，英格兰该何去何从呢？

英国领导人在国家战略层面上想不出什么好办法，而英国的海盗们就没有那么多顾忌，他们瞄准了遍地黄金的拉丁美洲，可那里已经是西班牙的地盘。

对海盗来说，是谁的地盘并不重要，反正他们也不会遵守规则。既然官方不允许，那我就走私。英国著名的海盗航海家霍金斯就干起了走私黑奴去拉美贩卖的生意。

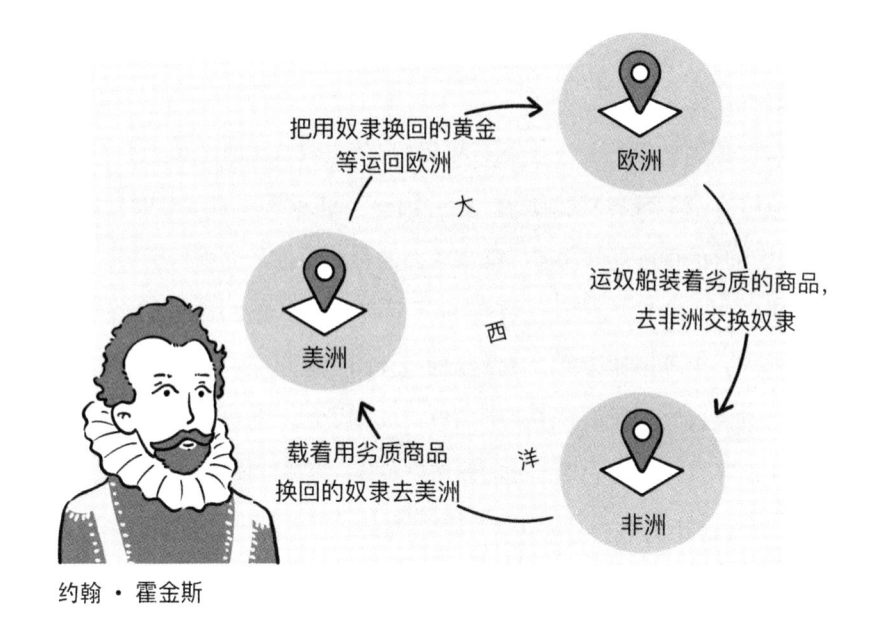

把用奴隶换回的黄金等运回欧洲 → 欧洲

运奴船装着劣质的商品，去非洲交换奴隶

载着用劣质商品换回的奴隶去美洲

大西洋

美洲

非洲

约翰·霍金斯

三角贸易示意图

黑奴买卖这件事先不说走不走私，它首先是个很残忍的买卖。一开始伊丽莎白对这种道德败坏的黑奴贸易是拒绝的，再怎么说大家都是读《圣经》长大的上帝子民，做人的底线还是要有的。于是，伊丽莎白对霍金斯的无耻行径表示严厉的谴责。

在听到霍金斯靠这个买卖赚到了巨额利润之后，她果断选择了入股。

获得王室入股的英国海盗走私生意越做越大，西班牙人则越来越忍无可忍。正所谓常在河边走哪有不湿鞋，霍金斯终于在第三次远航时栽在西班牙武装舰队的手上。

1567年，西班牙的反走私舰队在墨西哥湾重创了这支有伊丽莎白入股的英国掠私舰队，英国的6艘舰船仅剩2艘回到老家。

对伊丽莎白来说，这相当于买个股票把本金给亏没了。视财如命的女王迅速采取措施，马上没收了当时正好停靠在英国港口的一支西班牙船队的所有财宝。

从此英国就走上了一条康庄大道：与其东躲西藏地走私，不如光明正大地抢劫；横竖已经跟西班牙结下梁子了，也就不用再藏着掖着了。

从当时的国际局势来看，如果葡西两强相争的局面维持下去，英国作为搅局者，说不定还可以从它们的矛盾中开拓一点生存空间出来。

然而，人算不如天算。1578年葡萄牙国王恩里克一世去世，这位葡萄牙王室最后的血脉偏偏还是个主教，没有子嗣。葡萄牙贵族们不得不满欧洲地寻找跟王室沾亲带故的候选继承人，结果找来的这几个候选人里面，居然就包括西班牙国王菲利普二世。

既然这样，菲利普也就不客气了，实力强大的他轻松压过其他候选人并戴上了葡萄牙国王的王冠。西班牙就这样躺着吞掉了整个伊比利亚半岛。

这下全世界都是西班牙的了。把教皇分给葡萄牙的东半球收入囊中之后，西班牙就成了人类历史上第一个日不落帝国，其他国家只能眼睁睁地看着庞大的西班牙船队从世界各地向首都马德里源源不断地运送金银财宝。

这里如日中天，是世界的中心。

如果那个整天被你薅羊毛的国家成了全球霸主，按理说，你应该收敛一些，掂量一下自己的斤两。然而，穷疯了的英国管不了那么多，就在西班牙称霸全球的时候，霍金斯的堂兄弟弗朗西斯·德雷克完成了人类历史上首次船长活着回来的环球航行。

德雷克的这次环球航行可不是冲着冒险和破纪录去的，他在航行过程中毫不客气地掠夺了南美洲的西班牙殖民地，还袭击了西班牙在欧洲的港口，完成了"环球零元购"的德雷克最终满载而归，给投资者带来了4700倍的利润。

作为资助者之一，伊丽莎白分到了16.3万英镑，这几乎相当于英国政府一年的支出。农民出身的德雷克也因此在自己的船上被女王亲自册封为骑士，可以说是名副其实的海贼王。

榜样的力量无穷大，在德雷克"事迹"的感召下，越来越多的英国人加入海外掠夺和贸易的行列。在长期的抢劫生涯里，英国海盗的装备和海上作战经验也日益精进，英国也在此基础上开始改造自己的海军。

领导英国海军建设的，正是之前的走私大佬霍金斯。当年在墨西哥湾被西班牙武装舰队击溃的霍金斯悟出了一个道理：只要你的船足够快，火力足够强，那么一艘艘满载财宝的西班牙商船就是你在海上的存钱罐。

16世纪的英国人对这些"存钱罐"爱不释手，反复在全球霸主的身上验证着"炮筒子里出金币"的道理。

俗话说，老虎屁股摸不得。英国人已经不是在摸了，简直就是在连抓带踹。此时站在世界之巅的菲利普二世已经被这群不讲武德的岛民逼到了崩溃的边缘。

所以，当西班牙的无敌舰队开过来的时候，伊丽莎白心里很清楚这是早晚的事，只是她一度觉得这事还能谈谈。

然而，和谈的请求只换来菲利普二世的冷笑，因为对西班牙来说，进攻英格兰，无论是从自身利益，还是道义，抑或宗教信仰出发，都是在替天行道，更何况西班牙的实力已经碾压英国。

一代雄主菲利普二世此时已经下定决心彻底终结这个无赖的异端王国，夺回曾经属于自己的一切。之所以说是"曾经属于自己的一切"，是因为菲利普在三十多年前就当过英国国王……

伦敦爱情故事

菲利普当年是怎么当上英国国王的呢？

三十多年前，还是王子的菲利普迎娶了伊丽莎白同父异母的姐姐，也就是当时的英国女王玛丽一世。

玛丽一世本来没有机会继承王位。1553年，不到16岁的爱德华六世英年早逝，玛丽趁机通过一系列权力斗争登上王座。于是，37岁还孑然一身的大龄剩女，一夜之间就从无人问津的落魄贵族变成皇家婚恋圈的香饽饽，一封封来自各国王子的求婚情书抛向这位中年大姐，她的人生从此春光明媚。

玛丽一世的母亲就是亨利八世的第一任妻子，西班牙公主凯瑟琳皇后。受其母亲影响，玛丽一世是一个虔诚的天主教徒。她上台后便致力于复辟天主教，导致英国的宗教改革陷入倒退。

为了复辟天主教，玛丽一世对新教势力进行血腥的镇压，她也因此获得一个响亮的称号——"血腥玛丽"。

在众多的追求者中，来自母亲娘家西班牙且同为天主教忠实支持者的菲利普王子与玛丽女王一拍即合……

当然，这段婚姻很难和爱情扯上关系。菲利普比玛丽小11岁，在女王面前就是个小鲜肉。婚后两个人甚至很少见面，连子嗣都没有。

无论感情如何，他们成婚后，英国就进入了二元君主制状态，菲利普就这样坐上了英国国王的宝座，英西两国也就此结盟。

这波操作可谓皆大欢喜，玛丽一世得到了天主教大国的支持，菲利普得到了英国王位，罗马教廷也非常开心，因为"宗教造反急先锋"英国终于回归天主教的朋友圈。

然而，这段深受罗马教廷祝福的婚姻持续了4年就寿终正寝，1558年，玛丽一世病逝。菲利普虽然一度是英格兰国王，但他毕竟是个女婿，现在女王都没了，又没有子嗣，国王这个位置很快就跟他没啥关系了。

菲利普可不愿放弃英格兰的大好河山，那怎么办呢？

不要紧，玛丽没了还有伊丽莎白，伊丽莎白是当时的合法继承人。

菲利普果断选择路径依赖，转个背就向伊丽莎白求婚去了。

二十多岁的伊丽莎白集青春与王权于一身，求婚者排成长队，其中前姐夫菲利普是动作最快的，排在第一个。

这是所有女人都羡慕的场景，伊丽莎白会做何选择呢？

伊丽莎白很像她的父亲，她是个新教徒。

个人的宗教信仰选择有很多原因，但是客观地说，当时一个国王选择信奉新教，就是摆明了试图摆脱罗马教廷的控制，而试图脱离罗马教廷的控制，肯定是为了在自己的国家建立起一个独立的中央集权。做出这样选择的人，会甘心把权力分一半出去吗？

虽然拥有众多追求者是一件值得骄傲的事情，但摆在伊丽莎白面前的道理却很简单：只要我不嫁，整个英国就都是我的。

婚姻只会分掉女性一半的家产，王权则让女性彻底走向独立。

伊丽莎白最终决定做自己的女王，谁都不嫁。大权独揽的伊丽莎白也因此成了英国历史上著名的"童贞女王"。

当然，这样的选择也要付出巨大的代价。伊丽莎白从此失去了国际盟友，只能独自一人面对国内外的各种敌对势力。

三十年后，当菲利普二世的无敌舰队向英国开去的时候，他和她之间已经没有当年求婚时的花前月下，只剩下一个老头子要绞死一个老太婆的执念。

生存，还是死亡，这是年近花甲的伊丽莎白需要面对的问题。这个坎要是迈不过去，上罗马教廷的绞架就基本没跑了。她现在需要靠一己之力撑住摇摇欲坠的都铎王朝。

不过，能在充满敌人和男性权威的政治世界里独立支撑数十载，女王自然也非等闲之辈。

1588年7月29日清晨，这个孤寡老人从卧榻中起身，用厚重的粉底遮住枯槁的面容，用粉红假发掩盖稀疏的发际，穿着华丽的服饰，以半神的形象出现在臣子面前，开始了这场关乎命运的决战。

渺茫的希望

英国对西班牙所做的事情虽然不地道，但是国家争霸没有什么道义可言，只有利弊取舍和成王败寇。你是窃贼还是雄主，并不是看你之前干过什么，而是看你最后能不能打赢。况且西班牙去美洲掠夺当地资源的行为也谈不上有多地道。

大战在即，伊丽莎白在战略上有两个选择：

第一个选择是陆地决战，等西班牙军队登陆后，双方陆军在英格兰的土地上决一死战。这就要求海军保存实力，以配合陆军为主，骚扰对方。这是一个保守的战略，由于英国海军的纸面实力不如西班牙，保存实力也不失为一个稳妥的选择。

第二个选择就是海洋决战，这就要求海军在敌方登陆前全歼敌方舰队。这个选择没有退路，海战胜利，陆地自然安全；海战失败，英国将被彻底封锁，且无力再阻挡欧洲大陆源源不断的攻击，失败就只是时间问题。

第一章　岛国惊魂

靠打劫才能勉强维持生活的英格兰穷困潦倒，女王伊丽莎白治国讲究一个"抠"。她一直舍不得在陆军身上花钱，陆军装备严重短缺，连足够的盔甲和火枪都没有，甚至还在使用弓箭，战斗力比临时招募的民兵也强不了多少。

海军的境况则完全不同，皇家舰队虽然名义上是英国的海军，但实际上里面的大多数舰船并非王室所有，而是属于一个个海盗个体户。英国王室只是占据一部分股份。

这些海盗个体户不需要固定的军饷，他们的工作模式是接受各种投资，开启各种冒险项目，赢了就回来分红，输了就喂鱼，下辈子再见。而他们最重要的一个投资者就是伊丽莎白。

也就是说，这支海军不仅不花你的钱，还能帮你赚钱。

对无利不早起的伊丽莎白来说，这个模式非常完美。

按照我们通常的观念看，这种"股份制军队"的忠诚度恐怕会很成问题，他们说到底只是一群雇佣军。然而，在这次战争中，他们的忠诚度不会有任何问题，因为西班牙同时也是这些海盗的死敌，他们每个人的手上都沾满西班牙人的鲜血。说白了，这些海盗和伊丽莎白是坐在同一条船上的，船要是沉了，他们一个也跑不脱。

同仇敌忾是他们唯一的选择。

伊丽莎白对英国陆军的斤两心知肚明。她很清楚，现在能够摆上赌桌的筹码，只有这支皇家入股的舰队了。所以，女王很快做出了决断：养"盗"千日，用在一时，全员进行海洋决战。

大敌当前，承载英国命运的英格兰主力舰队在英国南部的普利茅斯港严阵以待，另外还有一支分舰队驻扎在英格兰东南角的肯特郡，用来防御可能从弗兰德斯地区过来的登陆部队。

013

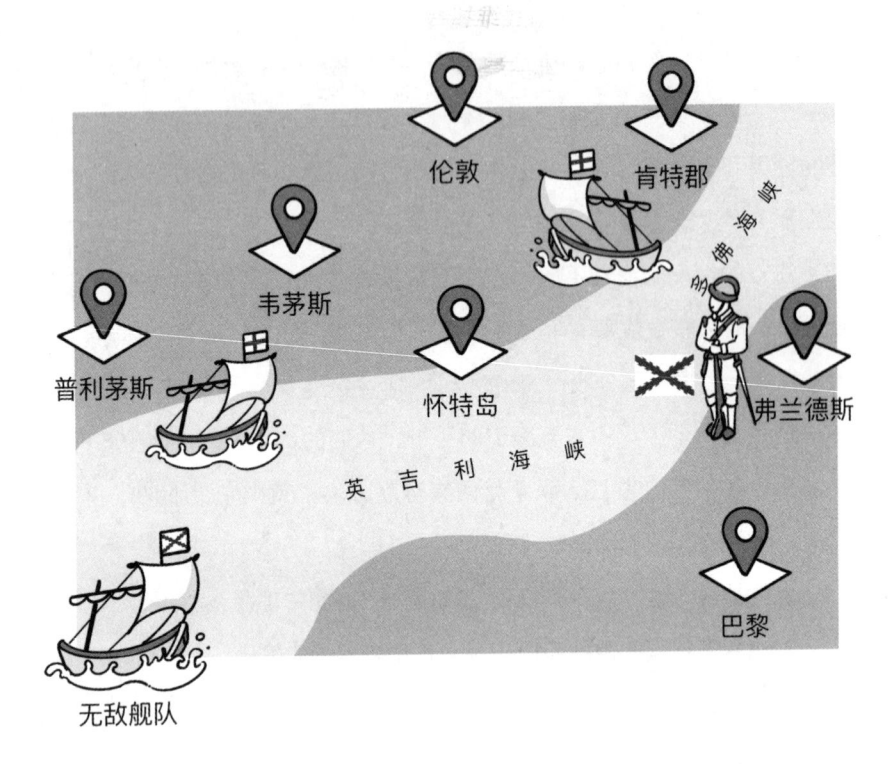

英西双方兵力布置

英国主力舰队的总指挥官是伊丽莎白的亲表弟,海军大臣查尔斯·霍华德勋爵,值得一提的是,这哥们从来没有指挥过海战……

这看着有些儿戏,但在中世纪的欧洲,这是常规操作。关键岗位上当然要放上自己的亲信,哪怕这个亲信啥都不会。当然,伊丽莎白也不是傻子,生死存亡的大事肯定还是需要专业人士来做。皇家舰队的副指挥正是当年那个完成"环球零元购"的海贼王弗朗西斯·德雷克爵士。

任命这样的人为海军副指挥官,一方面体现了英国不拘一格降人才的风格,另一方面也体现了英国确实也没有别的人才,这几十年来净干些打劫的营生了。

海盗头子配表弟,这就是伊丽莎白能拿出的最强阵容。

西班牙海军在人事安排上也有异曲同工之妙。总指挥是对海战一窍不通的贵族西多尼亚，这位大佬不仅对海战一窍不通，甚至还晕船。他走上这个工作岗位完全是被菲利普二世赶鸭子上架的。副指挥则是从基层一路晋升上来的身经百战的老水手里卡尔德。

英国皇家舰队停在普利茅斯港准备迎敌的主力战舰有105艘，这些平时风里来雨里去的海盗不缺勇气，但是他们面临一个很现实的问题，就是不知道西班牙舰队开到哪儿了。

那个年代没有雷达和卫星，海战的进攻方往往占据着比较明显的主动权。由于还没有发现西班牙舰队的行踪，再加上潮汐的影响，英国舰队一开始只能蹲在港口里，而西班牙舰队则可以从容地制定自己的战略方针，他们这时候有两个选择：

第一是直扑普利茅斯港，与英国舰队决战，一举解决英国舰队后再登陆，这样就没有后顾之忧了；

第二是优先考虑登陆作战，不主动寻衅英国海军。

在这个关键问题上，业余的西多尼亚和专业的里卡尔德发生了分歧。里卡尔德从专业角度出发，认为应该主动进攻普利茅斯港，先把英国海军办了再说。西多尼亚就比较官僚，他打算按部就班地实施国王制订的计划，国王给他的任务是穿过英吉利海峡与友军会师，然后从马尔盖特登陆英国。这是一个宏伟的计划，会师后的西班牙军队将超过5万人。这支力量不仅可以轻松摧毁伊丽莎白的老巢伦敦，甚至还可以消灭整个英格兰的新教势力，把英格兰彻底改造成天主教国家。

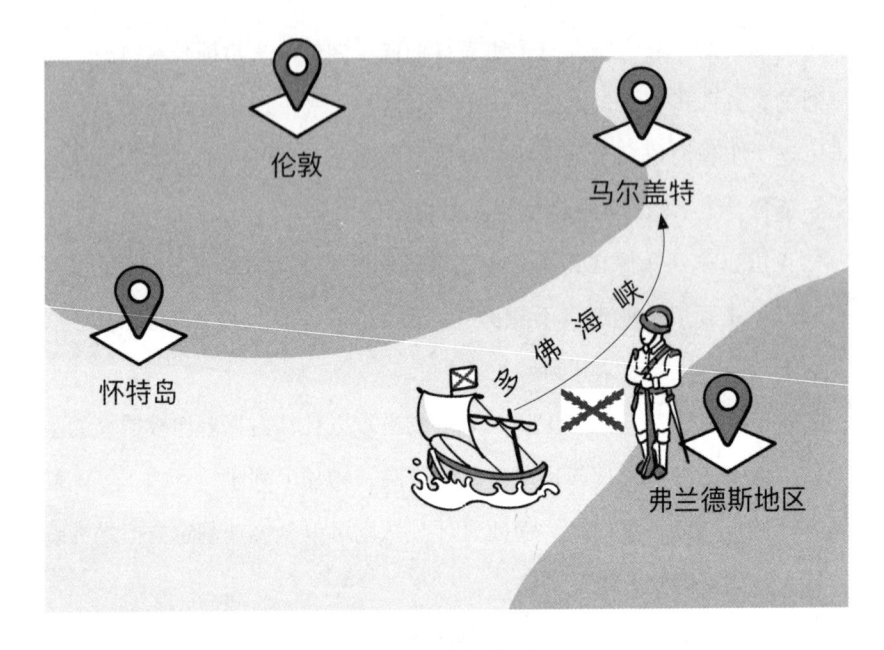

无敌舰队的行动目标

西多尼亚可不敢轻易违背国王的宏伟计划，他觉得既然英国海军不来拦着，咱们就应该优先以国王的命令为重，先去和友军会师再说。

从官僚的逻辑来看，这个思路没什么问题。无论什么时候，听领导的话总是没错的，只要与上头的命令保持一致，不管结果如何，你都没什么大的责任；如果和领导不一致，比如说老大让你去会师，你跑去攻击人家港口，打赢了还好说，万一搞砸了耽误了老大的计划，各种黑锅就扣过来了。

这种官僚行径把里卡尔德气得半死，不过没办法，胳膊拧不过大腿，无敌舰队最终没有直扑普利茅斯港，而是朝着英吉利海峡开过去。

当无敌舰队从普利茅斯的门口路过时，英国人总算发现了西班牙舰队的行踪。百余艘西班牙巨舰浩浩荡荡，它们扬起的风帆遮住了整片天空。西班牙盖伦船最长可达55米，排水量甚至可达500~1000吨，在海面上就如同一座移动的城堡。英国的小海盗船只能自惭形秽。

船大意味着船舱内装的兵多，这在当时的海战里是一个巨大优势。为什么船舱里的士兵数量会成为海战的优势呢？这和当时的海战模式有关。

那个时候虽然大家已经用上了火炮，但是这些火炮的威力并不大，炮弹都是些个头不大的实心球，就算打中了也只能在船身上砸个小窟窿，远不能让一艘木船沉没，当时海战中的炮战也就是打个热闹。真正决定胜负的是两船接触后士兵之间的拼杀，接舷战才是主流。进攻方的士兵会跳到对方船上进行甲板械斗，士兵多自然就是优势。

而英国的船平时都是拿来打劫的，讲究的是神出鬼没，再加上平时的对手都是些装货为主的商船，所以，英国的船都不大，也不需要带多少士兵。这次碰上了当时世界上体积最大、载兵最多的西班牙军舰，基本上是凶多吉少了。

海峡鏖战

出现在普利茅斯港门口的西班牙人没有去攻击港口，而是朝着英吉利海峡全速前进。

按照西班牙人的估计，英国舰队应该会出现在前方，阻拦他们前进的道路，然后双方开启正面决战。西班牙人将用巨大的舰船和数量庞大的士兵消灭对手。

等到7月31日太阳出来的时候，西班牙人发现英国舰队居然出现在后方。

这算得上是一场战术革命，英国舰队压根就没打算跟西班牙舰队进行接舷战。

英国舰队虽然士兵比西班牙少，但是船比西班牙快，而且火炮威力也更大。这得益于英国在十几年前就完成的一次舰队革新。

从1573年开始，英国的造舰思路就转向海上炮战，增强了航行速度和舰载火炮的威力，也就是说，他们拿来做炮弹的实心球的个头要比西班牙的大。

所以，英国舰队一直在利用自己的速度和西班牙舰队保持着距离，并利用大火力的火炮攻击对方。西班牙人没有见过这种场面，对方这种不按套路出牌的打法令西班牙人非常恼火，他们船上的步兵一直在叫战骂娘，而英国的军舰则不为所动，一直躲得远远地开炮。

在几个小时的交战过程中，英国舰队总共发射了2000枚炮弹，西班牙仅回击750余发。从数据上看，英国舰队对西班牙舰队形成了火力上的绝对压制，不过，等硝烟散去，大家才发现这一通折腾下来，双方一艘船都没有沉，西班牙舰队扬长而去（后来航行过程中因为操作失误损失了两艘舰船）。看起来战术革命任重道远……

尽管两千发炮弹打了个寂寞，但这一仗还是让英国人颇为得意，因为他们认为自己成功阻止了西班牙舰队攻击普利茅斯港的企图。只是，西班牙舰队本来也没打算攻击普利茅斯港。

这里有一个让英国人尴尬的地方，他们并不知道西班牙人到底打算干什么，只能假设西班牙人试图占领英格兰南部海岸的某个深水港。

所以，后面的局势就比较有趣了，西班牙舰队浩浩荡荡地在前面开，英格兰皇家舰队就屁颠屁颠地在后面跟着，一旦西班牙人靠近某个英格兰的深水港，英国人就赶紧冲上去阻止他们靠岸，也不管他们是不是真的想靠岸。

8月2日，西班牙舰队接近韦茅斯港，双方又是一通混战，西班牙人收获一堆船板上的窟窿，英国人心疼大量消耗的炮弹，双方又是一艘船也没有沉，然后大家接着往前开。

8月3日，无敌舰队又接近了怀特岛。怀特岛内侧有个索伦港，这是英国南岸最好的深水港之一。英国舰队又准备开始保卫怀特岛的战斗。

然而，西班牙人对英国南部的这一串港口根本没什么兴趣，无敌舰队的目标是直接开到英国东南角的多佛海峡，和驻扎在弗兰德斯的2.7万名西班牙陆军会合，然后护送陆军的驳船登陆英格兰，彻底摧毁这个国家。

也就是说，之前英国人在普利茅斯港和韦茅斯港的英勇作战都是自作多情。

到了怀特岛的时候，情况起了变化。负责指挥弗兰德斯军团的是帕尔玛公爵，而从无敌舰队出发到现在，无敌舰队指挥官西多尼亚就一直没跟帕尔玛联系上。

无敌舰队和弗兰德斯军团的联系靠的是小船送信，而送信的海域现在是情况复杂的战区，这导致信息传达充满不确定性。

虽然菲利普二世在无敌舰队从里斯本起航前就早早写信把自己的战略部署寄给了帕尔玛公爵，但是直到西多尼亚都开到英吉利海峡了，还没收到回信。

我们现在很难搞清楚菲利普是哪来的信心，在如此脆弱低效的通信基础上制订一个需要两个相距上千公里的兵团紧密协作才能完成的宏伟计划。

他大概认为自己真的有上帝保佑吧。

现在西多尼亚眼瞅着再开几天就到达会师地点了，却仍然不知道帕尔玛那边到底是个什么情况，这个师显然没法会。

西多尼亚不得不先找个地方停泊一下等等友军的消息，问题是，停在哪儿呢？

眼前这个怀特岛再合适不过了。

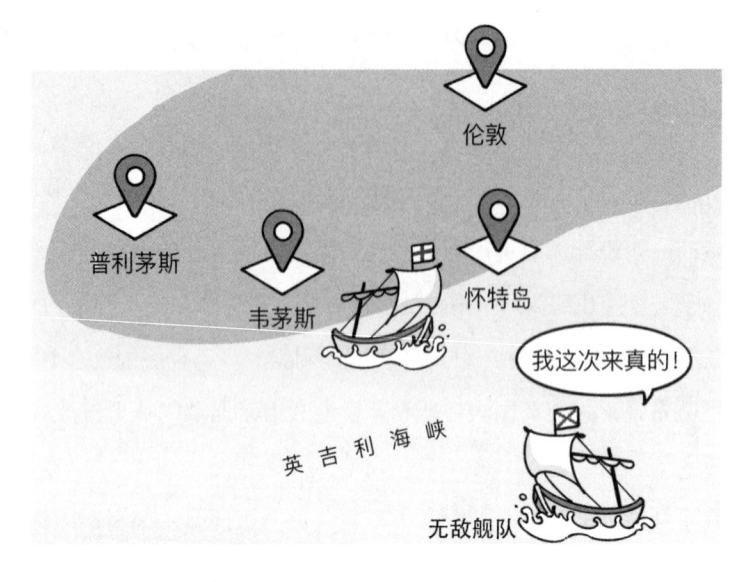

无敌舰队进攻怀特岛

对英国人来说，无论西班牙人的葫芦里装着什么药，反正你靠近港口我就冲上去干。而这一次，德雷克在战斗前陷入了沉思，毕竟前两场战役打出去几千发炮弹，一艘敌舰也没有击沉，不知道的还以为你是来放烟花的。

在这种情况下，你很难不对己方舰队的前途产生怀疑。

作为一个海盗，德雷克解决问题的方式非常简单粗暴，既然有怀疑，那就找个机会再试它一试。于是，他就开着自己的军舰冲向一艘落单的西班牙舰船，亲自下场测试一下大炮的有效距离是多远。

为了测试出最有效的距离，他一度把船靠到离敌舰100米以内，这距离已经很容易被对方撑上并登船。而正是在这个距离内，英国的大炮终于发挥出真正的实力。

还是得凑近了打。

8月4日凌晨，准备夺取怀特岛的西班牙舰队向英国舰队发起攻击，

第一章　岛国惊魂

怀特岛战役打响了。

和前两次战役不同，之前一直与西班牙舰船保持距离的英国舰队，这一次冲到了西班牙人的跟前。正当西班牙人以为他们期待的接舷战就要开始时，突然发现自己的舰船遭到来自英国大炮的沉重打击。

在英舰的攻击下，西班牙人的舰船硝烟弥漫木片横飞，这些巨舰上的船员们第一次感受到了沉没的危险。

对西多尼亚来说，他的首要任务是带着这些军舰和友军会师，"保船"一直是他的底线。看到这一次英军炮火如此猛烈，他毫不犹豫地选择认怂，赶紧下令撤退。

由于撤退及时，西班牙人并未在这场战役中损失舰船，而此战中英国大炮体现出来的威力让德雷克和霍华德信心倍增。

西班牙舰队副指挥里卡尔德对西多尼亚的懦夫行为非常不满，这个瞻前顾后的选择让无敌舰队彻底失去了占领一个英国港口的机会，他们只能改变方向，前往法国的加来港停泊，等待帕尔玛公爵的消息。

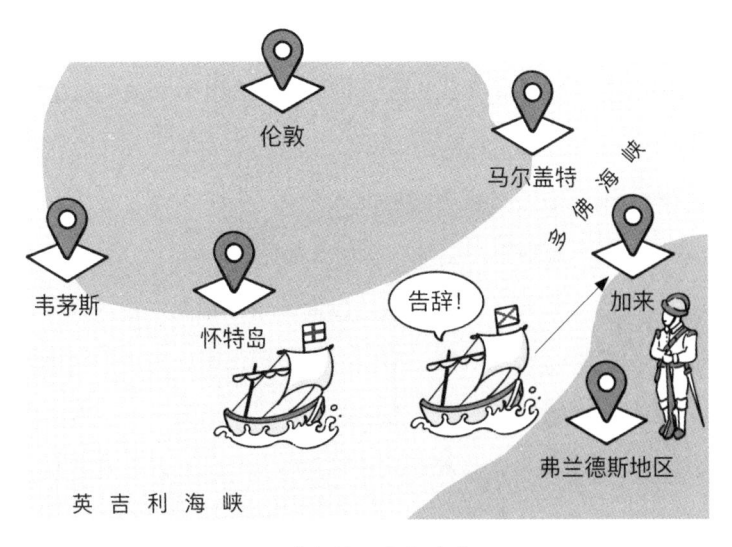

无敌舰队开往加来港

021

孤注一掷

西班牙舰队对帕尔马公爵这种"不在服务区"的情况非常焦虑，他们只能漫无边际地蹲在加来港，等待不知道什么时候才可以送来的回信。

英国人并不知道西班牙人的焦虑，他们只知道后者去了加来，然后他们得知，就在距离加来仅二十多公里的地方有一支强大的陆军正在集结。英国人这时候才明白，原来无敌舰队是来护送这支陆军登陆的。

这个局面令伊丽莎白崩溃，虽然英国海军已经力战三轮，但并未伤及无敌舰队的皮毛，如今眼瞅着敌方要顺利会师，真正的主力马上就要渡海而来，女王的心都要碎了。

考虑到加来港离英国距离仅三十多公里，伊丽莎决定摆驾回銮，从郊区的里士满宫回到伦敦市中心的正式王宫：圣詹姆士宫。这里能提供更好的防御，女王此时已经做好最后一战的准备。

那么英国舰队该怎么做呢？他们一路过来守住了普利茅斯、韦茅斯、怀特岛，只是现在看来这些成绩并没有什么用。

正如前文所述，德雷克是个海盗，他解决问题的方式非常简单粗暴。在这个海贼王看来，现在的情况是明摆着的，如果坐等无敌舰队和帕尔玛领导的弗兰德斯军团会师，一切就都完了。

所以，尽管目前还不知道西班牙方面的具体情况，英国舰队也已经别无选择，只能有多快赶多快，第一时间杀进加来，豁出一切也要赶在西班牙人会师之前把他们的船送进海底。

而此时停泊在加来、离友军只有二十多公里的西班牙舰队是否已经稳操胜券了呢？

表面上看似乎没有悬念，西多尼亚尽管水平业余、性格懦弱，但是好歹把大部分军舰带到了友军身边，完成了菲利普二世的战前部署，接下来只需要等待友军赶过来合兵一处即可。

然而，他的副手里卡尔德此时却忧心忡忡。加来离英国非常近，互相之间一马平川，英国人站在多佛的峭壁上甚至可以直接看到无敌舰队的风帆，里卡尔德心里清楚，德雷克他们随时会攻过来。

这也是里卡尔德一直主张占领一个英国港口的原因。英国的一些海湾不仅有助于防御，而且即使舰队遭到严重的打击，船里的士兵还能直接上岸去进攻英国。

无敌舰队装载的士兵并不少，虽然不足以摧毁整个英格兰，但完全有能力拿下伦敦，逼迫伊丽莎白签个城下之盟。如果停靠在法国的加来，无敌舰队就非常被动了，只能等待敌人的行动，无法对英国本土造成任何威胁。

里卡尔德唯一能祈祷的，就是友军比英军先到。此时西多尼亚终于收到了帕尔玛的来信，帕尔玛在信中说他现在还没开始装船，让西多尼亚再多等些日子。

西多尼亚只想骂人。

此前西多尼亚率领全体舰队紧赶慢赶，就是为了尽快和友军会师，好不容易赶到会师地点，友军却还在晒太阳。

英国人并不知道帕尔玛在晒太阳。无敌舰队刚刚停好没两天，德雷克就火急火燎地杀过来了。

8月7日晚上，八艘表面布满燃油，内部装满炮弹和炸药，船身燃着熊熊大火的英国舰船冲向无敌舰队的停泊区。德雷克趁着夜色对在港口抛锚的无敌舰队发起了火攻，史称"火船之夜"。

"从天而降"的火船来势汹汹，西多尼亚大惊失色，赶紧下令全体躲避火船。西班牙人驾船技术高超，躲避几艘无人驾驶的火船并不难，问题是他们正处于抛锚停泊的状态，得先把锚拉起来才能开始躲避。在紧迫的形势和巨大的恐惧下，西班牙人已经顾不得起锚，而是直接把主锚砍断了事。

砍断主锚的西班牙舰队顺利躲过了火船的进攻，但是没有锚就意味着他们无法再次稳当地停靠。于是，西班牙人的阵型陷入混乱，舰队开始分崩离析。

这正是德雷克使用火攻想要达到的效果——恐惧和混乱。

8月8日，太阳出来后，英国人发动了最后的总攻。

德雷克一马当先杀入西班牙舰队中，英国舰队第一次近距离与西班牙舰队决战，最大限度地发挥了英国火炮的威力。英国火炮不仅威力大，而且开炮速度是西班牙的5倍。在英军猛烈的攻击下，西班牙人甚至无法连续装填弹药。大口径的炮弹将西班牙的船板打出大量的碎片，这些碎片如同子弹般飞向船内的西班牙士兵，对西班牙士兵造成重大杀伤。

终于，无敌舰队的巨舰开始一艘接一艘地沉没。西班牙人被英军肆意宰割了8个小时，死伤6000余人。

下午5点，英国人的攻击总算停止了，这倒不是因为德雷克觉得打够了，而是炮弹很无奈地打完了。此时的无敌舰队虽然已经遭受重创，但是主力尚存。德雷克赶紧写信催促后方补给弹药，想趁这几天再补上一刀。

然而，得到胜利消息的伊丽莎白却不想"宜将剩勇追穷寇"，而是心疼起自己的钱来，最终囊中羞涩的她拒绝了德雷克的补给请求。

作为一个贫瘠岛国的当家人，伊丽莎白的信条一直是花小钱办大事，关键时刻她决定把钱省下来，赌西班牙舰队不会反击。老天爷似乎也站在伊丽莎白这一边，此时风向突变，正在犹豫要不要反击的西班牙舰队由于没有锚而停不稳，一下子被吹往北方苏格兰的方向去了，这下英格兰的风险算是彻底解除。

被吹到北海的无敌舰队又遭遇风暴，损失了40条船12000人，只有65艘船回到老家。捅了大娄子的西多尼亚运气不错，他坐的船是幸存者之一，而且因其本身是皇亲国戚，在行动中又非常忠实地执行了国王的部署，所以就没受到什么惩罚；而受尽官僚主义折磨的里卡尔德则在回到西班牙后抑郁成疾，三天后病逝。

确认无敌舰队往北败退后，伊丽莎白就从圣詹姆斯宫现身，乘坐船只，在沿岸百姓的注视下沿泰晤士河前往蒂尔伯里军事要塞，在她的将士面前发表了一场载入史册的胜利演讲：

"我此时此刻来到你们中间，不是为了消遣或娱乐，而是决心要在战斗中与你们同生共死，为我的神和我的国，献上我的荣耀和热血，即使粉身碎骨也在所不惜。

"我知道我只有一个柔弱女子的躯体，但我有一颗国王的心，而且是英格兰国王的心。对于帕尔玛或西班牙，或欧洲任何一位王子，胆敢犯我边界，就是对我莫大的侮辱。我将亲自拿起武器，亲自充当你们的统帅和审判官，对你们在战场上的每一个英勇行动予以奖赏。"

对英国历史而言，这场战争是伊丽莎白神话的开端。

霸主沉浮

1588年的英西海战，对英国来说是一场国运之战，它避免了英国亡国的命运，标志着英国开始以强国的姿态加入列强纷争之中。另一方面，在这场海战中出现的以炮战为主的战术革命，也逐步成为日后海战的主流。

很多人也把这场战争视作西班牙霸权衰落的开始，然而，这场战争对西班牙的影响其实较为有限。当时的日不落帝国毕竟财大气粗，在此战中遭受重创的无敌舰队很快得到重建。

后来西班牙还和英国多次交手，总的来说西班牙胜多败少，仍然占据着竞争的主动权。

然而，在这场战争之后的几十年里，西班牙还是不可避免地走向衰败，这与1588年的海战无关，根本原因在于西班牙自己。

从1502年到1660年，西班牙从美洲共得到18600吨注册白银，200吨注册黄金。在16世纪末，世界金银总产量有83%被西班牙占有。金银就是当时的世界货币，从新世界源源不断地运回来，效果跟天上掉钱差不多，就像今天的石油大佬。

西班牙也和今天很多的石油大佬一样，陷入了资源的诅咒。这里通货膨胀严重，消费主义盛行，社会风气奢侈糜烂。

躺赢的西班牙人逐渐习惯了不去投资本国工商业，而是直接用金银购买国外昂贵的商品（反正钱多），这导致其国内的工商业极度萎靡。不仅如此，贵族们甚至还把从事工商业的外国人赶走。他们认为，后者一旦崛起，可能会威胁到他们的地位。

于是，来钱太容易的西班牙人就此走上了产业空心化的道路。

除此之外，一代雄主菲利普二世的行为也是导致西班牙衰落的重要原因。这位君王是个宗教狂热分子，他四处树敌，发动了大量没有实际利益的宗教战争。

我们中国有句古话："主不可以怒而兴师，将不可以愠而攻战。合于利而动，不合于利而止。"就是说，不符合国家实际利益的事情不要去做，不能凭自己的好恶去决定国家战略。而菲利普二世打起仗来根本不管划算不划算。

就说1588年这场和英国的战争，本来打一场小规模的战役，教训一下英格兰，让伊丽莎白赔个款认个错停止海盗行为就可以了。菲利普二世非要兴师动众，不惜举全国之力也要把英格兰从一个新教国家彻底改成天主教国家。

这个目标实在太过宏伟，需要调动的资源规模太过庞大，稍有差池就会出现巨大的混乱。在当时的条件下，出错的概率着实不小。

而且菲利普不仅和英国长期鏖战，还和法国、奥斯曼帝国等大国打得不可开交。连年征战加剧了本国的经济危机，西班牙每年从殖民地掠夺的金银远远不能支撑巨额的战争开销。

所以，别看西班牙貌似富得流油，其实手头并不宽裕，西班牙应对资金不足的办法是大量举债。但是整天打这种不赚钱的战争怎么可能还得起钱，债务到期了怎么办呢？

菲利普二世这个"理财天才"的解决方式是宣布破产，说不还就不还了。1575—1596年，堂堂日不落帝国的国王菲利普二世两度宣告破产，拒付国债。这种行为不仅严重透支自己的信誉，还把王室御用的大型商号带崩了，进而又导致一连串的债务危机。到1598年菲利普二世去世时，西班牙已经债台高筑，无力回天。

菲利普二世退出历史舞台，标志着西班牙的全球霸权走向没落，全球海洋开始进入群雄逐鹿的时代。

英国则完全继承了伊丽莎白奉行的精致利己主义精神，当它觉得继续和西班牙争斗已经不再划算时，它就果断选择"洗白"上岸，在17世纪初正式停止了官方资助的海盗行为。

此时的英格兰已不再是那个默默无闻的岛国，而是全球海洋争霸的角力者之一，新世界的宏大画卷正向它徐徐展开。那支曾经的海盗舰队后来也有了一个正式的名称——英国皇家海军。

| 小插曲：

就在17世纪初的欧洲各国摩拳擦掌准备在海上大干一场的时候，英国这边发生了一个小插曲：

英国一直是宗教改革的急先锋，坚决反对罗马教廷。即便如此，仍然有部分英国人认为这个改革不够彻底。

这是为什么呢？

因为欧洲的宗教改革本质上是要打破教皇和教士对神权的垄断，除掉这群横在上帝和普通人之间的"中间商"，但是包括英国在内的各国宗教改革，最终的结果只是把教皇和教士这个"中间商"换成了该国的国王。这对国王来说确实是打破了神权的垄断，而对普通人来说，"中间商"仍然存在。

因此，在欧洲的宗教改革中一直活动着一个最激进的派别——加尔文派。

他们反对一切神权垄断，认为教会应该是无形的。在这个理念下，普通人不需要借助任何"中间商"就可以直接与上帝"沟通"。这个派别在当时看来实在过于激进，这帮人在主流社会里就显得非常极端，到处受到排斥，整个欧洲都没有他们的容身之所。

1620年，三十多个走投无路的英国清教徒（属于加尔文派）来到普利茅斯港，他们坐上一艘小型英式盖伦船，和其他一些失意者前往美洲大陆去寻找新的生活。

这艘小型盖伦船的名字叫"五月花"。

第二章

又见"日不落"

第二章 又见"日不落"

1805年，西班牙南部的特拉法尔加海域，英国皇家海军和法西联合舰队这两支当时世界上最强大的海军正剑拔弩张，这场决战将决定接下来长达百年的世界格局。

成王败寇，这里就是大国的决赛场。

对英国来说，爬进这个决赛场并不容易。英国先前只是一个被欧洲边缘化的岛国，如今却能站到欧洲最强帝国法兰西的对面，这个转变，英国用了将近两百年……

陛下何故谋反

1628年，英国，一个年轻的农场主正意气风发地前往伦敦。他刚刚成为国会议员，如今要去参加议会，开启自己的从政之路。

然而，这个年轻人的政治生涯开启还不到一年，议会就被国王解散了，梦碎伦敦的他只好老老实实回家种田。

这个人就是后来英国海军的缔造者奥利弗·克伦威尔。而当年打碎克伦威尔从政梦想的，是苏格兰、英格兰及爱尔兰国王查理一世。

查理一世的职业生涯可以用一句话来形容：干啥啥不行，解散议会第一名。

查理一世在治国方面"人菜瘾大"①，只要大家不按他的思路走，他就解散议会自己接着走，然后一次次走到坑里。

在解散议会后的十年里，查理一世过足了当国王的瘾，想打谁打谁，1639年镇压苏格兰叛乱的时候，他打输了。1640年初，他不服气，又要打，却囊中羞涩，于是不要脸地召开议会，把之前被他遣散的议员们又集合起来，这里面就有克伦威尔。

查理一世召集他们，目的只有一个：打钱。

议员们表示，你当我们是夜壶吗？然后拒绝打钱。

议会既然不给钱，那就没有必要继续开下去了，查理一世再次解散议会，克伦威尔再次回去种田。

此次议会前前后后开了不到一个月，史称"短期议会"。

议会的反对并不能改变查理一世进攻苏格兰的决心，他再次集合军队讨伐苏格兰。决心归决心，"菜"归"菜"。查理一世这一次不仅没有打赢，还被苏格兰反攻到英格兰境内。

为了团结力量抵抗苏格兰的进攻，1640年底，查理一世不得不再次召开议会。由于苏格兰军队还驻扎在英格兰的领土上，这一次查理一世就不敢再贸然解散议会了。于是，包括克伦威尔在内的议员们赶紧抓住机会通过一系列限制国王权力的法案，从法律上杜绝了国王随意解散议会的可能。

面对咄咄逼人的议会，好汉不吃眼前亏的查理一世只好忍一时风平浪静，然而，人的忍耐力是有限的，查理一世的忍耐力是几乎没有的。

1642年初，越想越气的查理一世直接率兵攻入下议院，要捉拿反对他的议员。此举引发轩然大波，头铁的查理一世不仅不知悔改，反而在

---

① 人菜瘾大：网络流行语，形容人能力不行，却不停地尝试，还总觉得自己非常厉害。

几个月后向议会宣战，于是，英国内战爆发。

属于议会阵营的克伦威尔也加入这场战争，之前一直在议员和农夫之间切换角色的他终于找到了真正属于自己的位置——将军。他在战争中展现出强大的指挥能力，其建立的"新模范军"更是在1645年大败国王军，把查理一世关进了牢房。查理一世后来成功越狱，并和保王党勾结，在1648年发动叛乱。

没错，英国国王造反了。

查理一世显然是缺乏自知之明的，在现实已经反复证明他是只弱鸡的情况下，仍然要去捣鼓造反这种高风险的事业。

这一次总算是一锤定音，查理一世以叛国罪被送上了断头台，再也不用折腾了。送他上路的正是克伦威尔。

1649年，砍了苏格兰、英格兰及爱尔兰国王的头的克伦威尔成了苏格兰、英格兰及爱尔兰真正的主人，总领英国朝政。

登上权力巅峰的克伦威尔很快发现自己面临的国际局势并不简单。在查理一世疯狂"秀操作"的这几十年里，欧洲已经变天了。

抢劫，还是贸易

原先的霸主西班牙此时已经跌落王座，它留给历史的只剩下一个深刻的教训，那就是靠抢劫建立起来的霸权不可持续。

这里面的逻辑也很简单，抢来的钱太容易，人们很容易放弃生产，只会购买他国产品，再加上掠夺的钱又源源不断，自然会引发通货膨胀。

另一方面，抢劫是一个存量买卖。别人如果也来抢，你能抢到的东西就少了，所以，你在抢劫的同时，还要去打压其他的劫匪。于是，走上抢劫道路的西班牙四处树敌，连年征战。

打仗需要短期内拿出巨额的资金，这就需要借贷。

本来世界霸主借点钱也不是什么难事，但是西班牙有一个很不好的作风，就是经常仗着船坚炮利借钱不还。于是，欠的债越来越多，借贷成本也越来越高。西班牙与其说是个霸主，不如说是一颗债务大雷。一个国家不可能永远在世界上保持绝对优势，只要几场仗没打好，债主们就会来挤兑。16世纪末，随着菲利普二世的逝世，西班牙这颗雷最终彻底爆炸。

看着西班牙落魄的样子，英国难免心有戚戚焉。

英国的开局和西班牙差不多，也是出去抢劫，只是实力限制了它的犯罪能力。16世纪的英国穷困潦倒，只能靠当海盗去薅点西班牙的羊毛维持生活。

西班牙衰败后，英国就开始"洗白"上岸，停止了官方的海盗行为，把主要精力用在贸易上面。这样的选择也和客观形势有关，西班牙没落以后，欧洲群雄并起，英国在里面并不突出，他们甚至没有能力在英吉利海峡保护商船免遭海盗威胁。1638年，威尼斯大使甚至这样评论英国："英格兰已经成为一个对世界所有其他国家毫无用处的国家，因此没有人在意。"

所以说，英国就算想抢劫也抢不过人家，只能老老实实地卖货。

此时欧洲主要信奉的是重商主义，认为财富即金银。因此，英国非常追求国际贸易中的顺差地位，把尽可能多地赚取金银视为国家发展的第一要义。

按照重商主义的逻辑，国家发展的正确道路是在国内努力生产国际市场需要的产品，然后通过出售这些产品去换外汇（金银）。

在这个模式下，英国17世纪的人均GDP一扫前几百年的颓势，开始进入增长的快车道。

克伦威尔掌管英国的时候，也是英国在国际贸易的道路上勇攀高峰的时候，不过此时有一个很棘手的问题摆到克伦威尔的面前，那就是有一个国家比英国更会做生意，它就是荷兰。

西班牙衰落后，最终从欧洲群雄中脱颖而出的不是法国、奥地利、俄国、普鲁士（德国前身）之类的欧洲主要国家，而是名不见经传的荷兰。

没办法，荷兰人确实很会做生意。他们不仅拥有发达的造船业，还拥有很好的契约精神，这两点使得他们的航运业务在欧洲迅速扩大。大家都乐意选择多快好省还很稳的"荷兰物流"。更重要的是，荷兰还超前地建立了完备的金融体系，可以说荷兰定义了我们现在看到的现代金融。

1602年，荷兰阿姆斯特丹证券交易所正式成立，同年还成立了世界上第一家股份有限公司——荷兰东印度公司。

就在英国人还在苦哈哈地纺纱织布的时候，荷兰人已经开始炒股了。

这是降维打击。

荷兰在巅峰时期拥有的商船多达1.6万余艘，占全欧洲的四分之三。在强大的商业力量加持下，荷兰成了17世纪的世界霸主。

刚才我们说过当时欧洲的主流思想是重商主义，重商主义的逻辑会推导出这样一个结论：既然财富就是金银，那么由于这个世界上的金银数量是固定的，财富总量也是固定的，你赚多了，我就赚少了。也就是说，重商主义认为国家之间的贸易是存量竞争。

所以，看着数钱数到手抽筋的荷兰人，英国人眼红到快要脑出血。

面对这样的对手，英国人该怎么办呢？一般来说，我们和生意场上的对手竞争，有以下几个措施可以选择：

学习对手，提升经营水平；

发展技术，提升生产力；

制定优惠政策，吸引更多投资；

提升员工（国民）素质，增加竞争力。

然而，克伦威尔一个都没选，他想到的办法是颁布一个《航海法案》。

1651年，克伦威尔领导英国议会通过了这个法案，法案最重要的一条就是，运往英国和英国殖民地的货物必须用英国的商船。

这就是个强买强卖的霸王条款。

这个霸王条款也没有明说针对谁，但是谁都看得出来，它就是针对荷兰的，因为荷兰在航运市场上的占有率最高。也就是说，英国人和世界霸主竞争的办法是立了一个针对世界霸主的霸王条款，然后还打算让这个霸主过来承认一下。

英国人的底气是从哪里来的呢？

很简单，在克伦威尔上台的这两年里，英国海军的规模扩大了近一倍。

嘿嘿，贸易？做什么贸易？

事实上，克伦威尔对英国海军的改造远不止扩大规模这么简单。

伊丽莎白时代以来，英国海军一直都是国王的私产，主要由临时拼凑的雇佣兵组成。克伦威尔上台后，国王给砍没了，海军也就不再是谁的私产了。于是，克伦威尔将海军改造成国家机构的一部分，并完成了正规化和职业化建设。重建后的英国海军成了一支军容齐整的常备军，再也不是那个连海盗都搞不定的破落户了。

而在抢劫还是贸易这个问题上，英国的思路一向很活络，那就是弱则自由贸易，强则随心所欲。

从1652年到1674年，英荷总共打了三次，其间互有胜负，但荷兰伤得更重。荷兰是靠航运和金融发展起来的，这样的发展模式要求一个和平的外部环境。在和平环境下，荷兰可以凭此模式赚取大量财富，进而成为掌控一切的老大。一旦碰到了敢于动武的硬茬，还是得看双方的工业实力和人口数量，在这些方面荷兰并不占优势。

战争导致荷兰的海外坏账越来越多，贸易量锐减，国库开始入不敷出，荷兰就这样逐步离开了霸主的宝座。

另一方面，英国虽然在1660年发生君主制复辟，但是海军改革的成果一直保留了下来。克伦威尔打造的这支职业军队开始成为大西洋上的重要力量之一。

暴雷欧洲

解决荷兰后，英国的海上贸易蒸蒸日上，纺织品出口订单激增，后来还催生了珍妮纺纱机的发明和工厂的诞生。但是，作为一个岛国，哪怕它在世界各地的殖民地再多，英国在欧洲大陆也没有立足之地。

不过，英国对此并不在意。欧洲大陆虽大，上面的国家却不大，几个主要国家的体量和英国也差不多。只要英国能够保持海上贸易的优势，就不用再担心被哪个国家压制了——除非有人想要统一欧洲，一个统一的欧洲对英国是灭顶之灾，因为那无异于加强版的西班牙和荷兰。

所以在对欧洲的外交上，英国一直奉行"均衡政策"（欧洲均势战略），欧洲哪个国家想坐大，英国就和它的对手结盟，一起压制它。

随着西班牙和荷兰两届霸主被英国搅黄后，18世纪的欧洲大陆出现了巨大的权力真空。法国、奥地利、俄国、普鲁士等主要国家摩拳擦掌，纷纷开始扩张自己的势力范围。

海权博弈史

到18世纪中叶,矛盾已经一触即发,这些主要国家的战略目标各不相同:

普鲁士企图吞并萨克森(现在德国境内)和控制波兰。

奥地利打算夺回西里西亚,削弱普鲁士。

法国打算吞并汉诺威,遏制普鲁士。

俄国打算吞并波兰和东普鲁士。

然后奥、法、俄三国会心一笑,结盟了。后来瑞典也插了一脚进来。

远在海峡对岸的英国对着这个局势掐指一算,普鲁士这是要遭殃啊!

为了维护欧洲谁也吃不掉谁的大好局面,英国赶紧一棍子搅到这场乱局中,果断和普鲁士结成了盟友。

1756年,战争爆发,反普鲁士同盟对普鲁士群起而攻之,英国则在海峡对岸给普鲁士疯狂打钱。

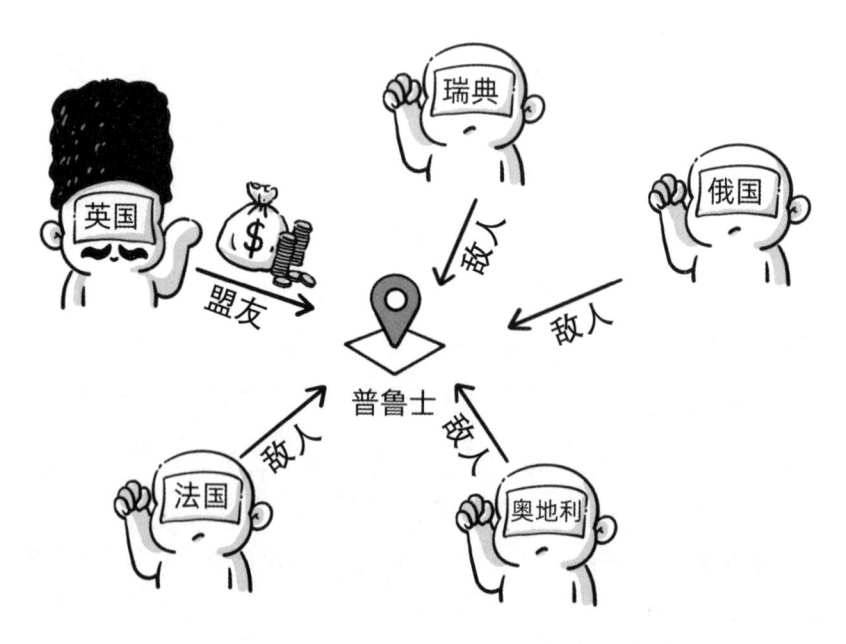

七年战争各国关系示意图

当然，英国也不是没有出兵，只不过英国军队的目标不是欧洲大陆，而是海外殖民地。趁着欧洲国家深陷大陆战场，英国海军开始大肆扫荡各国的海外殖民地，连续攻占了孟加拉国、加拿大、西属佛罗里达、印度法属据点等地。

这场欧洲混战打了七年，到了1763年，交战各方实在是精疲力竭，打不下去了，纷纷签署停战协议。撤军的撤军，归还领土的归还领土，大家的疆域也没太大变化，而英国则通过这场战争吞并了法国在北美、西印度群岛、非洲以及印度的大片殖民地，从此成为欧洲各国中占有海外殖民地数量最多的国家。

当然，英国也不是没有损失，连年战争毕竟消耗了不少金钱，财政窘羞终归是要填一填。英国思来想去，就打算向它的北美殖民地收点税。

当年那些去到北美大陆拓荒的英国人，如今已经建立起了十三个北美殖民地。一直以来，由于远隔重洋管理不便，英国对北美殖民地采取"放羊政策"，不管不顾也不收税。

这一次国会老爷们觉得这些殖民者清闲了这么久，是时候交点钱回报母国了。

事实证明，让人掏钱永远是一件很困难的事情。1773年殖民地的新税法（《茶税法》）刚落地，北美殖民者就掀了桌子，两年后，美国独立战争爆发。

最终英国不仅税没收上来，还把十三个北美殖民地弄没了。

不过，要是比惨的话，法国比英国就不知道惨到哪里去了。英国只是失去了北美殖民地，法国则是整个国家崩掉了。

法国经济在七年战争后彻底崩盘，不可避免地滑向国家破产的结局。

法国的崩溃是一个长期的过程，其祸根在18世纪初就埋下了，这都要归功于当时法国特聘的财务总监约翰·劳。

约翰·劳在金融创新领域展现出极强的天赋，为法国研发出人类历史上首个不需要贵金属背书的央行货币体系。再加上之前跟荷兰学来的股票交易系统，18世纪初的法国经济呈现出这样的场面：国民可以自由买卖股票，约翰·劳的银行则可以随意印钞。

约翰·劳并没有就此停止前进的步伐，他在创新的道路上越战越勇，很快把股票交易和信用货币系统结合起来，并在此基础上想到一个帮助法国政府偿还国债的办法：

首先，约翰·劳在政府背书下搞了个经营美洲密西西比河流域各类贸易活动的密西西比公司，然后发行该公司股票。从1719年5月开始，他通过自己印的钞票炒作密西西比公司股价，再允许国民用国库券来购买股票。

这一通组合拳打下来，股价疯涨，很快形成了股市投机的狂潮，大量国民把手中的国债换成股票，颇有点"债转股"的意思。该股票发行仅一年，股价就从500里弗尔（当时法国的货币单位）涨至10000里弗尔，一年上涨20倍。

这种大牛市当然会刺激大量法国人倾家荡产去购买该公司的股票，短时间内确实帮法国政府消灭了大量的国债。

在形势一片大好的情形下，约翰·劳愉快地坚持左手增发公司股票，右手增发信用货币。于是，股票永远上涨，国债越来越少，人民越来越富。在这一刻，他仿佛发现了人类财富的终极密码。

然后，法国的通胀率就从1719年的4%涨到了1720年的23%。这种通胀水平让法国人害怕，他们开始用纸币去兑换黄金，而不是股票。

我们知道，庞氏骗局最害怕的情形就是新的资金不来了……

没有了资金的流入，股价开始下跌，于是，这个国家级的"跑得快游戏"就此暴雷，投资者们开始踩踏出局。

在股价崩盘的过程中，约翰·劳屡次通过大量印钞来救市，不过仍然无济于事，股价最终还是在接下来的一年里跌去95%，史称"密西西比泡沫"。

前后仅仅两年，这场股市危机就使得法国从贩夫走卒到王公贵族几乎全部面临破产的危险，再加上之前胡乱印发的一堆纸币，法国在债务和通胀的漩涡中越陷越深。

顺便说一句，这位以一己之力带崩欧陆最强国家的金融鬼才约翰·劳，他是个英国人。

国内经济糜烂，就想着出门打劫。1756年的七年战争可以这样理解：法国为了续命，做出最后一搏，结果偷鸡不成蚀把米。

战争的失败进一步加剧了法国的国库空虚和负债水平；同时，失去大量殖民地也导致法国经济的造血功能急剧下降。

尽管法国自己都穷成这样了，它还要在后来的美国独立战争中插上一脚，拼了老命也要帮助美洲殖民者给英国点颜色看看。结果颜色确实是给够了，法国的国家财政也彻底病入膏肓，欠下了数十亿里弗尔的国债，而且利息还很高。

为了解决迫在眉睫的财政危机，法国国王路易十六不得不在1788年召开已经中断了175年的三级会议。在法国，教士是第一等级，贵族是第二等级，市民是第三等级。其中人数最多的自然就是第三等级。路易十六召开这个三级会议，目的就是向第三等级要钱。

国王想着管大家要钱，大家却想要限制国王权力。国王恼羞成怒，带兵解散了议会，议会奋起反抗，发动革命，最后国王因叛国罪被砍头，基本上是把140年前英王查理一世的剧情又演了一遍。

法国大革命摧枯拉朽般地碾碎了旧秩序，而新秩序一时半会还建不起来，法国陷入一场巨大的混乱之中，混乱又造就了恐怖统治。整个国家一时间人头滚滚，哀鸿遍野。

这对英国来说当然是一件大好事。欧陆最强的国家现在乱成一锅粥，英国似乎不用担心欧洲会再度崛起一个大型帝国了。

就在英国以为可以高枕无忧的时候，法国刮出了一张史诗级的彩票。

全村的希望

1768年，热那亚把地中海的科西嘉岛卖给法国，于是，一年后在科西嘉岛出生的拿破仑就成了法国人。

这可能是法国历史上刮出的最大的一张彩票。这个年轻小伙的天赋简单粗暴，就是特别会打仗。另外法国大革命虽然破坏了法国的社会秩序，但也让法国人在推翻贵族统治后产生了强烈的国家认同感。法国人开始觉得这个国家人人有份，于是在对外作战中士气特别高昂。在当时那种"排队枪毙"模式的战斗中，士兵的士气远比技术更为重要。

对欧洲的君主制国家来说，法国大革命在意识形态上是个大问题。欧洲君主们不希望自己的国民有样学样，在1793年法国人砍下国王路易十六的脑袋后，英国就驱逐了法国驻英大使。随后法国对英国宣战，英国则联合奥地利、普鲁士、那不勒斯和撒丁王国组成第一次反法同盟。

战乱的局势为军事天才提供了完美的舞台。拿破仑在战场上连战连捷，并在1795年成功镇压巴黎保王党的叛乱，出任巴黎卫戍司令。一年后他又在意大利战场中取得重大胜利，直接促使第一次反法同盟瓦解。

其他国家退出后，法国开始全力对付英国。

1798年，拿破仑率军远征埃及，意图独霸红海地区，控制欧洲到印度航线的补给站，切断英国的财富通道。

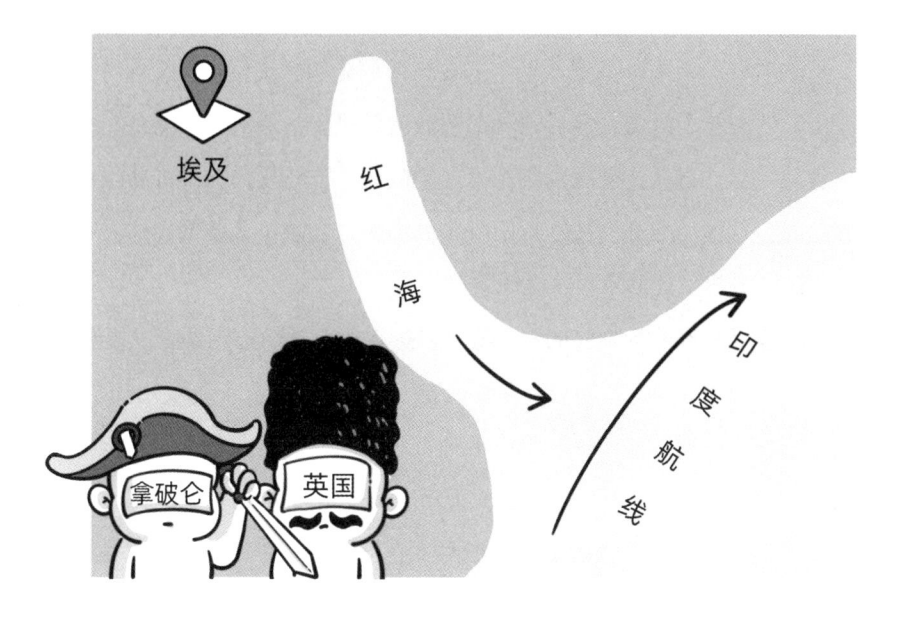

拿破仑进军埃及

英国本来想趁你病要你命，现在却被拿破仑拿刀架到脖子上，英国对大杀四方的法国陆军束手无策，只能眼睁睁地看着红海地区危在旦夕。

此时，英国海军准将霍雷肖·纳尔逊成了英国唯一的希望，全村的希望就落在一位残障人士身上。

纳尔逊是个天生的水手，12岁就开始上舰服役，没多久就被提升为后补少尉。也就是说，当我们还在小升初的时候，人家已经是军官了。

18世纪的英国拥有大量的海外殖民地，最不缺的就是海战立功的机会，再加上纳尔逊本身才华横溢，所以，他21岁就被提拔为海军上校并当上了军舰的舰长。

纳尔逊的作战风格突出一个"猛"字。

纳尔逊36岁时在攻打科西嘉岛的战斗中被弹片打瞎了右眼，从此成了残障人士。

1797年，只有一只眼的纳尔逊在与西班牙舰队进行的圣文森特角海战中，驾船撞向敌舰，然后亲自率领敢死队跳上敌舰进行肉搏战，拿下一艘敌舰后，再从这艘敌舰跳到另一艘敌舰，连续用肉搏的方式俘虏两艘敌舰。这样的战绩创造了英国海军的历史，随着英国新闻媒体一顿猛吹，纳尔逊成了英国家喻户晓的明星。

同年，已经升为准将的纳尔逊又在进攻西班牙的圣克鲁斯—德特内里费群岛的战斗中被打断右臂导致截肢，这下成了"双重残障人士"。

身体的残疾丝毫不影响纳尔逊的魅力和乐观精神，他甚至还跟好友汉密尔顿爵士的夫人上演了一场惊天动地的爱情故事……

更重要的是，这位残障人士根本没有退休的意思，反而随着身上负伤增多，战斗力越来越强。

1798年，只剩下一条胳膊一只眼的纳尔逊率领英国海军在埃及的尼罗河河口大败法国海军，把拿破仑困在埃及的陆地上。失去后方支持的法国远征军形势急转直下，不可避免地走向失败，英国人总算在被拿破仑蹂躏的岁月里扳回一城。

1799年，困在埃及的拿破仑扔下部队自己偷偷溜回了法国，因为法国已经乱套了。

此时法国不仅外部出现了第二次反法同盟，内部的保王党也在卷土重来。

回到巴黎的拿破仑果断发动雾月政变，成了法兰西第一共和国的执政官，重建了秩序，结束了大革命以来的恐怖统治。

内部稳定后，法国的战斗力更强了，很快击退了国内外的敌人。欧洲的形势也愈发明朗，基本形成了"英法两国死磕，其他国家骑墙"的态势。

这俩死对头一个合纵一个连横，欧洲大陆今天一个反法同盟明天一个反英同盟，就这样来回折腾了两年多，终于在1802年英法两国签订了《亚眠和约》，暂时休战。欧洲迎来了近十年来的第一个和平时期。

然而，这只是暴风雨前的宁静。

山雨欲来

英法两国缺乏最基本的相互信任，签完《亚眠和约》，双方都没有完全履约，该撤的不撤，该还的不还，双方的不满情绪开始急速升温。

1803年5月，英国向法国宣战，并组建第三次反法同盟。可以这么说，法国大革命之后，英国政府的主要外交业务就是捣鼓反法同盟。

然而，外交水平再高，最终还是要在战场上说话。现实中这些弱鸡的欧陆盟国完全配不上英国的搅屎技巧。英国每次整出一个以多打少的局面，它们就排队去给拿破仑送经验。

结果经验送得实在太多，搞得拿破仑的个人声望创了法国历史新高，马上就可以更进一步了。

1804年，拿破仑在巴黎圣母院称帝，法兰西共和国一夜之间成了法兰西帝国，法国再次站上欧洲之巅。英国又回想起曾经被欧洲大国支配的恐惧……

至此，法国向大家生动演示了如何在经济爆雷一个世纪后实现完美翻盘，那就是把仗打赢。道理很简单，所谓经济危机，无非就是"没钱加一屁股债"。如果你能在战场上取得连续的胜利，别人的钱就是你的钱，你的债就是别人的债，大炮永远是解决经济危机的最后一把钥匙。反之，如果你没有能力在战场上获胜，你赚再多的钱也是为他人作嫁衣。

丛林世界的和平只建立在大炮的射程之内，现在的问题是，那个反法同盟的始作俑者偏偏坐落在法兰西大炮的射程之外。

对拿破仑来说，不彻底解决英国这个搅局者，法国乃至整个欧洲大陆都将永无宁日。只不过要完成这个壮举，首先得把无敌的法国陆军送过海峡，这就要看法国海军的了。

当时法国海军的军舰分布在各个港口，其中大多数分布在布雷斯特港和土伦港。布雷斯特港离英国较近，面向大西洋，土伦港离意大利较近，面向地中海。这两个港口以及其他的法军港口，也就是所有的法军港口，全都被英国海军封锁了。

法国舰队被英国盯得死死的，偷袭是不可能偷袭了，想渡海就得正面击败英国海军。

法国的陆军在欧洲所向披靡，但海军就不行了，不要说正面击败英国海军，现在连出都出不去。

针对这样的情况，拿破仑想到一条调虎离山之计。首先，派其中一个港口的舰队冲破封锁，进攻英国在美洲的殖民地西印度群岛，吸引英国海军主力前去救援。

然后，该舰队出其不意地扭头回到欧洲，趁着英军主力还没回过神来，打个时间差，救出其他港口的法国舰队，一起进攻英吉利海峡，把法国陆军送过去。

想法很美好，但法国海军在实力上不够自信，所以迟迟未能践行。

1804年底，情况出现了转机。强大的英国海军树敌太多，1804年10月又击沉了一些西班牙舰船，西班牙于1804年12月向英国宣战，并与法国结盟。这两个英国的百年宿敌紧紧地抱在一起，组成了法西联合舰队，这一下双方实力不分伯仲了。

第二章 又见"日不落"

当时的舰船还处于风帆时代,火力强大的主力军舰被称为"风帆战列舰"。

19世纪初的造船厂已经可以造出排水量数千吨,火炮上百门的风帆战列舰,具体来说,这些战列舰可以按照火炮甲板的层数来进行分级:

两层火炮甲板风帆战列舰:排水量1300~1800吨,火炮数量64~80门;

三层火炮甲板风帆战列舰:排水量2000~3500吨,火炮数量90~110门。

到18世纪下半叶,跌落神坛已达两百年的西班牙经济已经有所好转,西班牙觉得自己又行了,于是,心一狠牙一咬,砸碎了国库的"存钱罐",丧心病狂地造出了当时唯一拥有四层火炮甲板的超级风帆战列舰"至圣三位一体"号。

该舰排水量高达4900吨,舰员多达1071人,其块头已经是木质风帆战列舰的极限,火炮数量更是达到前无古人后无来者的140门,浑身闪耀着两百年前那个西班牙帝国的荣光。

但是,由于该船过于肥大,在动力完全靠风吹的年代里,机动性较为不足。"吃瓜群众"也给它起了个绰号,叫"西班牙母马"。

在西班牙大佬的加入下,拿破仑看到了拿下不列颠群岛的曙光。法国海军的调虎离山之计正式开始启动,一场决定未来一百年世界格局的海战,即将展开。

而对决的双方都没有退路,因为海洋虽大,却只能有一个主宰。

法式作战

法国担任诱饵任务的是部署在土伦港的舰队，他们的任务是开往加勒比海，攻击英国在西印度群岛的殖民地，把英国海军吸引过去。

法国土伦舰队的指挥官是维尔纳夫，他与纳尔逊算是老对手，1798年法国海军在尼罗河被纳尔逊暴揍，仅有两艘主力战舰全身而退，其中一艘军舰的舰长就是维尔纳夫。

这样的经历让维尔纳夫混到了不少资历，也让他患上了"纳尔逊恐惧症"，之后他的作战风格可以用三句话来概括：

"保命要紧。"

"多一事不如少一事。"

"纳尔逊，你别过来。"

显然，维尔纳夫并非什么天才，充其量只能算是个官场油条，由这样的人担负起法国海军的生死存亡，从一个侧面反映出法国海军人才储备的不足。

这主要是因为海军将领需要较高水平的技术积累，他们的成长需要一个稳定的国内环境，而这是动荡的法国所无法提供的。

3月份，维尔纳夫率领土伦舰队离港，朝直布罗陀海峡开去。在一旁盯梢的地中海舰队司令纳尔逊很快得到情报，土伦港的法国舰队没了。当时没有雷达，判断敌方舰队的位置主要靠情报和经验，确切地说，对方出没出港要靠港口的情报，至于出港之后具体去了哪里，要靠主帅的猜想。

纳尔逊以为土伦舰队的目标是进攻埃及，他一直堵在埃及的方向上等待维尔纳夫，结果正好和维尔纳夫背道而驰。

于是，法国舰队不费吹灰之力就通过了直布罗陀海峡，并和西班牙在加的斯港的舰队会合，组成法西联合舰队，一起向美洲的西印度群岛杀去。

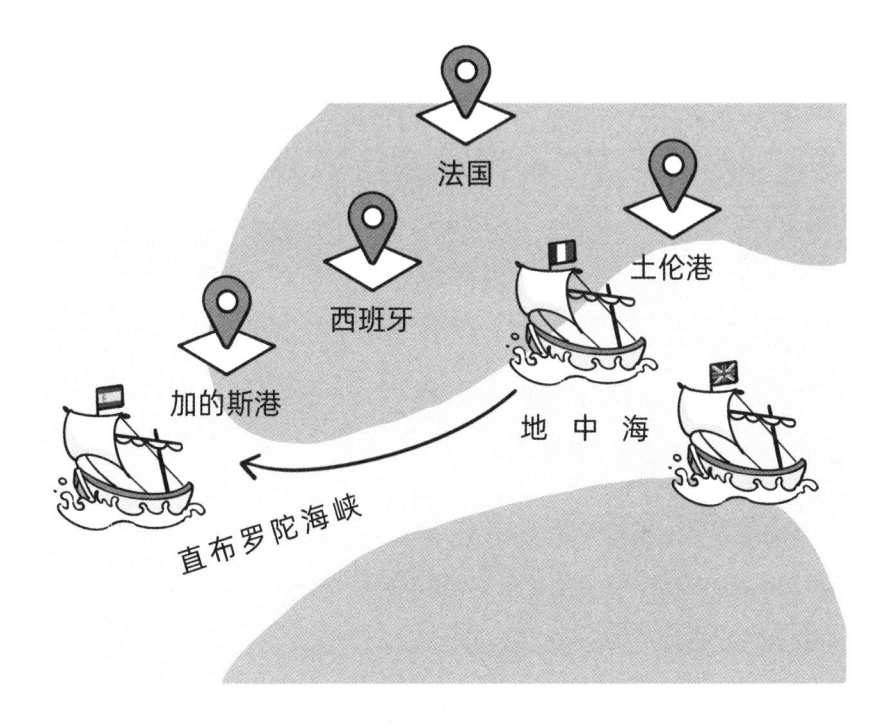

法国舰队开往直布罗陀海峡

一个月后，纳尔逊才发觉上当，尽管此时他手里的军舰数量比法西联军少，但这位彪悍的独眼大佬也没多想，马上就率军开始横渡大西洋去追赶联军。

按照拿破仑的设想，维尔纳夫应该在西印度群岛多坚持一阵子，吸引更多的英国舰队前来，然后再偷偷溜回欧洲，接出被封锁在布雷斯特港的另一支法国舰队。

实际情况却是，维尔纳夫一看见纳尔逊追过来了，立马扭头就跑，一溜烟又回到欧洲，停泊在西班牙的费罗尔港，根本不给其他英军上当的机会。

维尔纳夫这种"恐纳综合征"的表现倒是把英国海军都给彻底整蒙圈了：你这几十条船啥意思啊，不是去打我的殖民地了吗？咋这么快又回来了呢？是不是又要在欧洲搞什么幺蛾子啊？

英国人猜不透法国人的想法，只好决定先把部队集合起来再说。

于是，在海军部的命令下，英国分散在各个港口的军舰纷纷出港到大西洋开始集结。结果除了布雷斯特港外，大多数被英军封锁的港口都已经解封，拿破仑的调虎离山之计误打误撞地完成了大半。

看到英军上钩，拿破仑喜出望外，立马命令维尔纳夫趁英军集结的时候率部北上攻击布雷斯特港，然后与那里的法国舰队合兵一处进军英吉利海峡，一举完成法军渡海的壮举。

一切看起来都很完美，只可惜执行命令的人是维尔纳夫。

对维尔纳夫来说，手里的舰队是立身之本，老婆孩子热炕头是心头所好，他根本就不想去布雷斯特港跟英军拼命。

当然，作为一个官场老油条，领导的命令他肯定还是要执行的，但是，如果执行过程中碰到了什么困难，他肯定也不会去主动解决。到时候遇事能躲就躲，回头找再个"我军尽力了，形势太危险，留得青山在不怕没柴烧……"之类的理由应付就好了。

好死不死，维尔纳夫在北上布雷斯特港的途中真的遇到事了，他迎面碰到了一支舰队。

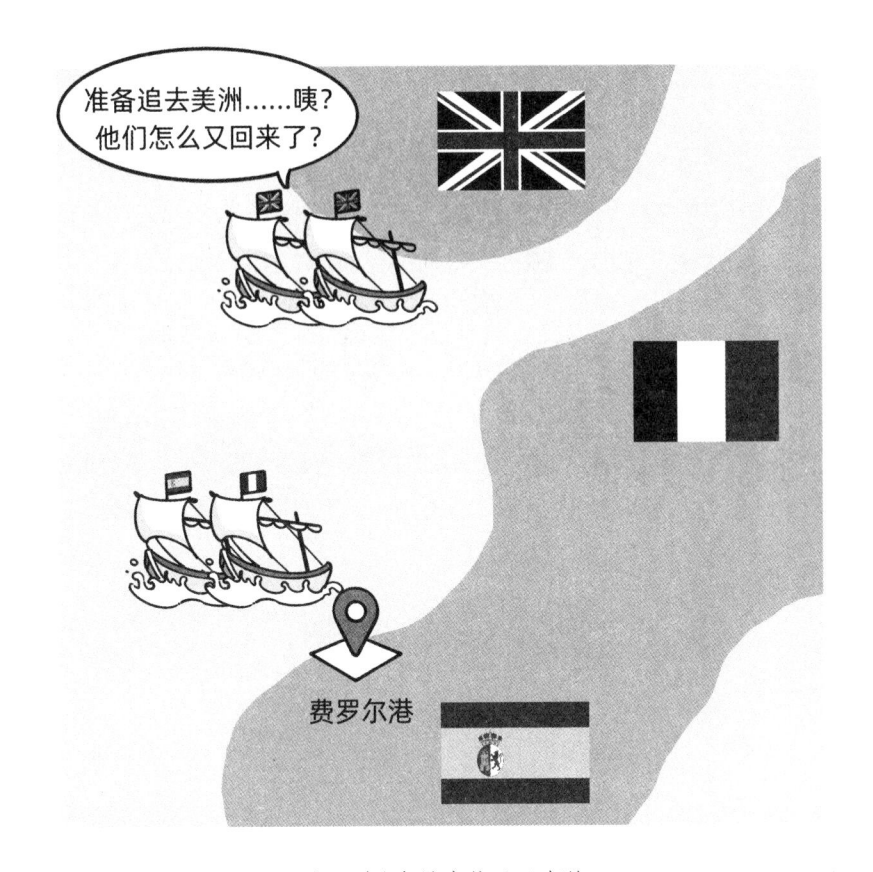

法西联合舰队突然返回欧洲

远远望去，维尔纳夫不知道这支舰队是什么来头。在这种情况下，指挥官一般有两个选择，要么就先派侦察船过去侦查一下，要么就直接摆好阵型做好战斗准备。

然而，维尔纳夫果断下达命令：放弃任务，掉头撤退。

事后人们才得知，这支舰队其实是一支来接应维尔纳夫的法国分舰队，也就是说，维尔纳夫稀里糊涂地被自己人给吓跑了。

法西联军一步到位退到了西班牙南部的加的斯港，这里离英国最远，而且不受海峡阻碍，"进可攻，退可跑"，简直是天选之地。

加的斯港口旁边有个海角,叫"特拉法尔加角"。

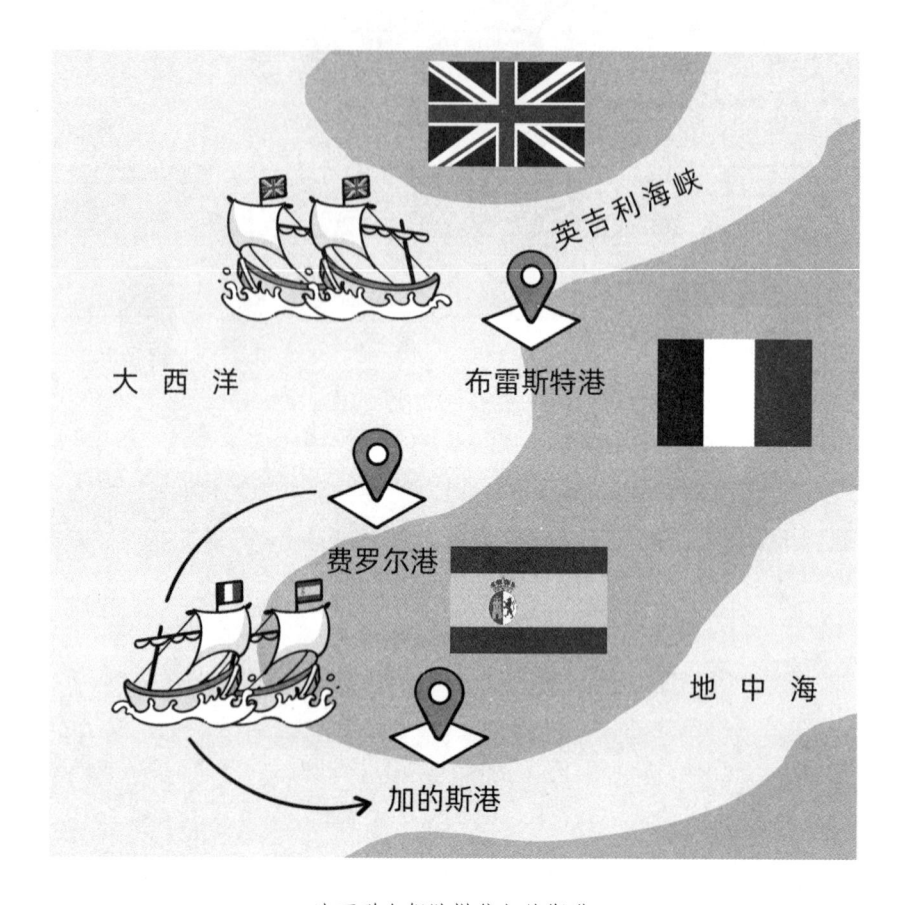

法西联合舰队撤往加的斯港

联军进入加的斯港没多久,刚刚升任英国舰队总司令的纳尔逊就率领集合后的英国舰队围了上来,把法西联合舰队封锁在港口内。

这下彻底踏实了。

得知联军的整个行动过程后,已经驻扎到英吉利海峡边上的拿破仑气急败坏,他在给法国海军部部长的信件里写道:"我认为维尔纳夫连指挥一艘快速炮帆船的资格都没有。"并直呼维尔纳夫为"不知耻的懦夫"。

第二章 又见"日不落"

9月2日,失去战机的拿破仑被迫放弃了入侵英国的计划。

然而,纳尔逊和维尔纳夫的对决才刚刚开始。

特拉法尔加海战

拿破仑放弃入侵英国后,开始着手应对东边奥地利和俄国的进攻,并命令维尔纳夫把舰队开往意大利进行配合。可能是因为害怕门口围堵自己的英军,维尔纳夫选择了拒绝执行命令。

这就有点过分了,之前坏了领导的大事,现在还要违抗领导的命令。忍无可忍的拿破仑随即发出一道新的命令,要求维尔纳夫在原地待着别动,等待前来接替他的新指挥官。

这下维尔纳夫急了。不知道是为了保住官位,还是为了证明自己绝非"不知耻的懦夫",维尔纳夫这一次没有消极等待,而是主动出击,他要去掐住命运的喉咙,与英军决一死战。也就是说,他又一次违抗了拿破仑的命令。连续两次把拿破仑的命令当耳边风,从某种意义上来说也算是一个猛人了。

此时在特拉法尔加海域,对决双方舰队的战列舰数量如下(还有一些战斗力较弱的巡洋舰没有计入):

战列舰等级	火炮数量	英国皇家舰队	法西联合舰队
四层火炮甲板战列舰	约140门	0艘	1艘
三层火炮甲板战列舰	约100门	7艘	3艘
二层火炮甲板战列舰	约70门	20艘	29艘
合计		27艘	33艘

法西联合舰队有战列舰33艘,英国舰队有27艘。双方纸面实力大

053

致相当，英军略占下风。

1805年10月19日，法西联合舰队的军舰开始陆续驶出加的斯港。很快，英国的侦察舰就发现了联合舰队，纳尔逊立刻率军拦截。

10月21日拂晓，双方已接近至19公里。

维尔纳夫看似很有气魄地抗命出征，当他真的在海上遇见纳尔逊的时候，还是怂了，他的第一反应是"先掉个头"。

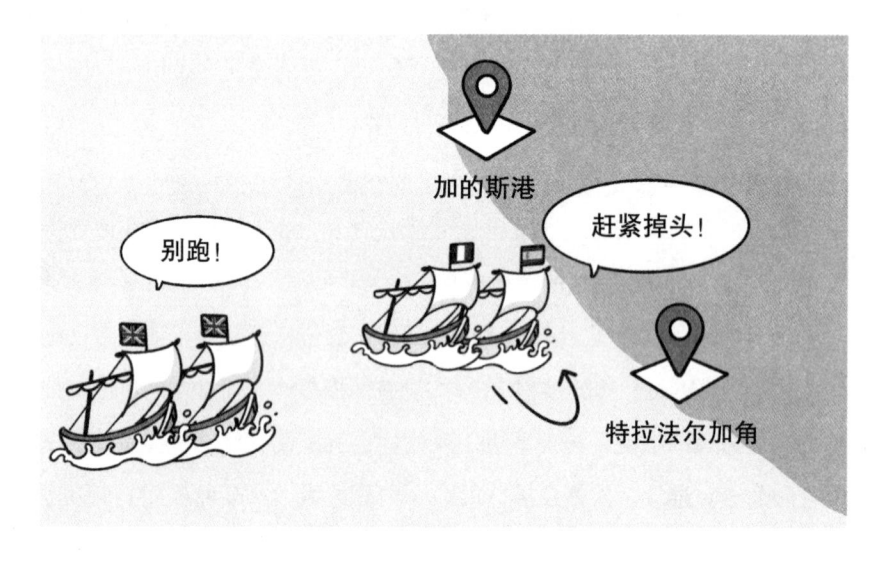

法西联合舰队掉头撤退

于是，法西联军原地掉头往回开，这样倒是有助于在打不过的时候直接撤回港口，但是此举不仅严重影响士气，而且使联合舰队的队形暂时陷入混乱。

当时的海战以火炮对射为主，火炮又大多布置在军舰的侧面，因此，基本的作战方式是双方侧面对侧面，互相平行一字排开，然后开始对轰。胜负就看谁火力大，看谁打得准。

当时火炮的射程大概是1公里，在这样的作战模式下，双方战舰一

第二章 又见"日不落"

般不会脸贴脸地接触，如果觉得战况不利，可以迅速撤退。

然而，前面说过，纳尔逊打仗突出一个"猛"字。他压根就没打算给双方留出撤退的机会，难得大家凑这么齐，今天谁都别想走。

出于这样的考量，纳尔逊排出了一个反常规的阵型，英军没有选择和法西联军平行的航行方向，而是排成两路纵队，直插法西联军的腹地。

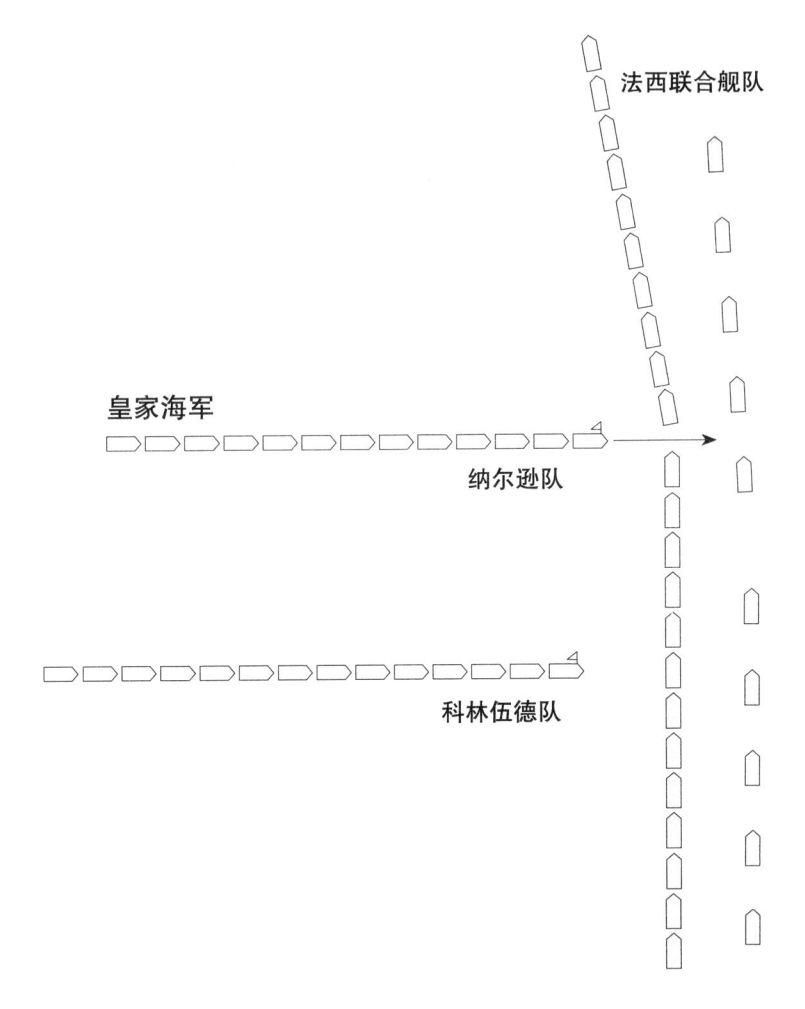

英国皇家海军与法西联合舰队对阵形势图

英军分为上下两队，上舰队有13艘战列舰，由总司令纳尔逊乘坐的"胜利"号担任头舰；下舰队有14艘战列舰，由副司令科林伍德乘坐的"王权"号担任头舰。

纳尔逊这是把军舰当陷阵营来使用了，打头阵的就是他自己。

英军冲到双方相距还有5公里的时候，纳尔逊通过信号旗发出了那条著名的命令："英格兰期盼人人都恪尽其责。"

随后"胜利"号又升起"进一步接敌"的信号旗，英国舰队在一片欢呼声中向联合舰队直插过去。

一开始，英军下舰队的"王权"号冲得过快，上舰队还没赶过来，下舰队科林伍德就已经带队插入联军腰部。上午11时45分，联合舰队"激情"号向"王权"号开炮，特拉法尔加海战打响。

冲入敌阵的英舰会受到对方的围攻，但同时也可以充分发挥自己两侧舰炮的火力，肆无忌惮地向四周开炮。

在"王权"号的带领下，下舰队14艘英舰顺利完成杀入敌阵的任务，双方在混战中乱成一团。而纳尔逊带领的上舰队则没么顺利。这种纵队冲锋战术的风险就在于冲锋的一方是船头对着敌方的侧舷，我们知道，风帆战列舰的炮都是布置在侧面的，船头正前方的火力非常弱。

所以，在整个冲锋过程中，进攻方都是处于被动挨打的地位，在这种情况下，当然是冲锋的速度越快越好，冲得越快，挨打的时间就越短。

就在纳尔逊冲到一半的时候，风……停了……

风帆时代的海战充满玄学因素，老天爷随意打个盹，整支舰队就只能干瞪眼，慢悠悠地往前漂。

法西联军抓住时机猛攻领头的"胜利"号，联军各舰共有至少200门火炮对着"胜利"号倾泻火力，足足持续了40分钟。猛烈的炮火导致

"胜利"号上的人员损失惨重,连方向盘都被炸毁了。

尽管如此,纳尔逊仍坚持前进,他不仅没有停下来的意思,甚至还做了个假动作,先假装左转放弃前进,然后趁法军放松警惕的时候又突然右转,单枪匹马插入了法国旗舰"布森托尔"号和"敬畏"号之间。

联军对纳尔逊这种疯狂的举动有些措手不及,来不及调整方向。

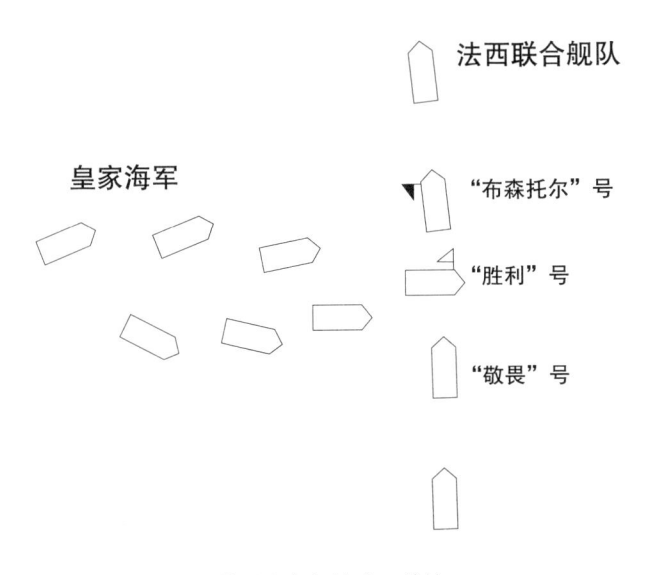

英国皇家舰队冲入敌阵

在敌阵中央的"胜利"号可以充分施展火力,纳尔逊命令两舷火力全开,以一敌二,贴脸厮杀。而法军对着"胜利"号的分别是"敬畏"号的船头和"布森托尔"号的船尾,不利于侧舷火力的输出。

现在形势逆转,"胜利"号可以毫无顾虑地将三层火炮甲板的火力倾泻到两艘敌舰身上。一顿猛锤过后,法舰严重受损。英军的整支上舰队也跟着纳尔逊冲入敌阵,特拉法尔加战场彻底陷入混乱。

英军也付出了惨重代价,纳尔逊在战局最激烈的时候身先士卒,站到甲板亲自指挥,结果不幸被法舰上的狙击手击中,身负重伤。英军只得由副司令科林伍德接过指挥权继续指挥战斗。

在英军的猛烈冲击下，法军旗舰的旗杆被打断，指挥系统瘫痪，联军陷入了原地打转、无可奈何的境地。

而战前被寄予厚望的西班牙巨舰"至圣三位一体"号也没有起到什么作用，因为这场海战不是常规的远距离炮战，"至圣三位一体"号舰炮多的优势未能充分发挥。

相反，由于英军直接冲到了跟前，这艘巨舰机动能力差的弱点被无限放大。它在混战中无法及时地调整姿态和占据有利位置，成了英舰猛攻的对象，没多久就被打成了马蜂窝，桅杆也全部被打断；船员更是损失惨重，有200多人当场阵亡，无奈之下只好投降。

英军虽然军舰数量不如对方，但是基于良好的配合和灵活机动，他们一直在局部对法西联军形成以多打少的局面。随着混战的持续，越来越多的联军舰船被各个击破。下午2点，法西联合舰队旗舰"布森托尔"号降下帅旗，舰队司令维尔纳夫被俘，联军大势已去。

英军方面，重伤的纳尔逊一直硬挺着等待战斗结果，在确认英军最终获胜后，他在自己的战舰上咽下了最后一口气。

特拉法尔加一役，英国皇家海军包括总司令纳尔逊在内总共阵亡458人，无一艘军舰沉没。

法西联军共计17艘战列舰被俘，1艘被击沉。其中法国阵亡2218人，包括联合舰队总司令维尔纳夫在内约4000人被俘，西班牙包括西班牙舰队司令格拉维拉在内阵亡1025人，约4000人被俘。

这是一场"战前五五开，结局一边倒"的战役。维尔纳夫平生就任性了这么一把，想要主动掐住命运的喉咙，结果反被命运扼住了命门，一鼓作气送走了法西两大帝国的海军主力。

可能是希望维尔纳夫这样的"人才"继续为法国服务，几个月后英国就释放了他。就在维尔纳夫被释放的当月,他就被发现死于巴黎的一处寓所,胸口有六处刀伤,法国的官方记录是"自杀"。

1806年1月8日,英国人在泰晤士河上为纳尔逊举行了隆重的国葬。为国捐躯的纳尔逊被英国人视为海军之魂,我们现在还可以在伦敦市中心看到专门为了纪念特拉法尔加海战建立的特拉法尔加广场,上面还竖立着纳尔逊的纪念碑。

值得一提的是,拿破仑十分敬仰纳尔逊这个对手,听闻纳尔逊的死讯后,他命令每艘法国军舰都挂上纳尔逊的肖像以示纪念,也是希望法国人能多学习一点纳尔逊精神。

新王登基

特拉法尔加海战是风帆战列舰时代规模最大的一次海战,也是英法之间最后一次大型海战,还是法国最后一次大型海战。

此战彻底击碎了拿破仑进军英国的企图,法西两大海军强国元气大伤,从此法国乃至整个欧洲再也无力威胁英国本土。

于是,英国可以肆无忌惮地坐在家里搅动欧洲的局势,一边资助法国的敌人,一边破坏法国的贸易航线和海外殖民地。

1806年,忍无可忍的拿破仑搞了个大陆封锁政策("大陆体系"),规定欧洲大陆的所有国家都不准跟英国做生意,企图从经济上击垮英国,这可以说是近代欧洲版的贸易战。

然而,你永远不可能真正制裁一个海军强国。英国的舰队遍布全球,没有欧洲,他们还可以跟很多其他国家进行贸易,比如说美国。

而且还有一个问题,大陆封锁政策带有典型的重商主义色彩,它的逻辑是，财富就是存量的金银，你少赚了，我就多赚了。欧洲想当然地认为，一起封锁英国就等于大家一起瓜分英国的财富。

遗憾的是，这个逻辑整个就是错的。经济活动中的自由交易并非一亏一赚，而是双赢；同时，封锁交易也就意味着双输。

虽然批判重商主义的《国富论》在1776年就已经出版，但该理论在19世纪初还未得到欧洲主流社会的认可[①]，当时的欧洲对封锁交易的反噬力量一无所知。

自1806年11月21日拿破仑颁布大陆封锁令以来，英国与欧陆的经贸往来的确出现了骤减，但同时也对欧洲诸国的经济造成严重打击，事实上就连法军的军服也都来自英国的纺织业。贸然和英国这个"欧洲工厂"进行切割，导致欧洲诸国的经济运行成本大幅增加，联合封锁的局面注定不可持续。

葡萄牙首先表示拒绝服从法国，拿破仑便派军队解决了葡萄牙；没过多久，英国的死对头西班牙居然也开始偷偷摸摸跟英国展开交易，拿破仑又派兵解决了西班牙。

这种野蛮的侵略行径引发了葡萄牙和西班牙人民的强烈反抗，结果法军就陷入了伊比利亚半岛人民战争的汪洋大海之中。

资深搅局者英国自然不会放过这样的机会，它趁机和葡萄牙联手，由陆军中将阿瑟·韦尔斯利带队在葡萄牙登陆，开启了英国陆军的反法生涯。八年后，这名将军受封为威灵顿公爵。

"大陆体系"在1811年遭到了最严重的打击——俄国退出大陆体系，

[①] 美国经济学家与经济思想史学家罗伯特·海尔布罗纳（Robert L. Heilbroner, 1919—2005）在他的著作《世俗哲人：几位著名经济思想家的生平、时代和思想》（*The Worldly Philosophers: The Lives, Times and Ideas of the Great Economic Thinkers*）第5版（1999年）指出："随着时间的推移，斯密的作品成为古典经济学体系的主要基石之一，在19世纪中期成为欧洲政治家所公认的学说之一。"

和英国恢复商业关系。"大陆体系"被撕开了一个大口子，众多英国商品通过俄国西部边境流入欧洲，整个贸易封锁计划无疾而终。

1812年，拿破仑集结大军对俄国发动远征，结果在俄罗斯的冰天雪地里惨败而归，法兰西帝国也从此走上了覆灭的快车道。

法国衰落后，欧洲大陆一个能打的国家都没有了，英国开始一家独大，再无人能撼动其覆盖全球的海洋霸权。

地球有70%的面积是海洋，海上的游戏规则说简单也简单：只要你的军舰足够多，你就是规则。

英国在《国富论》的指引和海军的开路下，左手自由贸易，右手船坚炮利，将商业版图扩张到世界的每一个角落，由此产生的巨大市场需求又反过来刺激了英国生产力的进步。

19世纪中叶，英国的铁产量超过其他所有国家之和。经济学家杰文斯在1865年曾这样描述当时英国遍布全球的殖民地和贸易伙伴：

"北美和俄国的平原是我们的玉米地，加拿大和波罗的海是我们的林区，澳大利亚是我们的牧场，秘鲁是我们的银矿，南非和澳大利亚是我们的金矿，印度和中国是我们的茶叶种植园，东印度群岛是我们的甘蔗、咖啡、香料种植园，美国南部是我们的棉花种植园。"

至此，从16世纪就开始展望大海的不列颠岛民们总算熬出了头。他们一步步地从海盗老窝升级为欧洲工厂，再从欧洲工厂升级为世界工厂，最终在19世纪成为继西班牙之后的第二个日不落帝国。

| 小插曲：

1773年3月，一个37岁的苏格兰人陷入了中年危机——他的创业合伙人破产了。

这位苏格兰老哥本来出身于一个富裕的家庭，但是到17岁时家道中落，他只能从修理厂的学徒做起，后来又开始搞研究，一直就没什么固定工作。

好在有个企业家看中了他研究的项目并成了他的合伙人，从此这位苏格兰老哥获得了稳定的资金支持，只是还需要做点兼职来补贴开销。

如今合伙人破产，他一夜之间失去了主要的经济来源，同时还背上了一大堆债务。

几个月后，和他共同生活了9年的妻子去世，留下了6个子女需要他单独抚养。

中年人的崩溃就在一瞬间，独自拼搏二十载，如今竟沦落到走投无路的境地。

贫困交加的老哥只得开始变卖家产还债，同时为了找份工作给子女挣点生活费，他还做好了远离故土去俄国谋生的准备。

当时的英国已经有了专利制度，就在这位老哥动身前，又有一个企业家看上他的项目，购买了他的专利并将他挽留下来。

三年后，詹姆斯·瓦特这位老哥终于造出了自己研究十几年的东西——改良蒸汽机。

几十年后，风帆战列舰逐渐退出历史舞台。

03 第三章

北美崛起

第三章　北美崛起

19世纪初,人类把烧开水这个核心科技搬到了船上,发明了蒸汽动力轮船,从此人们的航海活动再也不用依赖充满玄学的海风,海权的争霸也开始进入一个新的时代。

此时的大英帝国仍然掌控着全球霸权,然而,这世上哪有万世不移的霸主,新的时代必将孕育出新的挑战者。

大英"内卷"帝国

如果你出生在世界上最繁荣先进的国家,毫无疑问你将是全球老百姓羡慕的对象。18世纪的英国正是这样一个国家,这里率先发生工业革命,这让它在科技水平上领先全球,并逐步成为全球经济的中心。

1768年,英国的一个农户家里诞生了一名男婴,取名为塞缪尔·斯莱特。

正所谓"条条大路通罗马,有人一出生就在罗马"。塞缪尔无疑是幸运的,他和所有英国人一样,一出生就站在世界之巅。不过,这个大英帝国的公民也有他的烦恼,处在世界中心的英国和我们现在的一线城市很像,这里的机会确实很多,生活确实高大上,但是"内卷"也相当严重。

这个国家大神满街走,工字不出头。

塞缪尔从14岁开始就在纺织厂当学徒,21岁就掌握了纺织制造的全部知识，这个青年才俊的前途似乎一片光明。等到他真的站到自己的工位旁边，塞缪尔却突然发现，自己的人生其实已经一眼望到头。尽管塞缪尔的技术十分精湛，他的未来却只能在一个小车间里日复一日地打卡上班，慢慢地从小师傅熬成老师傅。

大英帝国繁荣的背后是激烈的竞争和固化的阶级，农民出身的塞缪尔能在某个老板手下干到个小主管就已经是极限。这不是塞缪尔想要的人生。

这个挣扎的年轻人该何去何从呢？

一个人想要提升自己，最好的办法是到一个先进的地方磨炼自己；而一个人想要有所成就，最简单的办法是找个落后的地方去实施降维打击。做出这样的选择需要赌一把，因为谁也不能保证你找的这个落后地区以后能发展起来。是稳妥的红海，还是危险的蓝海？这永远是打工人需要面临的抉择。

塞缪尔决定孤注一掷，动身前往一个落后的国家。

这个国家的情况和大英帝国完全不同，这里农夫满地走，问啥啥不懂。在这个国家，塞缪尔不再是一个普通的技工，而是掌握核心科技的大神。他的人生不会再被困在一个车间里蹉跎岁月，而有可能在一个广阔的天地中点亮一个国家的希望。

这个国家就是美国。

18世纪的美国跟英国相比，只能算是一个大农村，它在独立之前甚至连发展工业的资格都没有。这是因为英国害怕别人在国际贸易中抢它的生意，所以对殖民地的产业发展进行了严格的管控。什么产业能做，什么产业不能做，都得由英国说了算。

这样的结果就是殖民地往往只能从事利润微薄的原材料生产，而利润丰厚的工业品则只能由英国自己来制造。

北美殖民地也处在这样的管控之中，一直以来，它都是一个农业发达而工业孱弱的地区。

美国独立后虽然不再受此限制，但其基本的经济框架已经根深蒂固，这里的工业水平被英国甩开了几条街。就在英国如火如荼地进行工业革命的时候，美国最好的营生仍是出售农作物。

尽管如此，英国对其他国家的技术发展仍然十分警惕，为了保持自己的技术优势，英国在18世纪中后期颁布了禁止技术和机器出口的禁令。从此各种技术资料和机器，甚至连技术工人都不能离开英国，违者将面临牢狱之灾。1789年的塞缪尔正是在这样的背景下伪装成一个农夫，空着手跑到北美大陆的。

在美国，塞缪尔硬是凭着自己的记忆复制出英国先进的阿克莱特水力纺纱机，并在此基础上建立起美国第一家棉纺织厂。这是美国工业一次从无到有的巨大突破，塞缪尔·斯莱特也因此被美国人称为"美国工业革命的奠基者"，当然，在英国人那里就被称为"叛国者"了。

美国的工业就此开始进入发展的快车道，同时也吸引了越来越多的移民加入，几十年间，美国的人口就从300万增长到3000万。

现实世界的发展往往充满各种令人啼笑皆非的逻辑。在美国这个神奇的地方，工业蓬勃发展这种好事居然埋下了战争的隐患。

北美内斗大陆

美国北方的自然环境不太好，土里能种出的东西不多，只能以搞制造业为主。南方各州则温暖湿润，非常适合农作物的生长，尤其是棉花。这就导致美国的工业主要集中在北方，农业主要集中在南方。

如果一个欧洲人想要移民美国，他是去北方工厂上班更有前途，还是去南方田野种地更有前途呢？其实他只能去北方，因为南方的种植园早已拥有大量廉价的黑奴。

随着18世纪末轧棉机的发明，清除棉籽的效率大幅提高，使得大规模使用奴隶种棉花变得非常有利可图，而棉花本身又是现代工业最重要的基础原材料（除纺织品外，包括纸张、无烟火药、人造纤维、胶片、食用油、肥皂、润滑油……各类现代工业品均离不开棉花），需求量巨大。

于是，南方的奴隶交易规模迅速扩大，到19世纪，美国奴隶数量从独立时的60万暴增到400万。

渐渐地，北方和南方发展开始分道扬镳。北方聚集了越来越多的手工业者移民，工业越来越发达；南方聚集了越来越多的黑奴，棉花越种越多。一个大国既发展农业又发展工业，这本来很正常。当时美国的问题是，北方的工业虽然发展得很快，但整体水平仍然很低。

19世纪初的工业灯塔毫无疑问是英国，英国的产品技术成熟，物美价廉，比美国这些土鳖工匠敲出来的东西不知道好到哪里去。美国工业产品的市场竞争力很弱，很难赚到钱。这可怎么办呢？

人们在现实中遇到困难的时候，费尽心思都无法解决的话，往往就想作个弊。北方大佬们想出的作弊办法是提高工业品的进口关税，以此对本国的工业进行产业保护。

从自由贸易的角度来说，这种作弊的行为意味着不公平的竞争，会带来很多问题。英国进口货本来物美价廉，如果需要交纳高额关税才能进入美国市场，那么它们就不得不提高在美国市场的售价以保证利润。于是，本来毫无优势的本地产品就拥有相对的价格优势，这对本地的制造业当然是个利好。但这样的政策不仅打击了英国的出口商，其实也打击了美国的消费者，因为他们的生活和生产成本会变得更高，颇有点伤敌一千自损八百的意思。

这种作弊手段是不是非实施不可呢？

如果工业发达的英国能够永远坚持契约精神，永远不去抢劫美国，永远允许资源的自由流动，那么对美国来说，搞不搞产业保护，发不发展制造业，其实没那么重要，市场会自动选择效率最高的资源配置方式。

但英国人是那种讲信用的和平主义者吗？

这帮不列颠的岛民在16世纪就出门打家劫舍，对着富裕的西班牙商船一顿猛抢；17世纪不惜举国开战也要强迫荷兰接受航运方面的霸王条款；18世纪又严格控制殖民地的产业发展，还对本土以外的地区进行技术封锁。

就近代美国这点土鳖的工业，还是靠少数不怕死的英国技术工人偷偷摸摸潜逃到美国才打下的基础。

与其相信英国靠得住，不如相信母猪会上树。

丛林世界从来就没有公平可言，自己不把工业发展起来，等以后被卡脖子了再想跟英国去理论，人家派过来跟你聊天的可能就是军舰了。

美国北方大佬们在搞产业保护的时候未必有什么高瞻远瞩的觉悟，大概只是为了让自己的厂子多赚几个钱，但客观上这条路线确实是美国能发展下去的唯一选择。它为美国留住了一个希望，一个将来能够在工业上超越英国的希望。

然而，凡事皆有代价，南方人很快就发现，自己就是那个"代价"。

为什么南方的种植园主会成为美国产业保护政策的主要受害者呢？按理说，南方种植业产出的产品正好是北方工业所需的原材料，大家不是一荣俱荣一损俱损吗？

还真不是。

当时美国南方产出的原材料并不主要供应给美国北方，而是供应给欧洲，尤其是英国。棉花出口占到19世纪中期整个美国出口商品的一半以上。

南方这些蓄奴州在经济结构上只是旧大陆（欧洲）的延伸，它们的经济严重依赖旧大陆，不仅产出的原材料主要卖给欧洲，购买的工业品也主要进口自欧洲，跟北方佬基本没啥关系。从经济结构上看，美国这些蓄奴州与其说是美国的一部分，不如说是英国的殖民地。

不过这也没什么可指责的，做生意当然逐利而为。卖货的时候欧洲人开价高，购物的时候欧洲的货更好，选择跟他们做生意很正常。

南方种植园主的这种商业模式，客观上让他们成了美国的买办。

如果关税真的被提上去，南方人进口货物就得掏更多的钱。更糟的是，你这边提升关税，欧洲肯定会相应地提升关税来进行报复，这样南方产品的出口成本就会上涨，利润和竞争力都会降低。

美国的产业保护本质上是一条牺牲农业来发展工业的路子。从理论上讲，等工业发展起来了可以再反哺农业，可是南方的种植园主们显然没有这个觉悟和耐心去等待这一天，他们果断地对北方搞的产业保护政策说不。

种植园主们最开始采取的办法是议会斗争，通过国会投票去反对各种不利于蓄奴州的法案。这些法案能不能通过主要就是看在国会里哪个阵营的议员数量多，本质上拼的就是蓄奴州和自由州的数量。

1819年，全美正好有11个蓄奴州和11个自由州，议会斗争打得有来有回，关税今天升一下明天降一下，这种平衡的局面双方也基本都能勉强接受。

但是美国在19世纪一直在往西扩张，不仅屠杀大量印第安人，还抢了墨西哥的大片土地。

在扩张过程中，很多新的州就成立了。这些州到底是以蓄奴州的身份入群还是以自由州的身份加入联邦，就成了双方争论的焦点。

最终平衡逐渐被打破，到19世纪中期，自由州的数量开始超过蓄奴州。

另一方面，奴隶制毕竟是一个和现代文明格格不入的残忍制度，它在道义上天然处于劣势。当时美国人人手一本《汤姆叔叔的小屋》，对南方种植园主的厌恶之情溢于言表。

在这样的背景下，1854年，共和党成立了。此时的共和党只是一个北方的地方性政党，和历史悠久且具备全国影响力的民主党不可同日而语，但它有一个巨大的优势，由于大量移民的持续涌入，北方人口增长的速度远超南方，而且增长的都是有投票权的自由民（成年男性）。南方人口不仅增长慢，而且增长的大都还是没有投票权的奴隶。

到了1860年大选的时候，手握北方选票的共和党联合西部选民一起发力，一举战胜民主党，将党内领袖林肯推上了总统的宝座。

由于大多数美国人讨厌奴隶制，林肯拉票时一直用的一个重要口号就是废奴。

随着共和党的获胜，一个主张废奴的总统入主白宫，同时国会大多数议员还都来自自由州（因为自由州的数量多），在可预见的未来，将会有一道又一道不利于蓄奴州的法案在国会通过。照这样下去，蓄奴州的日子算是没法过了。

这对当时的种植园大佬们来说，确实有些委屈。和英国人做生意也好，花钱买黑奴也好，这都是北美殖民地刚刚建立的时候就已经存在的合法惯例，种植园主们只是按照这些惯例组织生产活动而已，大家都是如假包换的守法公民。如今联邦政府几个法案下来，他们的生意就可能要亏，他们花重金买的黑奴也可能就此拍拍屁股奔向北方的车间厂房。

这算什么事？这是明抢啊！

这种情况搁谁谁都会不服气，但没办法，这就是历史的进程，一个有进取心的大国注定不会让买办阶层永远舒服下去。

只是这样的矛盾至于让整个国家兵戎相见吗？在别的国家可能不至于，但在美国就是另一回事了。

一直以来，"自治"都是北美殖民地的一个传统。相传当年乘坐"五月花"号帆船去往北美的人们就在船上签订了一个所谓《五月花号公约》，并创立一个自治团体来依法管理这片土地上的事务。

在美国独立的时候，各州也都是自愿加入的，19世纪的美国人更多的是忠于他们的州政府而非联邦政府。对他们来说，"美国"本来就是一个他们想来就来想走就走的组织。那个看似高高在上的联邦政府不过是一个大一点的管家，干涉不了自己什么事情。

1861年，南方七个蓄奴州带头把桌一掀，退群了。他们从此再也不用担心关税和废奴的问题，其他几个蓄奴州也纷纷响应。很快，他们就发现，原来"美国"不是一个他们想来就来想走就走的组织。

在北方看来，南方各州肯定不能走啊，这么大一片棉花地呢，这可是现代工业的战略基础物资啊。北方大佬们在产业保护问题上折腾这么久，不就是想自己把这个资源给包圆了吗，你们现在想关起门来说拜拜？

时任美国总统林肯将南方各州的退群行为定性为叛乱，发兵进剿；南方人也不甘示弱，大家都是从小端着猎枪在新大陆拓荒的血性男儿，谁怕谁？

于是，战争就此爆发，史称南北战争。

第三章 北美崛起

改变世界的怪物

仅从纸面实力对比来看，北方对南方有着压倒性的优势。战前北方人口已达2000万，南方仅900万，其中还有400多万是黑奴。工业产值更是有天壤之别，双方相差近百倍。

但在战争初期，南方军却屡屡获胜，这主要是因为他们战斗力更强，很多都是刚打完墨西哥的老兵，比北方那些临时招募的新兵要厉害得多。

北方虽然经济发达，但如果在战场上总是打不赢，那么严重的亏损就会打击他们继续作战的决心。所以，在当时看来，南方确实很有希望通过打一系列胜仗去逼迫北方接受他们独立的现实。

只是南方军很快碰到了一个棘手的问题，这个问题来自海上。

前面说过，南方的经济模式客观上就是买办模式，生活生产作战的各种工业物资都得从欧洲购买，与欧洲的贸易线路就是他们的生命线。开战后，这条生命线就被林肯给掐断了。

在林肯的命令下，北方海军封锁了南方沿海和密西西比河的各个主要港口，该军事行动被命名为"巨蟒行动"。

在陆地上作战可以拼士兵的军事素养，拼军官的指挥技术，这些南方都不虚。而在海上作战首先拼的是工业实力，你得先拿得出足够的军舰再说。这方面以种地为生的南方大佬们就抓瞎了，军舰又没法从地里种出来，他们很难在短时间内建造足够规模的舰队与北方军硬拼。

这可怎么办？

既然正面对抗没有希望，那就只能想点歪招了。

美国人在动歪脑筋这件事情上还是非常擅长的。当年愿意漂洋过海来到这里开荒的移民都不是什么安分的主儿，他们当中充斥着各种不按常理出牌的"大聪明"。

南方海军部长马洛里就是这么一个"大聪明"，面对困难的局面，他不负众望地一拍脑袋，还真想出了一个偏门的法子。

马洛里的办法是对一艘刚刚打捞起来的军舰残骸进行修改，打造出一件亮瞎所有人眼睛的"神兵利器"。

怎么个改法呢？

当时正是风帆战舰向蒸汽战舰过渡的时代，很多军舰开始装备蒸汽机，有些还会在木质外壳上加装一些装甲，但外形跟传统的木质风帆战列舰没有太大区别，仍保留着桅杆和风帆。只是由于装备了蒸汽机，它们可以在有风的时候同时使用风帆和蒸汽机，没风的时候可以单独使用蒸汽机，低碳环保又优雅。

马洛里的思路就比较简单粗暴了，反正拼性能拼火力是横竖拼不过北方军舰的，老子就干脆一门心思堆护甲好了。这个工程不需要什么技术含量，拿着铁板往上堆就完事了。

至于什么甲板上层建筑，什么桅杆风帆，只要和木头沾边的东西统统都不要，把整艘军舰都用倾斜铁甲包裹起来。

结果搞出来的东西就成了这个样子：

第三章　北美崛起

"弗吉尼亚"号铁甲舰的外观

丑得前无古人。

该舰两侧铺设侧舷内层为61厘米的松木,外层覆盖两层5.1厘米的铁甲,装甲倾斜36度。

它的火力上配备6门230毫米滑膛炮,1门170毫米和2门160毫米线膛炮。头部安装有突出撞角用于冲撞。

这艘魔改①出来的铁甲舰被命名为"弗吉尼亚"号,排水量达3500吨,由于铁甲的重量太大,干舷被压得很低,吃水较深。

这样可以降低铁甲重心不至于翻船,但是整个船舷几乎都没入水中,很容易上浪,难以远洋航行,储备浮力也小。另外,该舰的机动性很差,航速只有5节,还不到10公里/小时,是只名副其实的"铁乌龟"。而且由于重量太大,整个船身都没入水中,因此经不起什么风浪,无法进行远洋航行。

---

① 魔改一词,最早出自模型改造界,经过大幅度的改造,原本非常"正常"的模型,会具备十分奇特的表达效果,后来便引申为对某一项产品的大幅度改造。

这个又慢又丑还开不远的铁疙瘩到底能在战场上打成什么样,谁也不知道。不过病急乱投医的南方海军对它还是寄予厚望,毕竟他们也没有什么别的选择。

南方海军的首要目标就是位于美国东部的天然大锚地——汉普顿锚地。

汉普顿锚地是美国最繁忙的海港之一,如果能将封锁这里的北方舰队击退,南方军就可以突破北方对美欧贸易线路的封锁。

值得一提的是,"弗吉尼亚"号并非马洛里尝试建造的第一艘铁甲舰,只是他的作品问题百出,综合性能还不如"弗吉尼亚"号,甚至造型更丑。

1862年3月8日早晨,初出茅庐的"弗吉尼亚"号顶着头上冒出的黑烟,大摇大摆地驶入北方舰队占领的汉普顿锚地。

北方军用于封锁汉普顿锚地的总共有6艘主力军舰和若干其他辅助船只。他们很快就看到了这个怪异的家伙,这货尽管看起来慢吞吞的,不是很聪明的样子,但由于是第一次见,北方军也不敢造次。为了保险起见,驻扎在港口的北方军派出了一半的兵力,包括"国会"号、"坎布兰"号、"明尼苏达"号三艘蒸汽风帆木壳军舰,去迎战这个铁憨憨。

三打一,北方舰队觉得自己很稳。三艘北方战舰二话不说先来一轮火炮齐射,慢吞吞的铁乌龟无力躲闪,只能任凭炮弹砸到自己身上。

如果你是一位北方军的指挥官,看着这只一上来就被炮火硝烟笼罩的铁乌龟,你大概会不屑地摊摊手。这场战斗看起来毫无悬念,军舰设计讲究木桶理论,综合战斗力的高低取决于它的短板。而"弗吉尼亚"号浑身上下都是短板,就护甲高这么一个长板,失败的结局似乎已经注定。

然而,等硝烟散去,北方舰队的水手们惊讶地发现,"弗吉尼亚"号居然毫发无损。尽管这只铁乌龟只有一个长板,但架不住这个长板实在太长，长得已经超越了时代。

当时的火炮弹药都是铁球（有实心的和内装炸药的铁球），铁球打在有倾斜角的铁甲上会直接弹开。浑身倾斜铁甲的"弗吉尼亚"号在海战中就等于开了无敌光环，免疫这个时代的一切攻击。

就在北方军目瞪口呆的时候，"弗吉尼亚号"开始了它的表演。

这只铁乌龟在北方军舰的包围下如入无人之境，大摇大摆地先朝"坎布兰"号冲过去，用撞角把它的船身撞开一个大洞。"坎布兰"号很快就因大量进水倾斜沉没，上面的水手直到最后一刻还在操纵火炮奋力射击"弗吉尼亚"号。但即便是近在咫尺也依然无法击穿其装甲，最终"坎布兰"号上有121人因来不及逃生而死亡。

"弗吉尼亚"号的撞角插入"坎布兰"号的船身后迟迟拔不出来，差点被拖着一起沉没，在最后关头全力倒车才侥幸脱困。

拿下"一血"后，"弗吉尼亚"号又盯上了旁边的"国会"号。

"国会"号刚刚目睹同伴被这只铁乌龟活活撞沉的整个过程，舰上的船员们几乎都吓尿了，现在眼瞅着"弗吉尼亚"号又朝自己这边掉头，"国会"号急忙往浅水区跑，赌一把"弗吉尼亚"号吃水深进不去浅水区。

"国会"号的判断是正确的，"弗吉尼亚"号确实因为身披重甲吃水太深，不敢冒险冲进浅水区。但不要忘了，"弗吉尼亚"号身上也是安装了火炮的，反正现在刀枪不入，有的是时间，"弗吉尼亚"号就淡定地待在深水区一炮一炮地蹂躏"国会"号。

"国会"号是木壳船身，哪里熬得住这种"火炮凌迟"，最终全舰燃起熊熊大火，一直烧到凌晨，舰上共有110人死亡。

"明尼苏达"号看到两个队友被蹂躏的惨状，心里清楚自己已经毫无胜算，只能选择从浅水区逃跑，而在浅水区大范围移动就有搁浅的风险。果然没过多久"明尼苏达"号就在逃跑途中搁浅，受重伤，失去战斗力。

至此，"弗吉尼亚"号以一己之力干掉了三艘木质战舰，驻扎在汉普顿锚地的北方分舰队一下就没了一半的家底。而"弗吉尼亚"号仅仅是几块铁板略有松动，回家把螺丝拧紧就没事了。

蒸汽铁甲舰刚登上历史舞台便一鸣惊人，各国海军恍然大悟，原来海战还可以这样打！

乌龟游戏

"弗吉尼亚"号的威名当天就传到华盛顿，整个北方大为震动，本来不值一提的南方海军居然整了个"机甲战士"出来。它如果再来几次，汉普顿锚地的北方舰队怕是要沉个精光。

北方海军也不是吃素的，他们其实也已经有所准备。

早在南方军开始改装"弗吉尼亚"号的时候，这个奇怪的项目就被北方军的探子得知。当时谁也不知道这玩意能有多大的能耐，为了以防万一，北方军还是组织人力物力模仿南方军捣鼓了一艘类似的蒸汽铁甲舰"班长"号。

"班长"号比"弗吉尼亚"号小得多，仅有1200多吨。其木质舰体外包裹了5英寸（127毫米）厚的铁甲。全舰干舷十分低矮，几乎快没入水中，基本上就是一条半潜船，只留一个可旋转的铁甲炮塔露在上头，有点像现在的坦克。怪异的外形也被嘲笑为"盘子上的奶酪"。

由于大部分船体都在水面下，它抗风浪的能力极差，无法出远门，只能在港口附近和内河战斗。

火力方面，"班长"号装备了2门275毫米火炮。航速有6节，略微比"弗吉尼亚"号快一点点。

值得一提的是，这艘北方的铁乌龟仅用时101天就赶工完成。当"弗吉尼亚"号大闹汉普顿锚地的时候，"班长"号还在试航，连训练都还没怎么开始。此时为了压制"弗吉尼亚"号，北方军命令"班长"号立刻火速开往战场汉普顿锚地。

1862年3月9日，头天大获全胜的"弗吉尼亚"号正带着南方军的两艘拖船，打算把北方军昨天在逃跑中搁浅的"明尼苏达"号拖回家。

此时南方军忽然发现一艘丑陋程度跟"弗吉尼亚"号不相上下的铁甲船朝自己开过来，这正是北方军的"班长"号。

士气正盛的"弗吉尼亚"号立刻调整方向，开火迎战。人类历史上第一次蒸汽铁甲舰对决就此展开。

这场划时代的战斗噱头十足，但打起来的景象却十分怪异。

首先两艘铁甲舰的速度都很慢，作战过程没有什么战术可言，唯一的打法就是贴在一起互相用火炮对轰。

这个对轰的节奏还非常不流畅，每轰完一次，双方就会陷入一段尴尬的沉默。就这样默默地对视一阵后，才会开始下一轮对轰。

这主要是因为双方的水手都对这类铁甲舰的操作非常不熟悉，导致火炮装填和战舰机动的配合度很差，开火的速度很慢。

这两只铁乌龟就这样在"明尼苏达"号附近绕来绕去，贴在一起足足对轰了4个小时，互相都打中对方20多炮，结果却令人啼笑皆非：谁也没伤着。

没办法，大家都是铁甲船，都免疫当时的铁球炮弹。不过，"弗吉尼亚"号还有个用来撞船的撞角，它眼看火炮完全没用，就想故技重施，用冲撞角来撞沉"班长"号。而"班长"号无论从速度还是转向灵活性上都优于"弗吉尼亚"号，很轻松就躲过了"弗吉尼亚"号的数次冲撞。

这下是打也打不烂，撞也撞不到，战场局势无聊到令人窒息，唯一的战果就是"弗吉尼亚"号的一次炮弹碎片飞入了"班长"号炮塔的观瞄缝隙，擦伤了舰长的眼睛，姑且可以算作"班长"号被打掉一滴血。

最终，人类首次蒸汽铁甲舰的决斗被迫以平局收场，精疲力竭的双方只得各回各家，后来双方都宣称自己取得了胜利。

"弗吉尼亚"号回家休整后，四月份又多次去汉普顿锚地上门挑衅，上次吃尽苦头的北方军果断选择不予理睬，连"班长"号也不迎战。

不过，"弗吉尼亚"号在海面上横行无忌的日子很快就到头了，北方陆军后来占领了它的母港诺福克港，使得"弗吉尼亚"号失去了补给支持。

"弗吉尼亚"号的设计并不适合远航，无法转移到别的港口，于是，1862年5月11日的清晨，为避免资敌，这艘开启了人类海战新篇章的蒸汽铁乌龟只好极不情愿地自沉。

在整个南北战争的过程中，双方的海军一直没有放弃铁甲舰的制造，南方先后造出过二十余艘五花八门的杂牌铁甲舰，北方更甚，造了有四十多艘。只是这些战舰都没有远洋航行的能力，属于"内战特供产品"，内战结束后便失去了用武之地。

除了押注铁甲舰，南方军还想过很多其他的歪招。那个年代的美国不缺心灵手巧的"大聪明"，战争爆发后各种稀奇古怪的装备层出不穷，"弗吉尼亚"号问世仅一年后，南方军就又收到了一个新奇的武器：潜水艇。

具体捣鼓这个事的人叫汉利，他和两个朋友从1862年开始了这个潜艇项目。由于潜艇空间狭小，无法安装笨重的蒸汽机，只能选择手摇螺旋桨的人力驱动。

虽说是人力的，但毕竟让南方军有了水下作战能力，大家还是颇为期待的。人力潜艇的攻击模式是偷偷开到人家船底去安炸药，出其不意地把对方船只炸出一个大窟窿。然而手摇螺旋桨太慢，追不上敌方船只，他们的第一次出击就失败了,回程途中还因为遭遇暴风雨而沉没了……

虽然出师未捷身先死,但汉利团队并未死心,他们总结经验教训,决定增加潜艇的动力:多加几个人进去。

新潜艇身材细长,可容纳8人,在展示中成功炸沉了一艘靶船,南方联盟上将富兰克林·布加南见状大喜过望,立刻命令将其安排到南卡罗来纳州进行训练,准备随时对北方军发起进攻。

结果训练刚刚开始,该艇就因水手操作不熟而进水沉没,导致5名水手丧生。为了避免类似事故再度发生,也为了证明操作得当潜艇安全性没问题,汉利本人亲自加入了该艇的后续训练,结果又在2个月后的一次训练中上浮失败,这一次包括汉利本人在内的8名潜艇成员全部死掉了。这种"美式创新"固然精神可嘉,就是有点费命。

汉利虽然死掉了,但项目还在继续,几经磨难和改进后,"汉利"号终于在1864年初正式启程征战,它的第一个目标是北方军的一艘1800吨级的风帆蒸汽木质战舰"豪萨通尼克"号。

在乔治·迪克森上尉的带领下,"汉利"号成功潜入"豪萨通尼克"号身边,并将绑着定时炸药桶的鱼叉刺入了该船的木质外壳。操作完毕后"汉利"号全速撤退,然后定时炸药成功爆炸,将"豪萨通尼克"号送入海底。一切都出奇的顺利,只是"汉利"号还没来得及庆祝就莫名其妙地跟着沉没了,全艇无人生还,原因至今没有定论。

另一方面,北方军的"豪萨通尼克"号虽然沉没,但它是坐底沉到浅海地区,其高高的桅杆还露出水面。水手们爬上桅杆后大部分获救,全舰只死了5个人。而整个"汉利"号计划,从训练到实战,前前后后死掉了21个人……这个交换比实在太过耸人听闻,再加上设计师也早已去见上帝,南方军此后就没有再继续制造这种人力潜艇。

说到底,海战是最拼工业实力的一个战场,仅靠"歪招"是改变不了海权控制的格局的。

在强大的工业支持下，北方的海军实力在几年间成倍增长，对南方港口的封锁力度日益加强，这就导致南方的消费品愈发匮乏，经济命脉寄生于旧大陆的南方买办们眼瞅着就要弹尽粮绝。

那么南方是否就此完全失去希望了呢？

那倒不是。

南方各州敢于在纸面实力差距巨大的情况下跟北方开战，除了仰仗自身强大的陆军实力外，他们还有一张压箱底的王牌——大英帝国。

大国买办的结局

南方的奴隶主曾经说过："我们所指的是那根小小的细弱的棉线，一个小孩子可以弄断它，但是它却能够把世界绞死。"

由于地理和气候的原因，当时的欧洲不适合种棉花，印度的棉花质量又偏低，很多指标达不到要求，所以，英法这些工业强国最仰仗的就是美国南方的棉花。19世纪美国南方种植的棉花占到英法棉纺织业生产原料的80%。

战争期间北方对南方港口的一通封锁，直接造成了英国的棉荒，大批英国棉纺厂因此关门歇业。到1862年，英国失业人口已经攀升到全国人口总数的31.8%。

美国北方军的炮火打在南方的土地上，却痛在大英帝国的钱包里。虽然英国政府一开始就声明严守中立，但最终英国不可能不插手这场战争，这就是南方军的底牌。

对英国来说，南北战争最好的结局当然是南北分裂，这样英国不仅可以继续享用便宜的棉花，更重要的是，它还可以极大地削弱美国，为英国今后在北美搞"北美均势"创造条件。

所以，在南北战争期间，英国其实一直暗中资助南方。不仅如此，英国还拉上欧洲另一个工业大国——法国，一起出场。

从国际政治"一盘大棋"的角度来说，不得不承认英国的高瞻远瞩，只是法国没有英国这么深远的国际眼光，法国满口答应英国的同时，却又在另一个地方开了小差：随着美国内战的加剧，墨西哥没人管了。

美国曾在1823年提出"门罗主义"，即"美洲事务是美洲人的事务"，翻译过来就是："拉美这些国家只能我美国来揍，你们欧洲人谁也不准动手。"

之后，欧洲对拉美的任何行动都会遭遇美国的压力。

如今美国自顾不暇，"门罗主义"自然就形同虚设。这个情况令当时的法国皇帝拿破仑三世喜出望外，他转个背就把英国的"一盘大棋"丢到脑后，一心一意去攻打墨西哥。美国联邦政府（北方）为了换取法国对美国内战的不干涉，就暂时默许了法国的行为。

此时欧洲真正关心美国内战的除了英国，就剩下俄国。当时的俄国是英国的死敌，它关心美国内战，是为了跟美国搞好关系，同时也制衡一下英法，因此，俄国支持美国北方。

为了表达对朋友的全力支持，俄国大老远地把自己的舰队开进美国纽约港，断绝了英国海军的所有念想。19世纪的美国在世界上没什么朋友，俄国是它在那个黑暗年代里唯一的依靠。

这一通军事行动花了俄国很多钱，俄国也不富裕，这个开销还是得由美国北方政府来买单。林肯为了表达对俄国的感谢，就跟它谈下了一笔大生意，花720万美元"巨款"买下了俄国一片鸟不拉屎的荒地——阿拉斯加。

俄国对这笔交易非常满意，严格来说这片土地并非俄国领土，而是俄国的殖民地。俄国虽然占领了这片土地，但是这里荒无人烟，终日冰雪覆盖，对俄国没有任何价值，甚至还是一个隐患——阿拉斯加旁边的加拿大是英国的地盘，如果哪天英国攻下了阿拉斯加，就可以轻松地跨过白令海峡攻打俄罗斯。

如今把这块荒地卖给美国这个"冤大头"，俄国不仅大赚一笔外汇，还把防御英国的压力丢给了美国，美国就此成了英国和俄国之间的缓冲地带，如此格局，沙皇亚历山大二世肯定很佩服自己。

签下这笔"冤大头买卖"的美国国务卿威廉·西华德被美国人骂了个狗血淋头，直到后来在阿拉斯加发现了金矿和石油……

因为俄国的入局和法国的开小差，南方军翘首以盼的"英国王师"是不会来了，好在还有英国的物资支持。

当时美国的港口虽然被北方军封锁，但是为了顾及国际影响，北方军的封锁对象也只是局限于南方的舰船，无法对外国商船过多干涉，所以，南方军仍然可以得到不少援助。

然而，战争开打没多久，英国就断粮了。作为一个岛国，英国的粮食产量很有限，稍微歉收一点就是大问题，所以，英国时不时就会爆发粮食危机。南北战争爆发的1861年和1862年正好是英国粮食歉收的两年……

英国是贸易版图覆盖全球的日不落帝国，缺粮的话直接去进口就好了。

从哪里进口呢？

同在欧洲的俄罗斯就是一个粮食出口大国，但俄英两国是死对头，几年前才刚刚打过一场克里米亚战争，俄罗斯损失还挺惨重。这时候去跟人谈买卖，恐怕气氛不会太好。

好在还有美国。美国有很多区域适合种小麦，不巧的是，这些区域大都集中在北方。就在英国粮食歉收的这几年，美国北方的小麦获得大丰收，比内战前产量增加了三成。那么局面就非常明了了，英国有钱，美国有粮，天作之合。

英国也不含糊，从美国北方进口的小麦和面粉从1859年的79.2万蒲式耳（约2万吨）增长到1862年的4000万蒲式耳（约101万吨），增长了近50倍。

这就很尴尬了，英国仇视的美国北方势力，恰恰是支撑它度过粮食危机的最大依靠。为了保住饭碗，英国不得不做出一个艰难的选择，开始和北方交好，在战争后期甚至还要保护英国和美国北方的贸易线路不被南方军队袭扰。

美国的南方势力就这样被抛弃了。这也是大国买办最常见的下场，上赶着做别人的棋子，终究会成为所有人的弃子。

到了战争后期，南方由于长期被封锁，失去外援，再加上自身疯狂印钞，其物价水平较战前已经上涨了9000%，简直骇人听闻。仗打到这个地步已经不可能再坚持下去了。

1865年4月9日，南方军总司令罗伯特·李将军投降，南北战争结束。

值得一提的是，美国刚刚结束内战，转个背就于同年的9月份向法国下了通牒，要求其撤离墨西哥。

1866年初，统一后的美国开始展现出对周边地区的强大控制力，直接发兵50万驻扎于美墨边境，并将内战余留的所有战争物资全部提供给墨西哥，同时还通过海军封锁法军的登陆线路。

在美国空前的军事压力下，拿破仑三世不得不于1866年5月从墨西哥撤军，至此法国对墨西哥的军事行动宣告彻底失败，拉美终于成了美国的后花园。

新的时代

19世纪中叶的美国虽然在工业上不是最先进的，但它打的这场南北战争却是人类完成工业革命后的第一场大规模战争，说是现代战争的开端也不为过。

这场战争到处充斥着工业化的影响，人们第一次看到使用金属弹壳的后装填步枪，第一次看到使用铁路和蒸汽船进行的兵力运输和集结，第一次看到机械连发枪参与战斗，当然，还有第一次看到铁甲蒸汽船参加海战。

这种工业化战争的杀人效率也创造了新的历史，短短4年的战争，就造成双方共75万士兵的死亡和40万士兵的伤残。要知道总的参战人数也不过350万人。

战争后美国的奴隶制走向瓦解，全美的经济形态开始走向一致，联邦政府的统治地位也明显提升。美国通过这场战争在国家统治上确立了强势总统模式，全国实现了真正意义上的统一。

尽管战争是大家所不愿看到的局面，尤其是像南北战争这种"绞肉机"型的战争，但客观上我们也不得不承认，建立在战争基础上的统一，其妥协的空间更小，共识的凝结更为牢固。

国家的统一和中央集权的加强使得美国可以从全国的利益，而不是某些州的利益出发去制定国家政策，利用高关税进行产业保护的战略得以顺利施行。

在产业保护的政策下，这个新兴国家逐步摆脱了对旧大陆的经济依赖，肃清了殖民主义的遗毒，开始走上自力更生的道路。国内的人们终于可以把他们过剩的脑力全部投入到经济发展中，美国工业实力开始一飞冲天，其工业产值在1894年超越英国，成为世界第一。

到1900年，美国农业从备耕到收获的每一个环节都基本实现了机械化或半机械化作业，出现一大批耕地面积在1000~10000英亩的巨型机械化农场。其中美国的小麦出口量更是从1860年的400万蒲式耳（约合10.9万吨）增长到1892年的1.57亿蒲式耳（约合42.7万吨）。

美国农民终于等来了被工业反哺的这一天，至此美国的发展满盘皆活，英国再也无力阻挡这个挑战者的崛起。

不过，黑奴的处境并没有马上得到太大的改变。尽管1865年美国国会通过了废除奴隶制的《宪法第13条修正案》，但各州又通过了一些其他的法案来保障奴隶主的特权。

即使是国会通过的这个《宪法第13条修正案》，也没有及时在全国所有地方生效，因为还要等当地州政府批准。其中密西西比州直到1995年才投票批准该修正案，并直到2013年才将投票结果通知联邦档案管理员使其正式生效。也就是说，直到2013年，奴隶制才在美国彻底终结。

另一方面，汉普顿锚地那两只铁乌龟的大乱斗则对世界海战产生了深远的影响，彻底颠覆了人类海战的逻辑。

它们打完后，所有人都意识到蒸汽铁甲舰时代已经来临，风帆战列舰可以丢进历史垃圾堆了。

就在汉普顿锚地海战结束后不到几个星期，世界范围内所有主要国家的海军都开始将注意力转向铁甲舰的生产，早期的蒸汽铁甲舰造型五花八门，铁甲舰如雨后春笋般成为列强争霸的新玩具。同时，人们也开始钻研火炮的穿甲弹技术。而且因为"弗吉尼亚"号撞角撞沉"坎布兰"号的成功，使得蒸汽动力加钢铁撞角冲撞的战术也引起了人们的重视。

未来半个世纪的蒸汽钢铁战舰都普遍安装了坚固的撞角，具备近距离发动"致命一撞"的技能，直到第一次世界大战爆发时还是如此。

▎小插曲：

美国汉普顿锚地海战之后，蒸汽铁甲舰很快成为海军装备的主流，成了近代工业皇冠上的明珠，也是当时世界上最昂贵且最庞大的武器。

对一个稍微有点进取心的国家来说，这个时候你不给自己的海军整几艘铁甲舰，你都不好意思出去跟人打招呼。

不过，工业皇冠上的明珠也不是那么好造的，大多数国家没这个本事，只能去向几个工业大国求购，它们的首选当然就是传统海军霸主大英帝国。

英国阿姆斯特朗等老牌造船商在这段时间通过出口蒸汽战舰大发横财，赚得盆满钵满。只是这生意一好，心态就开始飘起来。

1879年，来了一个海外客户代表团，这些人看起来对蒸汽铁甲舰不是很懂的样子，这也要试试，那也要看看，还老是嫌贵。英国人颇为不耐烦，摆出了一副"爱买就买不买就滚"的态度。

店大欺客的英国人让客户的自尊心大受打击，于是，客户只好去当时还名不见经传的德国船厂碰碰运气。

这下可把德国人激动坏了，他们之前一艘铁甲舰都没卖出去。如今大客户来了，实现出口零突破的希望就在眼前，于是，包括克虏伯公司、伏尔铿造船厂、刷次考甫鱼雷厂、毛瑟枪厂等在内的各大新兴军工企业都对这个买家表示非常热烈的欢迎。

德国海军司令甚至带着老婆孩子亲自到场盛情款待："欢迎莅临德国，尊敬的大清国特使先生们……"

第四章 04

巨人折戟

第四章　巨人折戟

1894年9月17日，中国和日本这两个19世纪的后进生在海上大打出手，一不小心创造了一项世界纪录——人类历史上首次大规模蒸汽铁甲舰海战。

甲午海战之前，在人类海战里唱主角的还是电影《加勒比海盗》里出现的那种木制战舰。

甲午海战的技术含量太高，甚至吸引了来自世界各国的观察员冒死登舰观战，光绪和明治无意间引领了一把蒸汽潮流。

对中国来说，这场战争是一场惨痛的悲剧，不仅造成巨大的国力损失，更重要的是从根本上打击了精英阶层的信心——"我打不过英吉利，难道还打不过小日本吗？"

在当时看来，偌大的中国居然被一个贫弱的小岛国干趴下，确实令人费解。今天人们回顾这场战争时，往往喜欢套用一些简单的逻辑去解释这个结果。

有人认为，这主要赖清政府腐败无能，只要换个好皇帝，清理一下腐败官员，加强一下官兵训练，依靠北洋水师的强大硬件，中国完全可以打赢这场战争。

也有人认为，中国是输在"民族劣根性""文明落后"之类上面，中华文明就是"不行"了，再怎么努力也赢不了。

事实果真如此吗？

历史是一面镜子，如果搞错里面的逻辑，我们看到的顶多只能算是一面哈哈镜。

北洋海淘舰队

1840年，中国的海面上驶来了一大批装备几十门舰炮的战列舰。这些战舰一次齐射，就能在清军的头顶下起炮弹的暴雨。面对这些前所未见的战争巨兽，曾经不可一世的天朝上国开始晕头转向了。

在近代文明的降维打击下，古典王朝的阳谋阴谋、"三十六计"、"四书五经"通通不堪一击，泱泱大国被一支并不精锐的几千英国"远征军"吊打到割地赔款。

丧权辱国的清政府痛定思痛，决定做出改变。

1861年，随着安庆内军械所的建立，中国开启了旨在利用西方先进技术和装备实现富国强兵的洋务运动。由于当时中国的主要威胁来自海上，洋务运动的重要目标就是建立强大的海军。

洋务运动开始时，西方列强的海军已经开始使用装备有蒸汽动力的铁甲军舰，刚刚开始起步的清朝如何才能追上世界先进海军的步伐呢？

这个担忧在19世纪并不是问题，当时的世界充满自由交易的气息，只要有钱，最先进的军备管够。

1875年，李鸿章挥舞着银子开始了中国军舰的海外采购之旅。

在李鸿章的购物车里，头号强国英吉利的军舰本来是首选，但是英吉利店大欺客，不仅售价昂贵而且态度傲慢。而当时的后起之秀德国看起来就靠谱得多。

为了打入中国市场，德国开出了极其优惠的价格，报价仅为英国报价的一半多一点，服务还十分热情，推荐给中国的战舰甚至比自用的主力战舰"萨克森"号还要物美价廉。

李鸿章当即拍板，买德国货。

第一次海淘，李鸿章就用330万两白银的优惠价格买到两艘后来威震远东的"遍地球第一等铁甲船"——"定远"号和"镇远"号。

遗憾的是，这两艘军舰的建造工期未能赶上1883到1885年的中法战争，此战中福建水师全军覆没。

这下清政府更加意识到新型军舰的重要性。于是，一方面令两舰火速回国，另一方面又继续拨款订造"致远""靖远""经远""来远"四艘巡洋舰。

四年后，北洋水师组建完成，清朝海军一夜之间跨入全球前十，一时风头无两，横行亚洲。

北洋水师的主力舰有8艘，因舰名都带个"远"字，又称"八远"舰。

北洋水师"八远"舰

序号	制造	舰名	排水量（吨）
1	德制	定远	7300
2	德制	镇远	7300
3	英制	致远	2300
4	英制	靖远	2300
5	德制	经远	2900
6	德制	来远	2900
7	德制	济远	2300
8	清制	平远	2200

"八远"舰中的核心战力就是"定远"和"镇远"这两艘7000吨级的铁甲战列舰。同时，北洋水师还辖有"广甲""超勇""扬威"等在近代海战中难有作为的弱舰。

随着亚洲第一海军的建立，清政府很快就发现，海军太烧钱了。

军舰价格昂贵就算了，居然每年还要大量的维护和训练费用，光一发炮弹就超过普通人几个月工资，近代海军的烧钱速度超出古典王朝的想象。

更让人压力山大的是，当时正好处在一个近代海军技术的爆发期，各种新理念新技术层出不穷，你必须不停地花钱升级装备才能保持优势。不然，只需几年工夫，你刚买的装备就会变成落后的淘汰货。

清朝版图虽大，但本质上还是以种田为生，承受不起这样的消耗，也不敢相信海军这么费钱。大多数人认为只要把军舰买到手就万事大吉，没想到买回来的是个永不停歇的"吞金巨兽"。再加上各方势力对李鸿章坐大的警惕，海军的烧钱模式开始遭到清廷的反对。

还有一个非常现实的问题，当时白银对英镑贬值严重，购买"定远"舰的时候汇率大概是3.5两白银兑1英镑，到1890年，汇率变成了6两白银兑1英镑，并且还在持续贬值。这意味着进口军备耗费的白银几乎要翻倍，极大增加了清政府的财政负担。

1890年，光绪批准了户部要求暂停海军外购军火的奏折。从此以后，北洋水师无力再添置舰艇和弹药。李鸿章只能依靠天津制造局生产的低劣弹药去凑合，很多经费也是靠李鸿章自己想办法，甚至一度跑去卖官。

北洋水师出道即巅峰，其发展很快陷入停滞。

明治杠杆天团

19世纪西方列强入侵远东，倒霉的不仅是中国，东亚岛国日本也面临同样的危机。1867年即位的明治天皇很清楚地意识到，以前的套路玩不下去了。次年，明治天皇颁布维新举措，著名的明治维新就此拉开序幕。

相比于洋务运动，明治维新的改革要彻底得多，它对整个国家体系都进行了改造，内容涉及制度、产业、军事、教育、经济、法律等各个方面。但是明治维新和洋务运动有一个共同点，就是把建立强大海军作为重要目标。

刚才我们已经看到了，清政府根本扛不住近代海军这种无底洞式的烧钱模式，日本政府能扛住吗？

日本更穷

日本国土只有清朝的1/30，人口只有1/10，经济总量不到1/5。

很多影视作品是这样描述日本凑钱买军舰的场景的：全体国民节衣缩食踊跃捐款，明治天皇甚至为了攒钱一天只吃一顿饭，然后还不忘镜头一转，对比一下清朝统治者的铺张浪费。

这些场景虽然符合事实，但那几顿饭钱其实给海军塞牙缝都不够。建立近代海军并不是靠少吃一点饭就能实现的。

日本搞海军的钱是从哪来的呢？

首先，日本民众承受的税负比清朝民众重得多，同时社会还能保持稳定运行。

这是因为日本人更能忍吗？

当然不是。

日本之所以能让国民承受高昂的税负而保持社会稳定，主要是因为其国民的人均生产力高。日本老百姓交完税后的剩余收入比清朝老百姓交税前的收入还高，这主要得益于明治维新对近代农业科技和农业工具的普及。

同时，近代国家的行政效率很高。在近代国家体系下，每个国民都直接受政府管辖，收起税来没有土豪乡绅赚差价，大大提升了日本政府收税的效率。

总结起来就是,挣得多,交得多,收得多。于是,日本的财政收入逐年上升。

到了甲午战争前,日本虽然经济总量不如清朝,但是国家的年财政收入达到了7000万两白银,已经接近清朝8000多万两白银的水平。

没错,从纸面上看,日本政府依靠改革拼命提高生产力和管理效率,最终也只是从"比清朝还穷"的水平变成"和清朝一样穷"的水平。

按理说,清朝养不起海军,日本应该也养不起。

但是,日本还真就养起来了。

显然,在组建海军这个问题上,收入水平和节俭程度并非真正的胜负手。

那么,胜负手是什么呢?

日本通过明治维新设立了一个清朝没有的东西——银行。

日本从1873年开始设立银行,并于1882年设立国家中央银行(日本银行),到了1889年,全国银行已经多达218家。依托中央银行和遍布全国的各大银行,日本建立了近代金融体系。而近代金融体系有两个重要的功能:印钞和发债。这才是日本海军真正的力量所在。

央行印钞流入市场,然后国家发行公债,国民拿着钞票购买公债,这些钞票又流到国库。这样政府就有了足够的资金可以买买买。

明治政府从1886年开始发行海军公债,仅两年时间就筹措到4300万日元,折合白银3000万两,这个数字超过了北洋水师建军以来的所有费用。

公债制度使日本得以用未来的钱办今天的事。也就是说,明治政府有了上杠杆的能力。站在清朝面前的不是一群简单的岛民,而是一个杠杆天团。

正所谓贷款一时爽，一直贷款一直爽。杠杆在手的明治政府仿佛打出了一张"无中生有"的牌，一夜之间从穷鬼变成了土豪。

从1886年开始一直到甲午海战前夕，日本的海军军费占财政支出比例常年保持在10%以上，每年拨给海军的军费达到800万两白银。相对而言，清政府每年分给北洋水师的军费仅为130万两，占财政收入的1.6%。

这意味着双方每年在海军上的投入有六倍以上的差距，如果把两国海军建设看作一场赛跑，那么这就是博尔特和笔者的差距。

值得一提的是，被广为吐槽的慈禧修颐和园事件其实并非关键，耗时数年的颐和园总修建费用为800万两，其中只有66万两是挪用了海防经费。挪用当然可耻，但这点钱相对于两国的财力差距来说只是九牛一毛。

日本尝到了杠杆的甜头，但是也要面对一个问题——这些钱是要还的。

别看清政府给北洋水师花钱抠抠搜搜，但他未来也没什么压力，如果不出意外，可以一直这么抠抠搜搜下去直到军舰退役。而对日本来说，在不远的未来等待他们的，是一个巨大的债务。又因为这个债务几乎全国人人有份，所以，这又是一次赌上国运的全民杠杆。

很多事情是注定的。

预判一个国家的行为，最好的办法不是看它说什么，也不是看它做什么，而是看它吃什么。日本挥舞钞票的样子虽然潇洒，但是本质上它吃的是西北风。

我们也许永远不会知道，为什么当时的日本会有勇气去挑衅清朝这样的地区霸主，但有一点是可以肯定的——钱总要还，而军舰这种东西不会赚钱，它只会烧钱。

当明治杠杆天团把钱都花到海军上，战争爆发就是迟早的事了。

战争前夜的数学题

背着一屁股债的日本人会从哪里开始抢起呢？

1894年朝鲜爆发东学党起义，作为属国，朝方向清政府求援，清政府派兵平乱。依照中日双方在1885年签订的《天津条约》，清政府将出兵的情况知会了日本。

日本接到知会后马上以保护侨民的名义向朝鲜派出大批军队。中日两国大军一到，东学党马上就接受了朝鲜政府的招安。

清军一看朝鲜内乱已平，就拍拍屁股准备撤军了。日军一看朝鲜内乱已平，就一不做二不休直接把朝鲜政府给平了。

1894年7月23日，日军占领汉城（今韩国首尔），组建亲日傀儡政府。清日关系剑拔弩张。

两天后，清军增援朝鲜的运兵船队与日本联合舰队第一游击队在丰岛附近相遇。

在运送士兵的安排上，清政府凭着自己对国际法的了解，用了点小心思，租用英国的商船（"高升"号）来运兵，觉得这样日本就不敢打。

结果在清军拒绝投降后，"浪速"舰舰长东乡平八郎下令开炮，将运兵船击沉，清军700多名官兵壮烈殉国。

"高升"号被击沉，清朝高层不仅没有狂怒，反而有些窃喜。他们认为日本人昏了头，居然敢击沉英国的船，这下这个世界上最强大的国家就要卷入战争了，日本人等着吃不了兜着走吧。

然而规则从来只是强者的工具，英国出于自身利益考量，并不打算在这个时候与日本交恶，于是他们就利用"双方是否处在交战状态"这个模糊点拉了偏架。

第四章　巨人折戟

最终英国官方裁定：尽管中日当时并未宣战，但双方已经处于"事实上的战争状态"中，所以"高升"号执行的是作战任务，日本军队有权扣留或击沉它。因此，日本在此事件中不需要承担任何责任，英国船公司应向清政府索要赔偿。也就是说清朝挨揍了还要赔钱，这就是在丛林世界遵纪守法的下场。

如此，中日两国大战已不可避免。这下清廷怒了，李鸿章慌了。

帮朝鲜平定内乱和跟日本全面开战是两码事。

与日本开战，必然要进行海军决战，而李鸿章极力主张避战，意思就是咱的军舰别出去真打，在港口附近游弋吓唬一下对手就行了。

站在光绪皇帝的角度看，李鸿章的这个态度简直不可理喻，合着建立北洋水师的这几千万两银子就扔水里听个响？大家都是进口铁甲舰，我们主力战舰还大敌人的军舰一圈，你搁这说不行？

李鸿章的态度虽然可能包含私心，但是北洋水师确实不能打。

北洋水师那个"亚洲第一"的称号到甲午战争时期只剩个虚名，此时相比于日本的联合舰队，北洋水师的硬件已经全面落后，其中最致命的劣势是火力水平低。

双方火力差距主要体现在两个方面：一个是火炮射速，一个是炮弹威力。在这两方面，北洋水师和日本联合舰队比起来，存在着不可逾越的代差。北洋水师的火炮仍大量使用老式的架退炮，一开炮整个炮架都要后坐，靠上滑斜坡抵消后坐动能。每一次射击完，都要花几分钟人工复位，还要重新瞄准，射速很低。

日本联合舰队已经大量装备新式管退炮，这种新式火炮跟现代火炮一样，开炮的时候，炮架固定不动，只有炮管后坐移动，然后液压自动复位。射击完可以马上修正瞄准，命中精度也大大提高。

在同口径下，管退炮的射速是架退炮的四倍。也就是说，同样口径下的日军一门炮相当于北洋四门。而且新式火炮不仅射得快，炮管还长。炮管越长炮弹的初速越高，炮弹的穿透力就越强。

北洋水师八大远舰共装备有305毫米炮8门，260毫米炮1门，210毫米炮12门，150/152毫米炮15门。这36门大口径主炮全都是老式架退炮，射速很慢。而且虽然口径看着大，但炮管短，炮弹初速度低，威力有限。

日本联合舰队9大主力舰拥有的大口径炮为：8门152毫米新式管退炮，61门120毫米新式管退炮以及29门各类老式架退炮，这其中仅那61门120毫米管退炮的火力输出就超越了北洋水师全军火力之和。

更让人绝望的是，双方在炮弹上也存在代差。

北洋水师使用的大部分是不会爆炸的实心弹，即使击中对方也只是砸个窟窿，破坏力非常小。而日本的炮弹大都使用黄色炸药、苦味酸等材料，爆炸威力巨大，破坏力远超实心弹。

大清的炮弹如此拉胯，倒不是因为有人贪腐以次充好，主要原因还是穷。因为穷，所以，不允许北洋水师进口先进炮弹，只准用国产货。

当时清朝自己的军工厂水平较低，生产的爆破弹装填的是黑火药，威力小而且引信很不可靠，北洋水师宁可大量使用技术成熟的实心弹。

综合估算下来，双方火力理论上的差距在10倍以上。

再加上北洋水师的主力战舰服役年限较长，设备老化，航速缓慢，机动性远不如舰龄更新的日舰。

所以，仅从纸面数据来分析，北洋水师就毫无胜算。

然而，光绪帝表示分析个什么，打个小日本还不是谈笑间吗？

他甚至认为自己能在这场"必胜的战争"中实现"一石二鸟"的战略，一方面通过军事胜利树立权威，另一方面通过战斗消耗削弱李鸿章的实力。

于是，8月1日，清政府颁布上谕对日本宣战。

第四章 巨人折戟

此时的李鸿章已经没有选择，他只剩下一件紧迫的事情必须马上干——凑钱。

大炮一响，黄金万两。

日本在清朝宣战2个月后就通过了临时军事费用预算1.5亿日元，并发行了战争债券1亿日元，总计为这场战争筹集2.5亿日元，折合1.78亿两白银。

目前没有任何资料证明日本曾经在甲午战争前向外国贷款，外国银行只是买过日本发行的公债。英国倒是向日本提出过提供利率4%的2亿日元贷款，但是日本嫌利息高拒绝了。

那清政府筹集到多少经费呢？

在筹款方面清朝本来有个优势——它的综合国力看起来远强于日本。所以，在双方真正交手前，大多数西方列强看好的是中国，清廷只要赶在战场露馅之前去向外国借款，就可以获得优厚的条件，轻松筹集到大量的低息贷款。

但是清廷毫无预见性，等到战争爆发后，才开始去借钱。人家银行一看朝鲜战场上清军表现各种拉胯，这钱就不敢随便借了。最终清政府不得不接受高额利息，这才勉强从外国银行借来了3500万两白银。

国内方面，清政府东拼西凑搜刮各地库银筹集了700多万两，通过富商捐款筹了200多万两，通过向各地的银号票号借款又筹了1000多万两，再加上其他各种渠道，清政府国内国外总共为战争筹集了6000多万两白银。

这已经是清政府筹款能力的极限，然而，仅相当于日军经费的三分之一。

没钱就意味着战时的弹药供应、后勤支撑、兵源招募以及设备的补充和维护全都有问题。

黄海决战

随着战争爆发，清军开始持续向鸭绿江口运送部队。为了保护运兵船，北洋水师主力倾巢出动进行护航。

而日本联合舰队则在海上到处寻找北洋水师主力决战。

1894年9月17日上午，已经在海上漂了四天的日本联合舰队终于在鸭绿江口附近发现北洋舰队冒的黑烟，于是，气势汹汹地杀将过来。北洋水师为了力保陆军登陆部队的安全，全军立刻列成战斗队形进行迎战。

这就是历史上著名的甲午黄海大东沟海战。

双方出战的主力阵容如下表（非主力的弱舰未列入）：

北洋水师主力

隶属	舰名	排水量（吨）
本队	定远	7300
	镇远	7300
	致远	2300
	靖远	2300
	经远	2900
	来远	2900
	济远	2300
小分队	平远	2200

日本联合舰队主力

隶属	舰名	排水量（吨）
第一游击队	吉野	4200
	秋津洲	3100
	浪速	3700
	高千穗	3700
本队	松岛	4200
	严岛	4200
	桥立	4200
	千代田	2300
	扶桑	2200

北洋水师除了"定远"和"镇远"两个大块头外，其他的战舰吨位都较小，战斗力有限。而日本联合舰队虽然没有"定镇"那样的大块头，但是战舰吨位较为平均，整体战斗力较强。

在阵型上，北洋水师排成雁形横阵，船头对敌，中间突前的是最强的"定远"和"镇远"。

日本由"吉野""高千穗""秋津洲""浪速"四艘高速精锐战船组成第一游击队高速迂回包抄，其他舰跟在旗舰"松岛"后面组成本队，日舰全部排成一字长蛇的单纵队。日军这个单纵队以侧面对敌的阵型后来也成为各国战列舰炮战的标准队形。

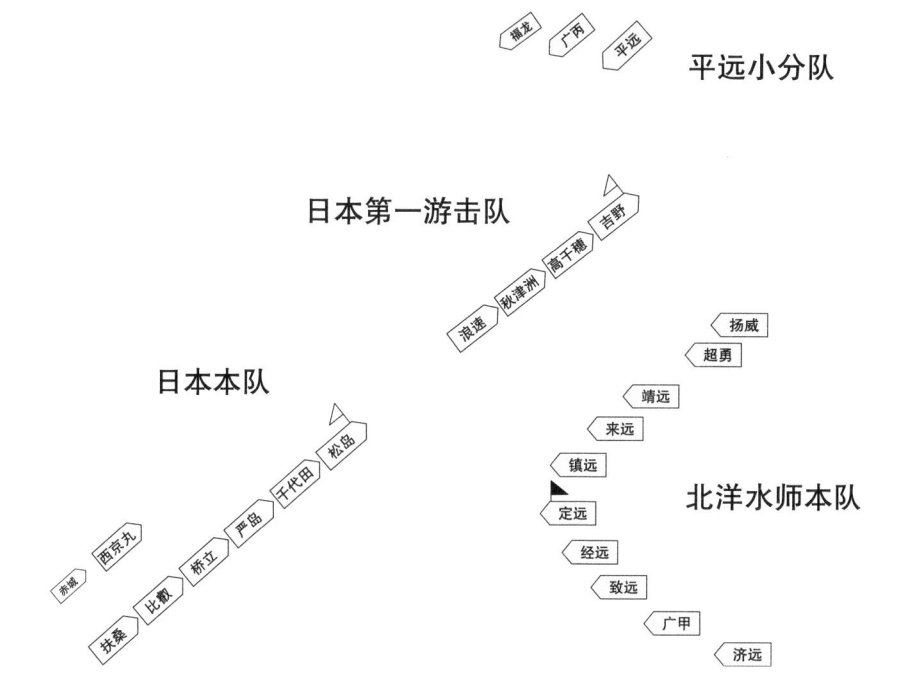

北洋水师与日本舰队阵型示意图

双方的阵型选择都非常符合各自战舰的设计特点。

日本多数战舰的火炮布局都按照英式纵阵设计，侧面对敌可以把从船头到船尾的主要火炮都派上用场，最大限度地发挥自己的火力优势。而且这个阵型指挥比较简单，小弟只需要跟着头舰屁股后面鱼贯而行就行了。当然缺点是侧面的被弹面较大，相对容易被命中。

北洋水师火力孱弱，不能和联合舰队硬拼，采取船头对敌可以减小军舰被攻击的面积。而且德式军舰船头火力强，侧面和尾部火力弱。尤其对"定远"和"镇远"两舰来说，船头对敌可以发挥全部四门主炮的火力。这个阵型的缺点是指挥协同比较复杂。李鸿章买船回来的时候，德国人就千叮万嘱这些船一定要船头对敌，全体官兵牢记于心。

中午12点50分，旗舰"定远"的305毫米主炮率先开火，战斗打响。

日本第一游击队的四艘精锐战舰航速极快，未等北洋水师全部火力瞄准，就已经高速杀到了北洋右翼。

在日舰先进管退炮的攻击下，北洋右翼的两艘弱舰"超勇"和"扬威"仅20分钟就被打成马蜂窝。"超勇"很快沉没，"扬威"在后来的撤离过程中不慎被临阵脱逃的"济远"乌龙撞沉。

在日军第一游击队击溃"超勇""扬威"的同时，北洋水师阵型的箭头则与日军本队正面碰撞。

日军弱舰"比睿"慌不择路，从"定远"和"经远"之间强行穿越，被"定远"近距离连续命中后重伤，穿过北洋水师的队列逃离战场。"经远"随后脱离阵型去追杀"比睿"，遗憾的是火力不足未能将其击沉。

日军另外两艘弱舰"西京丸"和"赤城"也很快重伤撤离战场。

第四章　巨人折戟

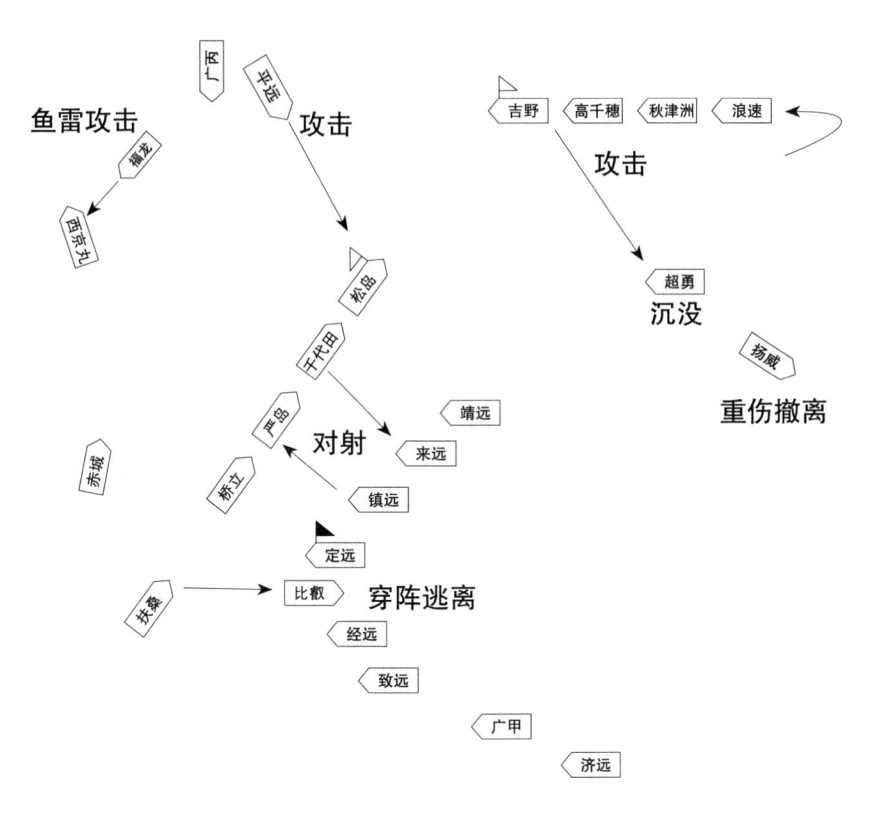

黄海海战战场形势图1：双方列阵进攻

至此，双方的弱舰基本都遭受重创了，战斗开始进入主力对决的阶段。

日本精锐的第一游击队打掉"超勇""扬威"后，绕了一个大弯，高速往北洋水师左翼迂回，并开始故技重施，扫射最左翼的"济远"。

另外一边，航速缓慢的"平远"小分队赶来，对调头中的日军本队展开攻击，其中"平远"一发主炮命中日军旗舰"松岛"。但北洋小分队很快就扛不住日军舰队的火力压制，退出了战场。

就在这个关键时刻，北洋水师左翼的"济远"舰居然临阵脱逃，旁边的"广甲"舰看情况不对也跟着跑。"济远"在逃跑途中还撞沉了重伤

105

的"扬威"。"广甲"也在逃跑途中触礁搁浅。

此时正面战场上的北洋水师只剩下"定远""镇远""致远""靖远""经远""来远"六舰，而日军的本队和第一游击队对北洋水师形成了左右包夹之势。

此时因为"济远"和"广甲"的临阵脱逃导致北洋水师左翼崩溃，处于最左边的"致远"舰暴露在日军第一游击队的炮火下。

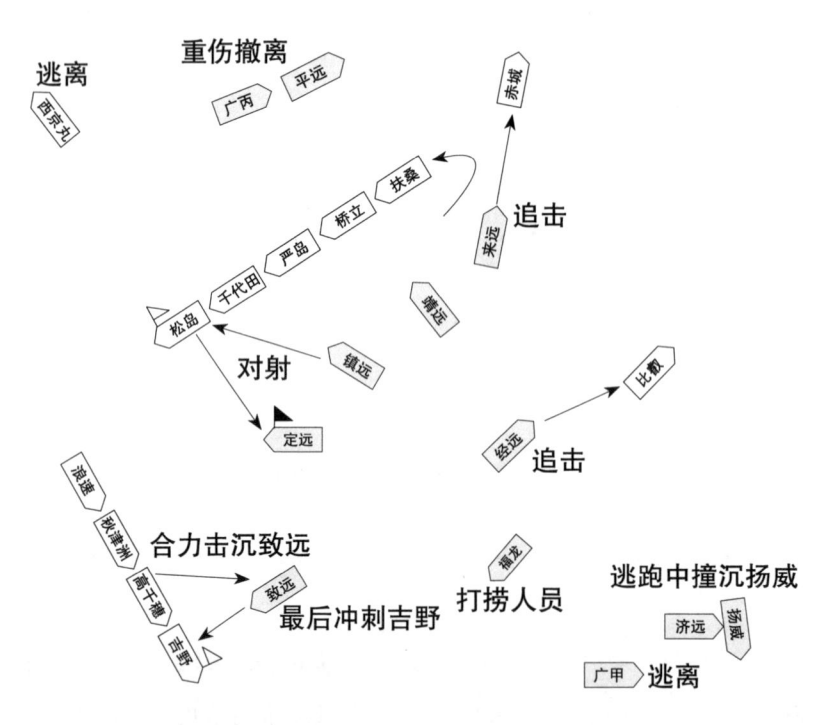

黄海海战战场形势图2：日本舰队完成包夹

遭遇猛烈炮火打击的"致远"舰重伤侧倾，管带邓世昌自知战舰难以支撑，遂号召全体船员做最后一搏："倭舰专恃吉野，苟沉此舰，足以夺其气而成事。"①

随后邓世昌率舰驶出阵列冲向"吉野",意图近距离用鱼雷进行攻击(当时的鱼雷射程只有几百米),终因寡不敌众,被日舰队炮火齐射击沉。"致远"舰邓世昌以下252人除7人获救外全部殉国。

随后北洋水师陷入日军舰队的包围,"靖远""经远""来远""平远"等舰相继重伤撤离战场,并遭到日军第一游击队的追杀。

其中落单的"经远"被日舰咬住,在顽强坚持了一个多小时后,最终"船身碎裂"而沉。"经远"舰包括管带林永升在内共231人殉国。日舰后来回忆道:"终未升降旗,一直奋战,死而后已,可瞑目海底。""经远"的拼死坚持为队友争取了时间,日军第一游击队未能再取得更多战果。

这时,正面战场上只剩下日军本队的5艘战舰围攻"定远"和"镇远"。

15点30分,"镇远"一发重炮命中旗舰"松岛"前炮房,导致"松岛"舰重伤大火,彻底失去战斗力。日军本队暂时失去指挥,开始各自为战,其剩余四舰又继续围攻"定镇"二舰两个小时。

北洋官兵宁死不退奉陪到底,定镇二舰身中数百发炮弹仍岿然不动,日军深感无力。

此时"靖远""来远""平远"等受伤舰只在扑灭船上火灾后,又组成战斗队形杀了回来。到了17点30分,夜幕开始降临,因担心第一游击队发生不测,再加上旗舰重伤无力指挥,日军舰队司令伊东祐亨下令撤离,黄海海战结束。

---

① 转引自丘均元.《黄海海战与邓世昌的爱国献身精神》[J].广东民族学院学报,1994年第3期.

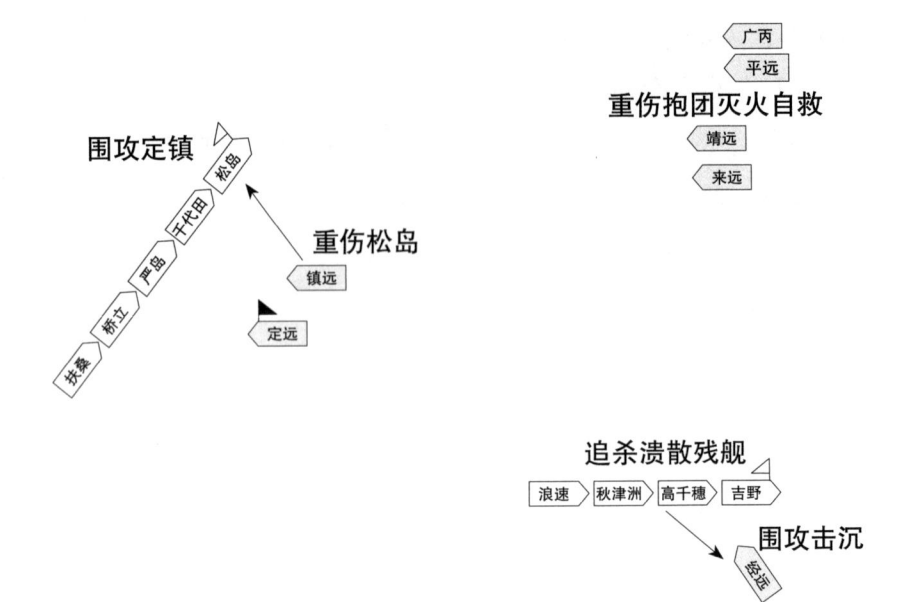

黄海海战战场形势图3：战斗结束

"一次性舰队"

在这场海战中，"定镇靖来平"五艘远字号主力舰的大口径炮共发射了666发炮弹，即使算上沉没的五艘战舰，北洋水师在整个战役中发射的大口径炮弹也就800多发，只比日军"桥立"号一艘战舰的倾泻量稍微多一点，"桥立"号共发射了700余发大口径炮弹。

而日本舰队总共发射了3982发大口径炮弹，其他的小口径速射炮发射炮弹更是高达16939发之多。

和我们经常听到的说法不同的是，北洋官兵的素质其实要好于日军，北洋水师的射击命中率比日本联合舰队更高。但是双方的火力强度完全不在一个数量级上，就好比手枪对上自动步枪，北洋官兵的命中率优势变得毫无意义。

这就导致了北洋舰队的中弹数远超日舰。

双方中弹数对比：

北洋主力

舰名	中弹数
定远	159
镇远	220
致远	战沉
靖远	110
经远	战沉
来远	225
济远	15
平远	24

日舰主力

舰名	中弹数
吉野	8
浪速	9
高千穗	5
松岛	13
严岛	8
桥立	11
千代田	3
扶桑	8
秋津洲	4

此役北洋水师损失了"致远""经远"2艘主力舰以及"广甲""超勇""扬威"3艘弱舰，且剩余主力战舰全部重伤。日方9大主力舰仅"松岛"重伤，其余保持完好战斗力。

尽管战况惨烈，但理论上北洋水师主力尚存，并未完全失去主动权。奇怪的是，这之后北洋水师再也没有主动出港寻战，而是一直龟缩在母港，直到被日本陆军从陆地占领母港后束手就擒。

是李鸿章怂了吗？事实上，李鸿章在黄海海战后多次命令北洋水师出击，而提督丁汝昌不为所动。

为何不动？因为动不了。黄海海战结束后，北洋水师受伤的军舰就再也没修好过，根本开不出去。

为何修不好呢？因为战舰维修需要大量的进口零件，清廷事先并未做好准备，也没钱买。而且不要说进口零件了，连专业的维修工人都凑不齐，政府竟然调用铁路和煤矿的工匠来凑合。

海战结束后，北洋水师重伤舰只紧急前往维修基地旅顺进行抢修，结果折腾了一个月，仅仅是勉强补上了漏洞，未能恢复战斗力。

然后由于日军打到辽东半岛，旅顺工人纷纷吓跑，丁汝昌只能带领伤残未愈的北洋水师一瘸一拐地返回威海的母港。

祸不单行，"镇远"在入港时候不慎触礁，彻底瘫痪，管带林泰曾引咎自杀。

相比之下，日本重伤的旗舰"松岛"号仅仅抢修一周就可以再次出海寻战，两国工业水平的差距可见一斑。

于是，北洋水师重伤舰只能在母港里泡泉水，任凭日本舰队横行黄海而无所作为。

另一方面，因为没有工业生产能力，必要的后勤物资无法自给自足，弹药严重匮乏，迟迟得不到补充。结果就是在黄海海战后，北洋水师只剩下永远修不好的战舰和再也恢复不了的战斗力。

没有金钱和工业的支撑，清朝的北洋舰队实际上是一支"一次性舰队"。

1895年2月3日，威海卫陷落，随后重伤瘫痪的"定远""靖远"为不资敌而自爆，北洋水师提督和总兵履行其"苟丧舰，必自裁"的誓言，自杀殉国。

两个多月后，清政府与日本签订《马关条约》，甲午战争结束。

第四章 巨人折戟

日本的不归路

甲午战争前，清政府年财政收入约8000万两白银，日本年财政收入合5000~7000万两白银。甲午一战后，日本共获得：

1. 战争赔偿2亿两白银；
2. 三国还辽赎辽费用3000万两；
3. 威海卫驻军费150万两；
4. 以银两成色不足为由，又多要了1325万两。

加上利息等，日本累计共获2.597亿两，合当时3.895亿日元，相当于日本年财政收入的4~5倍，对日本来说无异于天降横财。

之前我们说过日本1886年发行了海军公债3000万两，1894年又发行了战争公债7000余万两（1亿日元）。这1亿多两白银的杠杆，通过甲午战争一次性连本带利地赚了回来，债务压力烟消云散。

全民投资，全民翻倍

杠杆虽然不能让你真正变富，但是可以短期内给予你巨大的爆发力。而战争打的就是短期内的爆发力。

从国家发展的角度来说，日本的这个操作模式是不是值得学习呢？

这就不好说了。事实上，日本的成功充满偶然性，他恰好在一个特殊的时间碰到了一个特殊的对手。

这个刚刚建立新海军的对手看起来很强大，所以，暂时没人去跟日本抢这块蛋糕；但这个对手实际上又很弱，所以，日本只花费很小的代价就将其彻底击溃；最后这个对手还挺有钱，能赔得出一大笔巨款。

这样的对手不好找，全球只大清一家。站在历史的角度看，明治维新后的日本确实是运气爆表。但是，这种玩法风险极大。对清政府来说，输掉甲午战争本身并不会动摇国本，真正让清政府肉疼的是战后的巨额赔款。反过来，如果是日本输掉战争，即使不用它赔款，它也会因为无法偿还债务而导致国家彻底崩溃。就算它赢了战争，如果它拿不到巨额的赔款，它的经济一样会崩溃。

这场战争对大清来说是"打平即可出线"，甚至小输一阵也问题不大，而对日本来说则是不但要赢，而且还要大胜，否则就万劫不复。

任何一个头脑正常的政府都不会主动把自己的国家推到这样的险境中，然而，日本人真的就这么干了，最后还赌赢了。

那他们会不会见好就收，从此岁月静好呢？

我们可以看看日本人拿着《马关条约》的巨额赔款都干了些什么：

21.9%用于偿还甲午战争开支；

15.7%用于扩充陆军军费；

38.6%用于扩充海军军费；

8.3%用于军舰鱼雷艇补充基金；

15.5%用于其他支出。

稍微计算一下我们就会发现，这笔巨款的一大半都被拿去扩充军备了。

日本不仅没有岁月静好，反而加上了更大的杠杆。这之后日本在海军上砸的钱超过了北洋水师和之前日本舰队之和的十倍，迅速成为世界海军列强之一。

就这样，日本走上了赌徒的不归路，十年后他们又跟沙皇俄国赌了一把，再次赌赢，并一举爬上了列强食物链的顶层。

日俄对马海战，日军联合舰队司令东乡平八郎手书"皇国兴废在此一战"，赌徒气质展露无遗。这个世界上没有见好就收的赌徒，他们还将继续狂飙，终点是三十多年后的太平洋。

可以说，甲午战争给日本带来了丰厚的回报，同时也在客观上促使日本产生了"以战养战"的路径依赖，推动他们走上一条无法回头的毁灭之路。

真实的逻辑

关于甲午战争一直有一种说法，清朝地大物博资源丰富，如果能够鼓起勇气坚持作战，就能最终拖垮当时国力孱弱的日本。

这种可能性存不存在呢？

从军事上来说，清朝的军队数量虽然看起来有百万之巨，但真正有战斗力的部队非常少，且分散在各地。

作为一个古代国家，清朝甚至连国防部都没有，中央政府无力在全国范围内大规模征调部队，只能一批一批地调动小股部队。这导致清军在战场上经常处于以少打多的被动局面，再加上各地的军队互不隶属，缺乏统一指挥，于是，精锐力量越打越少。

所以，就算清政府坚持打下去，军事上的差距也只会越打越大，根本没有翻盘的希望。

那么，日本会不会因为烧不起长期作战的经费而被拖垮呢？

日本一开始就为甲午战争拨出了2.5亿日元的预算，结果整个战争打完了，这个预算都还没花完，算下来还剩1.33亿日元（折合9523万两白银），甚至还能再打一场。

而清政府筹集的6009万两白银在战争结束的时候已经花掉4465万两，还剩1544万两，再打就秃噜了。再加上清军在战场上老是吃亏，外国银行越来越不敢把钱借给清政府。相反，日本由于一直在赢，"融资"难度就越来越低，此消彼长，如果奉陪下去，首先烧不起钱的是清政府。

签订《马关条约》的清朝统治者虽然怂包，但投降确实也是当时他们唯一的选择。

这时候有人会说，清朝虽然钱不够，但是人多啊，有四亿国民呢。如果四亿人团结起来抵抗外敌，就不信拖不垮日本。

这里有个问题，当时的清朝举国上下只有皇帝的臣民，没有国家的国民。老百姓只知道自己头上有个皇帝，不知道自己是国家的一分子。

没有国家概念，自然就不存在救亡图存的意识，连外敌入侵是怎么回事都搞不清楚。当日军在占领区发布安民告示，免除当地百姓本年税赋的时候，当地百姓还以为反清复明成功了。

更令人惊讶的是，不少人还用马车帮日军运送粮食赚取劳务费，据相关资料显示，当时一辆马车每天能挣2个银圆。事实上这种侵略者拉动地方经济的奇葩现象在1840年后的晚清历史中屡见不鲜。

美国著名政治学家本尼迪克特·安德森（Benedict Anderson）在他的著作《想象的共同体：民族主义的起源与散布》中提出过这么一个理论："民族是一种想象的政治共同体。"

近代国家的国民对"国家"这个概念有着强大的认同感。他们认可自己和全体国民同属一个共同体，每个人都是国家的一分子，国家的命运和自己息息相关。

从某种程度上来说，近代国家的国民就像是这个国家的"股东"，他们关心国家大事，并愿意主动为国家贡献自己的力量。而中古国家的臣民则缺乏这种共同体意识，他们并不觉得国家的事情跟自己有什么关系，所以在面对国家大事的时候就像是事不关己的"吃瓜群众"。

甲午战争本质上是一个近代国民化国家降维打击一个臣民国家，是国家股东打击"吃瓜群众"，双方的配置和利用资源的效率存在数量级上的差距。

当日本以举国之力来犯的时候，清朝的大部分人都在看戏。后来梁启超曾评价李鸿章是以一人敌一国，这种评价虽不尽准确，但正是一盘散沙的古典王朝的真实写照。这种国家间的代差不是换几个人就能解决的。

尽管这是一个国不知有民、民不知有国的蒙昧国家，战场上还是涌现出了大批视死如归的爱国将领和官兵，这体现的其实是文明的底蕴。在文明最黑暗的时刻，中国正是靠着几千年积攒出来的底蕴维持着最后一丝希望。

中华文明不是不行，反而韧性极强。

不过要看到中国普通民众的觉醒，还需要再等24年。

对清朝来说，甲午惨败并非最低谷，正所谓熊市不言底，甲午之后清朝开始了加速下坠，一路奔向关门歇业。

中国有句话叫以史为鉴，很多人喜欢拿甲午战争来对照当代的局势。

谨记历史教训固然没错，但是客观地说，甲午战争对当代的局势其实没有什么参考意义。中国从1840年到1945年总计100多年的这个时间段，是一个非常特殊的阶段。在这个时间段里，中国的国家体系总是落后外敌一个时代，中国所有的对外战争都是有代差的战争，要么是古代军队打近代军队，要么是近代军队打现代军队。代差是这100多年中国对外战争的大背景，也是这100多年里中国各种事件的逻辑基础。

到了1949年，中国终于成功跨入现代国家的门槛，国家间的代差逐渐缩小最终不复存在，对外战争的逻辑也彻底改变。从此以后，中国的对外战争就再也没输过。

第五章 05

新玩家入局

第五章　新玩家入局

今天如果我们摊开世界地图来看一下，就会发现美国领土的分布范围非常广阔。

比如说经常派出军队来找我们麻烦的关岛军事基地，这个岛离美国有9800公里，距中国只有3000公里，但它居然属于美国。

更奇怪的是，加勒比海上那个和美国不对付的国家古巴，它的境内居然一直存在着美国的一个军事基地——关塔那摩，那也是美国的地盘。

除此之外，还有贝克岛、威克岛、波多黎各……这些遍布太平洋和加勒比海的岛屿也都是美国的地盘。

这些地盘是怎么来的呢？美国一个北美洲的土财主，怎么就成了一个横跨大洋的大帝国了呢？

这还得从一百多年前一个郁郁不得志的军官说起。

躺平美利坚

1865年，美国南北战争结束。这场战争造成了大量的人员伤亡，不过也锻炼了很多年轻的军官，海军少校乔治·杜威就是其中的佼佼者。

杜威在内战结束时已经当上一艘军舰的副舰长，此时他还不满30岁，未来前程似锦，建功立业的舞台似乎就要轮到他上了。

于是，杜威踌躇满志，时刻准备着从副舰长升级为舰长，以后还要升级为舰队司令，指挥一整支舰队出海作战，成为家喻户晓的国家英雄……想想就令人激动。然后国会老爷们一巴掌把他拍醒。

美国联邦海军在南北战争结束时本来已经拥有了各型舰船700余艘。结果战争一结束，国会就对着海军一顿猛砍，仅用5年时间就把海军舰船总数砍到52艘。这52艘基本都是老破小不说，很多还是后勤辅助船。

美国的躺平态度之坚决令人叹为观止，杜威现在不要说当舰长了，连舰都没了。

19世纪的美国在军事建设这件事情上颇为"小富即安"，陆军平时能少养就少养，打仗了再临时征召志愿兵；至于海军，那更是能削就削，毕竟军舰维护起来要花老鼻子钱了。

这还不算完，海军不仅在数量上"粉碎性骨折"，在技术上还要自我阉割。

美国本来是蒸汽铁甲舰的开创者，国会却规定今后美国海军只能以风帆作为主要动力，非必要不烧煤。国会老爷们觉得烧煤太贵，免费的风动力不香吗？

于是，在其他大国海军纷纷沿着美国开创的蒸汽铁甲舰道路前进时，美国自己的海军却越来越低碳环保。

1889年服役的美国海军芝加哥号巡洋舰，仍然保留了烦琐的风帆结构，完全落后于时代，技术水平还不如同期的大清北洋水师。

美国海军坚持消费降级十几年后，终于"如愿以偿"地全面落后。到19世纪70年代，欧洲随便一艘现代化的铁甲巡洋舰就能单挑整个美国海军。

19世纪中后期的美国海军就如同一家死气沉沉的公司，整天考虑的不是怎么发展，而是怎么裁员。

对志存高远的青年才俊来说，进到这样的组织算是倒了八辈子霉，很多和杜威同龄的战友在这个时候干脆脱掉军装，下海赚钱去了。

不过杜威这个人和别人不太一样，他对平民生活不感兴趣，做梦都想当战斗英雄。所以，尽管郁郁不得志，他还是选择在海军里待着，不忘初心，迷茫地守候着一个虚无缥缈的希望。

唯一值得欣慰的是，虽然海军的舰是少了，但同时人也少了，再加上杜威自己的坚守，最终他还是获得了升迁，在1870年成了舰长。不过想去战场建功立业是看不到什么机会了。

面对海军的堕落，美国并不觉得有什么不妥。这一方面是因为美国那时候还没有什么国际眼光，关心的只是自己脚下的一亩三分地，对海那边的事情没啥兴趣。另一方面也和人们对海军的理解有关，按照当时世界对海军的主流看法，它确实对美国没什么用。

长期以来，各国海军的主要作用是辅助陆军和守护贸易航线。比如说，如果要去攻打某个国家，那么海军就要负责把陆军运过去登陆；在平时，则要维持贸易航线和自己殖民地的秩序。

而美国眼下并没有攻打哪个大国的企图，他们也没有什么殖民地和贸易线路需要守护。所以，对他们来说，随便整几条军舰打打本土周围的海盗就差不多了。

如果不是一个传统列强的搅局，美国这样的小日子恐怕还会一直过下去。

"老炮"的威胁

西班牙，16世纪的全球霸主，人类历史上第一个日不落帝国，殖民帝国时代的开创者。那些太平洋和加勒比海上各国争夺的岛屿，原先大都是西班牙的殖民地。

他们海军的名号更是如雷贯耳——无敌舰队。

然而,帝国争霸如逆水行舟,不进则退。

西班牙在16世纪末一度想要摧毁英国,结果偷鸡不成蚀把米,反被英国海军狠揍,从此一代帝国就走向没落。

到19世纪初,西班牙又挣扎着振作了起来,并且抱上了法国的大腿,结果不幸又一次碰到了英国海军……这次更惨,被揍完后的西班牙海军主力尽失,直接颓了。

随着国力的衰微,西班牙殖民地的规模也越来越没法看,到19世纪末的时候,西班牙的殖民地只剩古巴和菲律宾,以及非洲的一小块地方。这个国家早已不是什么霸主,充其量只能算是一个"老炮"了。

不过瘦死的骆驼比马大,西班牙再怎么颓,那也是"殖民帝国大家庭"中的一员,帝国牌桌上还是有它的一席之地的。这就是江湖地位,"老炮"虽然早已虚弱不堪,但是道上的朋友见了还是得叫声大哥。

这么一对比,美国就比较着急了。

19世纪末,通过南北战争完成实质统一的美国在经济和工业发展上一飞冲天,1894年,美国的工业生产总值超过英国,成为全球最大的工业国家。尽管经济数据亮眼,却没什么人看得起美国。

为什么呢?因为你弱啊,帝国牌桌上的大佬们都是有拳头和殖民地的,你只是有几个臭钱而已,谁认识你啊。

本来这对美国来说也不算个事,反正美国也不关心美洲以外的地方。但是这些老牌列强的触角偏偏还搭在美国的家门口,这就让美国非常不爽。

比如说,加勒比海上的古巴,它距离美国仅两百多公里,被称为"世界糖罐",是世界上重要的蔗糖产地。由于离得近,古巴在经济上和美国关系密切，美国也有大量的生意和投资在古巴。然而，几百年来，古巴一直是西班牙的殖民地。

这个世界就是这样。有些人明明已经老朽无力，但仅仅是因为资格老，就占据着江湖中的关键位置，末了还要教导年轻人不要太气盛。

靠抢劫起家的西班牙可不是什么好说话的主，美国与西班牙经常在古巴事务上产生纠纷，而每次两国关系一紧张，美国就尴尬地发现自己没有拿得出手的军舰，只能息事宁人。

然而，不气盛还叫年轻人吗？憋屈的日子实在太多，美国终于觉得不能再这么过下去了，咱这地位得提高啊，得让这些老头子重新思考一下座次的排法。但怎么做才能提高自己的地位呢？

看到这里，我们会觉得这很简单啊，既然没有给力的军舰，你去造不就得了？又不是没这条件。

其实这最终还是涉及如何看待海军的观念问题。和西班牙的冲突只是偶尔发生，而军舰造出来了就得天天维护，美国一想到烧钱就犯嘀咕。如果不把海军的账算明白，就算政治家们被列强逼得允许造舰，那也一定是犹犹豫豫，抠抠搜搜。

造舰到底有什么用

这些蒸汽铁甲舰这么昂贵，搞来到底值不值？就在人们对海军的定位陷入困惑的时候，有一个人站了出来。

阿尔弗雷德·赛耶·马汉，1840年出生。他和前面提到的杜威一样，都是海军军官，不过和杜威不同的是，他对当英雄没兴趣，更喜欢蹲在学校里搞理论研究。

而正是这个不太乐意上战场的书呆子，搞出了一系列海军著作，彻底解决了"海军到底是用来干什么的"这个根本问题。

不同于大多数美国人"偏安一隅，岁月静好"的心态，马汉认为现实世界没有什么岁月静好，就算有也只是暂时的。在他眼里，这个世界的基调永远是优胜劣汰、适者生存。对一个国家来说，放弃海军、长期龟缩是不行的；自己不强起来，迟早会被列强海军打进来。

因此，马汉认为国家必须依靠海军向海外扩张，输出军力和影响力，以此维护海外利益，这样才能不被历史淘汰。

在这个思路下，马汉提出了经典的"海权论"。"海权论"的理念可以这样来概括：

海军不是谁的附属，也不是殖民地的巡逻队，它存在的意义就是要通过一支强大的舰队来控制海洋。

建造海军的投入虽然巨大，但是一旦你控制了海洋，那么你就将获得巨大的收益。相比之下，对海军的这些投资不过是九牛一毛。

而强大的舰队如何去控制海洋呢？很简单，只要你有能力在某片海域上战胜或封锁对方的主力舰队，这片海域就归你了。

一句话：搞海军，你得攻出去啊！

马汉虽然生在海军并不发达的美国，但他的理论一问世就引起了全世界的轰动。他后来在出访英国时甚至还得到了维多利亚女王的接待，德日等其他列强更是把马汉的著作列入全军的必读书目。

这些列强闷头搞了几百年的海军，直到遇见马汉才弄明白自己为什么要造这么多军舰。

这个场面可以说是"天不出马汉，列强海军如长夜"。

不过马汉的横空出世也造成了一个后果，在马汉理论的指引下，各国海军的发展就开始"卷"起来了。原来各国造舰基本上够用就行，现在造舰要比对手更大更强才行。

而美国也如梦方醒，终于明白为什么自己这么有钱还会被人看不起，也终于想清楚海军的开销其实不是成本，而是赌桌上的筹码；有筹码在，才有机会赢得更多的利益。

于是，国会老爷们总算不再心疼煤钱，开始允许建造真正的蒸汽铁甲舰。不过因为起步太晚，美国海军的纸面实力到1894年甲午战争的时候才跟日本差不多，1895年，美国才造出自己的第一艘万吨级头等战列舰——"印第安纳"级战列舰（排水量10288吨，航速15节，2座双联装330毫米主炮）。

该级别铁甲舰的纸面实力与欧洲列强的一等战列舰相当，美国共造了3艘。虽然这个时间是晚了点，但是作为全球第一大工业国，美国的军舰发展很快就展现出厚积薄发的势头。

针对"印第安纳"级航速过慢的问题，美国很快又设计了提升航速的改进型——"艾奥瓦"级战列舰（排水量11400吨，航速17节，2座双联装305毫米主炮）。该舰干舷更高，更适合远洋航行。

该型战列舰美国只造了一艘。

以上4艘万吨级的精锐战列舰成为19世纪末美国海军的核心支柱。

此外，船厂里面还有一大批已开工的战列舰在排队建造，工业大国不鸣则已，一鸣惊人，美国海军下起了"饺子"。

此时美国海军的主力阵容除了刚才提到的4艘万吨级战列舰外，还包括4艘6000~9000吨级新造的重装甲战舰。共计8艘主力舰：

类型	舰名	排水量（吨）	航速（节）
战列舰	印第安纳	10288	15
战列舰	马萨诸塞	10288	15
战列舰	俄勒冈	10288	15
战列舰	艾奥瓦	11400	17
二等铁甲舰	得克萨斯	6135	17
二等铁甲舰	缅因	6682	17
装甲巡洋舰	纽约	8200	20
装甲巡洋舰	布鲁克林	9215	20

除了8艘大型主力舰外，美国还拥有16艘中小型穹甲巡洋舰。

于是，美国海军总算有了能拿得出手的装备，只是这些装备一时半会还没有什么用武之地。

1896年，在军队里坚守了一辈子的杜威晋升为海军准将。在荣幸之余，杜威还是有些怅然若失，因为此时他已经59岁了，眼看就要到强制退役的年龄，至今还没有机会指挥舰队打过仗。

一个人只有站在属于自己的战场上，才能取得真正的成就。而很多人终其一生，都在追寻这个战场。

一年后，美国海军部来了一位新的副部长——西奥多·罗斯福。这个西奥多·罗斯福身材有些发福，并非我们熟悉的那个二战时期的美国总统富兰克林·罗斯福，不过这两个人之间确实存在亲戚关系。具体来说，西奥多·罗斯福是富兰克林·罗斯福的远房堂兄（西奥多·罗斯福在下文中简称"罗斯福"）。

罗斯福并非军人世家出身，但他在大学的时候就结识了马汉，并成为他的铁杆粉丝。从政后他便一直努力把自己往海军系统的方向上折腾，终于在1897年如愿被时任总统麦金莱任命为海军部副部长。

这个职位听着很唬人，但其实是个闲差。因为此时的美国海军虽然在装备上已经初具规模,但在作风上还没有完全走出躺平的状态。不仅总统对海军不感兴趣,连海军部部长自己都对海军没啥兴趣;而且既然总统不关心,这位部长也就乐得轻松,干脆长期称病,连班都懒得上。

只要罗斯福愿意,他也能过上这种优哉游哉的"体制内生活"。

然而,刚才说过,罗斯福是马汉的忠实粉丝,他花了十几年时间迈入海军部的门槛,不是来泡茶养老的。

此时部长不理政事,正中罗斯福的下怀,他正好越俎代庖大权独揽,成为海军部实际上的掌门人。

罗斯福坚信美国将在未来的国际事务中扮演更重要的角色。而根据马汉的理论,要做到这一点,靠的正是海军的主动出击。

于是,这位副部长盘点了一下美军当前这套8艘主力舰加16艘中小型巡洋舰的海军阵容,这就是他手中的"大棒"。

盘点完后,他觉得这根"大棒"已经足够粗壮,是时候让那些欧洲的老家伙们重新考虑一下江湖座次了。

不过牌桌上英法德俄这样的资深大佬目前还惹不起,美国得先找一个软柿子捏一捏,最好是一个和自己有过节的软柿子。

环顾四周,西班牙瑟瑟发抖。

这位欧洲老炮虽然凭借资历仍然在帝国牌桌上占据着一席之地,但从实力上来说早已是个破落户。他们现在连万吨级战列舰都造不出,大一点的战舰就得靠买。

这下大棒和柿子都已经准备好,接下来就是等待一个契机了。

古巴惊雷

前文提过美国和西班牙经常因为古巴的问题产生纠纷，因为古巴不仅在地理上离美国近，在经济上也有很密切的关系，美国对古巴的态度不说是朝思暮想，也至少是梦寐以求。

不过大家都是体面人，虽然大棒在手，但美国人也不是一上来就动粗。他们之前有花720万美元"豪购"阿拉斯加的先例，这一次也想先用钱来解决。于是，美国人挥舞着1.3亿美元的钞票，殷切地向这个欧洲老炮问道："大哥，卖古巴吗？"

应该说，相对于当年对阿拉斯加的出价，美国这次对古巴的出价还是充满诚意的，1.3亿美元的价码约等于20个阿拉斯加，按当时的汇率折合白银1.8亿两，差不多顶得上大清按《马关条约》赔给日本的2亿两。这可不是个小数目，它已经相当于西班牙几年的财政收入。西班牙如果肯收下这笔钱，就能够买下和维护一支强大的舰队。

然而，西班牙大概是被别人喊大哥喊久了，心态比较飘，完全没有客观评判双方的实力差距和自己的真实处境。面对美国的"诚意出价"，西班牙死活不卖。

丛林世界里可没有法官给你主持公道，在这里倚老卖老是没有前途的。而且退一万步来说，就算这个世界上真的有公道，那首先考虑的也应该是古巴人民的公道。

西班牙做出这样的选择，其下场注定是"敬酒不吃吃罚酒"。

你不卖，美国是肯定要来抢的，而他们举起镰刀的第一步，是疯狂"造舆论"。

1895年，古巴爆发了反抗西班牙殖民者的第二次起义。在这几年里，美国媒体孜孜不倦地宣传古巴义军的英勇和西班牙殖民者的残忍，甚至不惜杜撰出来很多故事。

再加上西班牙镇压起义的同时还波及美国侨民和美国人在古巴的产业，于是，美国人对西班牙的愤怒达到了顶点。

而就在大众还在嘴炮反西的时候，罗斯福已经开始在海军层面为战争做起了系统的准备。

在罗斯福看来，战端一开，只要是西班牙的地盘，无论多远，都在美国海军的目标范围内，尤其是亚太地区那一堆西班牙的岛屿。

这一次，他要攻出去。

为了实现这样的战略构想，罗斯福需要一个和他一样好战的强力领袖去领导驻扎在亚洲的美军分舰队（第七舰队前身）。

眼下那个憋了30年，刚刚晋升为准将的杜威毫无疑问就是不二人选。

两个好战大佬臭味相投，罗斯福刚到海军部，副部长的位子屁股还没坐热呢，就屁颠屁颠地跑去游说总统委任杜威为亚洲舰队指挥官。

杜威也没有辜负罗斯福的期望，他抵达舰队驻地日本横滨后，第一件事就是开始备战，尽管此时还没有任何消息表明美西两国会开战。

没过多久，美国亚洲舰队就完成了弹药储备，随后杜威大手一挥，全军向香港开拔。香港是离菲律宾最近的一个中立港口，美国的尖刀此时已经顶到菲律宾的脖子上。

老骥伏枥，志在千里。现在杜威离自己的梦想只有一步之遥，接下来就看罗斯福怎么去拱火了。

1898年1月22日，因不满古巴自治政府镇压起义的力度太弱，西班牙的殖民军队在古巴首都哈瓦那发动了一场规模不大的骚乱。

为此，1月25日，罗斯福以保护在古巴的美国公民和财产为由，派遣"缅因"号二等铁甲舰抵达古巴的哈瓦那港。

"缅因"号排水量6600吨,是美国海军八大主力舰之一,它的到来体现了美国政府干涉古巴事务的决心。

两国紧张气氛渐浓,这时候《纽约日报》还来火上浇油。他们不知道从哪儿搞到了一封西班牙驻美公使的私人信件,并将其内容于1898年2月9日公布在报纸上。

这个私人信件里面全是该公使吐槽美国总统的坏话,这下所有美国人都知道了西班牙官员在侮辱自己国家的元首,舆论沸腾成什么样可想而知。一边是军队骚乱,一边是美国施压,再加上舆论的谴责,西班牙政府压力山大。

屋漏偏逢连夜雨,就在西班牙政府还在焦头烂额的时候,更大的事件发生了。

1898年2月15日,停泊在哈瓦那港口的美舰"缅因"号突然爆炸沉没,造成261名船员死亡,舆论一片哗然。

这其实是一个历史悬案,整个事件的原委至今没有一个明确的调查结果,也没有任何证据表明是西班牙人干的。

当时慌得要死的西班牙政府立刻派出调查组去调查事故真相,不料被美军禁止上船。然后美国人自己把炸坏的"缅因"号拖到大西洋上,结果还"不小心"给弄沉了。

其实以那个年代的技术条件,军舰出现自爆的意外事故并不罕见,不过事实的真相已经不重要了,当时的美国人一口咬定这就是西班牙干的。

罗斯福干脆直接宣称该事件是"西班牙人最恶劣的背信弃义的行为",并公开表示"美国需要一场战争"。

"扣黑锅",是美国人举起镰刀的第二步。即使在今天,我们依然可

第五章 新玩家入局

以经常看到美国在到处使用这个"传统技能"。

随着哈瓦那一声惊雷,美国海军主力八变七,两国外交官表示脑壳很疼,紧急的外交斡旋随即展开。罗斯福可不管这么多,管你斡旋成不成,我先备个战再说。

他趁着部长又一次请病假,拿起电话一通狂拨,向世界各地的美军舰队发出了备战的命令。

而杜威的行动更是早就走到了领导的前面,此时亚洲舰队的所有军舰都已经开始在干船坞内接受最后的改装和保养。杜威也开始在香港穷尽一切手段刺探马尼拉的情报,他甚至会亲自乔装打扮跑到码头找进港船只打探消息。

1898年3月27日,美国要求西班牙对古巴起义军停火,并取消关押古巴人的集中营。4月9日,西班牙认怂,宣布停火。

事实证明,在和美国的对抗中选择认怂无异于抱薪救火,只会换来更强烈的打击。

果然,美国见你这么快就怂了,于是,很快又加码,进一步发表决议要求西班牙承认古巴独立,并撤军。

美国国会在发表这个决议的同时还授予美国总统使用军队的权力,然后一边宣称无意入侵古巴,一边在4月22日封锁古巴北部港口和圣地亚哥港,还扣了一艘西班牙的商船。

西班牙虽然之前是怂了一点,但好歹也是一个老牌帝国,给你们这样当傻子遛,人家不要面子的吗?

4月24日,忍无可忍的西班牙对美国宣战,一天后,美国也如愿以偿地对西班牙宣战。

美西战争就此爆发。

风云际会马尼拉

1898年4月25日，早就在中国香港整装待发的杜威终于收到那封等待已久的宣战电报，同时也收到英国的逐客令。因为香港是中立港，英国不想牵扯其中。

杜威当然不用英国人来催促，他一刻也没耽搁，立即命令亚洲舰队起锚，杀向菲律宾首都马尼拉。

经过三十多年的坚守，杜威终于等来了属于他的时刻。

舰队在4月30日夜开到马尼拉湾，将西班牙的菲律宾舰队堵在海湾内。驻守在菲律宾的西班牙人万万没想到，闹事的明明是古巴，先被捶的却是自己。

次日拂晓，杜威率领舰队突破西班牙人命中率极低的海岸炮封锁，进入马尼拉湾，对停在港口的西班牙舰队展开进攻。

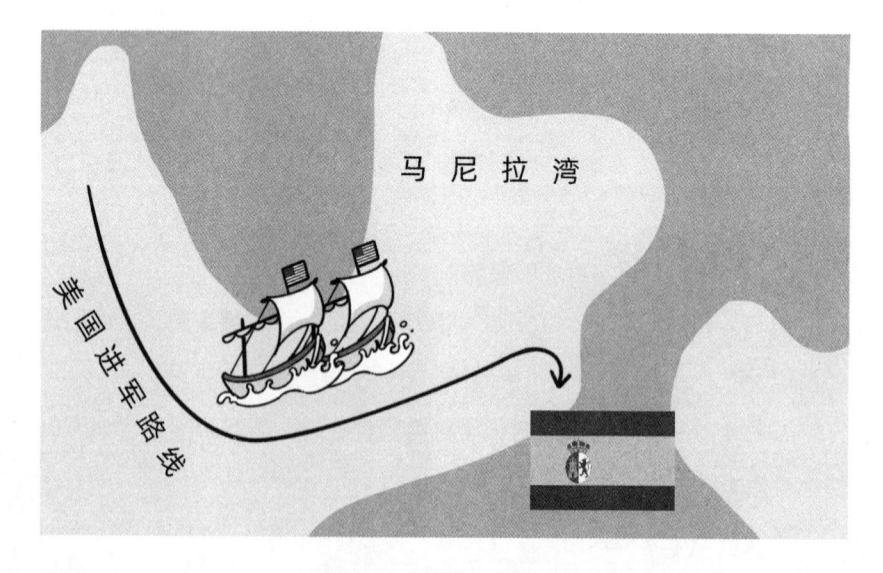

美国舰队开进马尼拉湾

美国海军来的都是最新装备，而且早早做好了战争准备，整体实力碾压西班牙。

美国亚洲舰队主力

类型	舰名	排水量（吨）	航速（节）
巡洋舰	奥林匹亚	5865	20
巡洋舰	巴尔的摩	4413	19
巡洋舰	罗利	3183	19
巡洋舰	波士顿	3189	13

美国亚洲舰队除了上表所示的四艘巡洋舰以外，还有一些千吨左右的舰船，整支舰队的总吨位超过20000吨。

相比之下，西班牙配置在菲律宾的舰队则十分薄弱，仅有2艘无防护巡洋舰，5艘老式小炮舰以及4艘鱼雷艇，而且基本没有进行备战。

当美国军舰出现在西班牙人面前时，这场战斗的胜负基本就已经注定了。

马尼拉的炮火在黎明中划过海面，初出茅庐的愣头青对着虚弱的老炮一顿砍瓜切菜，仅6个小时就结束了战斗。此役，西班牙的菲律宾舰队全军覆没，伤亡381人，而美军仅受伤7人。这与其说是战斗，不如说是打靶。

马尼拉海战胜利的消息传出后，美国国内群情激昂，这是美国第一次在遥远的大洋彼岸取得胜利，杜威也一夜之间成为全美家喻户晓的明星。

然而，看着覆灭的西班牙分舰队，杜威却突然意识到自己碰到了一个大麻烦——没有陆军！

杜威的动作实在太快，两国宣战才几天就干掉对方一支舰队，这个速度不要说西班牙反应不过来，连美国自己也反应不过来。其结果就是美国陆军此时还在遥远的本土，紧赶慢赶也得两三个月才能到。杜威的"兵贵神速"离"顾头不顾腚"只有一步之遥。

陆军不来的话，你连个登陆的部队都没有，控制岸上据点更是无从谈起。

眼下别的先不说，最重要的是先要稳住局面，不能让敌方看出自己没带陆军，不然连港口都守不住。关键时候，杜威想出了个鬼点子——"一军两用"。他让海军官兵换上陆军的军服，装扮成陆军上岸建立据点。这下西班牙人就以为美国陆军已经登陆，便不敢轻举妄动，局面算是暂时稳住了。

不过这只是权宜之计，在陆军到来之前，杜威还面临着两个非常棘手的问题。

第一个问题是，此时的菲律宾并不太平，西班牙对殖民地的统治一向残忍，这几年忍无可忍的菲律宾人民也和古巴人民一样在闹起义。那时候的菲律宾人也曾是血性男儿，就在美西战争爆发的时候，菲律宾起义军已经包围马尼拉，随时就要发动总攻了。

第二个问题是，当下对菲律宾感兴趣的势力不止美国一家。丛林世界群狼环伺，西班牙军舰喂鱼了，周围英国和德国舰船就开始多了起来，他们都在伺机抢夺美军的胜利果实。一时间美西英德菲五路人马齐聚一堂，风云际会。

而此时的英德之所以还没动手，仅仅是因为马尼拉现在还在西班牙手上，菲律宾在名义上仍是西班牙的地盘。英德需要顾及和西班牙的外交关系，不能直接去抢，最好等菲律宾义军把西班牙赶下海再动手。

于是，杜威就面临一个两难的局面。

如果美军来得足够早，赶在菲律宾义军行动之前对马尼拉发动进攻，那么在这个过程中，美军就会成为菲律宾义军的新目标，形成美国陆军、西班牙守军、菲律宾义军三国大乱斗的场面，结局难料。

如果美军来晚了，让义军先占领了马尼拉，那么周围的英德军队可就不会客气了。因为西班牙一旦退出菲律宾，英德再去攻打它就不存在什么外交压力。

事实上，就在这段时间里，德国的远东舰队已经从中国山东的胶州湾出发，直奔菲律宾而来。

杜威心里很清楚，如果英德真的动手，美国在菲律宾就没戏了，因为就他们那些临时招募的大头兵还不是这些老牌列强的对手。

早打晚打都是坑，这可咋整？

接下来杜威的一系列操作向世人证明了一件事——美国毫无疑问是大英搅局者的最佳传承人。

破　局

我们现在回过头来看这个局势，其实它的突破点就在于菲律宾的义军。

如果美国人把菲律宾义军单纯看作敌对势力之一，那自然是进退维谷；但如果把他们看作暂时的朋友，局面就豁然开朗了。

而美菲两军在这个时间点上还真的有共同利益，他们都不得不一边对付西班牙守军，一边防备英德可能发动的进攻。

于是，杜威在菲律宾走出了关键的一步棋——联菲抗欧。

美军找到菲律宾义军，向他们表达了美国人民对欧洲殖民者的愤慨："大家都是备受欺压的难兄难弟，值此危难之际，更应该携起手来，共同为打倒殖民者而奋斗！"

然后，美军就给菲军分析当前的严峻形势，指出为了避免英德对菲发起攻击，菲军应先暂停攻击马尼拉，维持西班牙掌控马尼拉的现状，给英德造成外交压力。

当然，菲律宾人不需要等待太久，等美利坚陆军赶到后，大家就一起联手攻下马尼拉，然后再联合起来抵抗英德有可能发动的进攻。

最后，美国人拍着胸脯向菲军表示：等战争尘埃落定后，就让你们独立，我们的敌人是西班牙，跟你们合作就是交个朋友，没有什么别的企图。

看着对自己掏心掏肺的美国人，菲律宾人感激涕零，这对四面受敌的他们来说简直就像是在黑暗中找到了灯塔。

只不过这个"灯塔"在和菲军肝胆相照的同时又偷偷跑去联系西班牙驻菲律宾的总督，很豪爽地塞给这位总督一堆好处，条件就是要他私下把马尼拉转让给美国。

看着对自己行贿的美国人，菲律宾总督感激涕零，这对已经走投无路的他来说简直就是黑暗中的惊喜。

由于这个转让是私下进行的，在美军抵达前，马尼拉表面上仍在西班牙军队的控制下，谁也不知道发生了什么。只要西班牙的旗帜还在马尼拉飘扬，英德就不好轻举妄动；而看着按兵不动的英德，菲律宾义军也感觉很踏实。

淳朴的菲律宾人并不知道，"找你合作"也是美国人举起镰刀的重要步骤之一。

就在杜威纵横捭阖（实则到处忽悠）的时候，美国1.5万余人的陆军部队已经在"查尔斯顿"号穿甲巡洋舰的护送下横穿太平洋，火急火燎地往这边赶了。

他们在来的路上还顺手牵羊地抢走了西班牙的殖民地关岛。

面对从天而降的美军,懵懂的西班牙关岛总督竟然还不知道两国已经宣战。对待这种老朽的帝国,这个世界可没有什么尊老爱幼可言,它吃掉你的时候,连骨头都不会吐。

杜威在菲律宾构筑的微妙平衡一直维持到七月份,此时美国陆军终于抵达,接下来的事情就简单了。

因为马尼拉早已被总督私相授受给了美国,所以,上岸的美国陆军轻轻松松就入驻了马尼拉,同时还缴获大量的西班牙武器,俘虏了大批西班牙士兵。

一觉醒来,马尼拉突然变天,正准备和"正义灯塔"一起联手进攻的菲律宾义军一脸茫然。

不过这个茫然并未持续太久,美军在搞定马尼拉后,转个背就向菲律宾义军发起进攻,将其赶到郊区。与此同时,美军还在城内建立傀儡军政府,开始逐步控制菲律宾。

这一刻,美国人举起的镰刀终于落下,整个过程一气呵成。

看到马尼拉已被美军控制,并不打算向美国宣战的英德只好悻悻离去。

西班牙虽然在亚太地区被揍得鼻青脸肿,但还不能说已经输掉战争。海权争夺的关键并非地盘的多少,而是主力舰队的胜负。

只要西班牙的无敌舰队能够击败美国海军,他们仍然可以夺回之前失去的一切。

在美国陆军占领马尼拉之前,西班牙就已经将无敌舰队的全部家底都派往了真正的决战地——古巴。

古巴决战

多年以后，看着圣地亚哥来来往往的船只，西班牙人会回想起无敌舰队从里斯本起航的那个清晨，那是帝国的斜阳。

在塞韦拉将军的带领下，西班牙人把舰队开到古巴的圣地亚哥港，在这里准备着和美国海军的最后决战。

西班牙已经下定决心倾举国之力来维护江湖老炮的尊严，只是实力确实有点寒碜。他们掏空家底也就只派得出四艘舰况不佳的装甲巡洋舰来充当主力，其中3艘是西班牙国产的"特蕾莎公主"级装甲巡洋舰（排水量6890吨，航速20节，2门280毫米炮）。说是装甲巡洋舰，实际上由于吨位限制，该舰装甲覆盖的防护范围很有限，其防护性能完全无法和美舰相提并论。

还有一艘大一点，是从意大利进口的"哥伦布"号装甲巡洋舰（排水量8000吨，航速20节，无主炮）。由于意大利跟主炮供应商英国阿姆斯特朗公司有纠纷，所以，"哥伦布"号船头的主炮一直没到货，于是，该舰只好空着船头主炮的位置去支援古巴。

在美军一水的300毫米以上主炮面前，这个操作与其说是军事调动，不如说是"行为艺术"。

既然老炮都孤注一掷了，美国也不敢造次，把除了沉没的"缅因"号之外剩下的7艘主力战舰全部集结到古巴海域。其中原本布置在西海岸的"俄勒冈"号战列舰更是不惜以平均12节的巡航速度连续航行66天，疯狂跋涉15000海里绕过南美洲赶到古巴。

海战即国运，谁都没有退路。

此时已经退役的马汉又被重新征召入伍，出任海军战略委员会委员。

按照马汉的理念,控制一片海域的关键是击沉或封锁对方的主力舰队,于是,集结后的美国舰队于5月29日开到了西班牙舰队驻扎的圣地亚哥港外,将对方团团围住。

由于圣地亚哥港的入口很狭窄,两边的岸上都有岸防炮,可以对路过的战舰造成巨大伤害,而且航道上可能埋了水雷,港口外的美国舰队不敢冒险硬冲,只好蹲在港口外面,等西班牙人自己杀出来。

那个年代资讯不发达,大多数西班牙官兵在来古巴的路上还认为美国人只是一群半开化的蛮夷,只要无敌舰队去秀一波肌肉,这帮土老帽就会立刻望风而逃。到了古巴,他们才发现人家的肌肉比他们大好几圈。

尽管如此,这支无敌舰队毕竟还是西班牙帝国最后的尊严,怎么可以因为敌人强大就放弃亮剑?

塞韦拉觉得太可以了。

这位西班牙指挥官看了看海面上兵强马壮的美国舰队,转身就对舰队下达了一个明确命令——都待在港里别动。

于是,这两支舰队一个不敢出来,一个不敢进去,双方隔海相望,面面相觑。

西班牙舰队虽然占据着港口,但时间却在美国这一边。海军存在的意义在于争夺海域的制海权,只有控制了制海权,本国的支援和补给才能源源不断地送往战场。

如今整支西班牙舰队被封锁在港口内,等于把制海权拱手让给美国,结果就是美国可以不停地向古巴投放力量,而西班牙守军则只能孤军奋战。

美国陆军正是在这个时候与古巴起义军联手,在圣地亚哥港以东50

公里的海岸登陆，从陆地向圣地亚哥发起进攻。

没错，美军又和殖民地的起义军联手了。

一股熟悉的气息……

在登陆的美国陆军中，我们可以看到一个有些发福的身影，他就是西奥多·罗斯福。

这位好斗的大佬为了能够亲自参战，连乌纱帽都不要了。罗斯福在开战后就辞去了海军部副部长的职务，报名参加了志愿军；同时还向陆军部要到了组建一个骑兵团的权限和一个上校军衔。

美国人武德充沛，罗斯福的骑兵团很快就招募到1000多人，其主要成员都是一些矿工和牛仔，被称为"莽骑兵"（鲁莽的骑兵）。

说是骑兵团，其实只有罗斯福一个人骑马。从技术上来说，这支队伍的训练水平比较一般，这主要是因为罗斯福着急出战，生怕去晚了没仗打，所以，就没有充分地训练队伍。

罗斯福作战非常英勇，他带队一路稀里糊涂地猛冲猛打，并在圣地亚哥附近的圣胡安战役中充当了一把先锋，最后再加上记者一通添油加醋的宣传，一时间名声大噪。

总体而言，美军在陆地战场上打得十分艰难。他们和古巴起义军配合生疏，而且不熟悉地形，没多久就遭到西班牙守军的顽强抵抗，损失惨重。再加上水土不服，全军病倒了一半，最后光病死的美军就有3000余人。

美国陆军攻到圣地亚哥城外时已经是强弩之末，军心接近溃散。此时圣地亚哥的西班牙守军若能获得来自大后方的持续支援，守住这里，问题不大。但是支援能不能送进来，得看海军能不能开辟出一条安全的海上通道。

所以，无敌舰队龟缩在港口是没有出路的，他们必须攻出去，去击败海上的对手，才能为岸上的兄弟争取到一条生路。

战，还是不战，这是一个问题。

不过西班牙的古巴总督认为这不是一个问题，他的回答非常干脆——撤！

这位大佬看问题很通透：你看看人家美国来的是什么军舰，再看看我们国家派来的都是些什么玩意。还帝国的尊严？还是保命要紧。就这几条歪瓜裂枣，能全乎地开回老家就不错了。

而舰队指挥官塞韦拉则看得更通透：就我们这几条歪瓜裂枣，怕是想跑也跑不掉的。

经验丰富的塞韦拉建议舰队继续龟缩待援。

平心而论，这个建议虽然怂了点，但并非完全没用。只要西班牙舰队继续龟缩，美军的7艘主力战舰就会被牵制在圣地亚哥港口外，哪儿也去不了。这样至少保证了西班牙本土的安全，西班牙政府也可以腾出手来想别的办法（如果他们还有能力的话）。

当然，更重要的是双方实力差距太大，全身而退只是一个美好的梦想，最有可能发生的结果是大家一出门就没了。

但远在哈瓦那的总督非常希望这支舰队能够逃出生天，他发出电报命令塞拉韦撤离。塞韦拉胳膊拧不过大腿，只得指挥舰队开始突围。

1898年7月3日，趁美国战列舰"马萨诸塞"号去加煤不在场的情况下，西班牙的4艘装甲巡洋舰和2艘驱逐舰往出海口冲去。

美军的"布鲁克林"号装甲巡洋舰首先发现敌情，连忙召唤其他美舰前来拦截。这一下，在岗的6艘主力和其他轻型舰船全都围了上来。

双方在吨位、护甲、火力、人员素质上均存在巨大差距，西班牙唯一的希望是跑得够快，美国人追不上。

然而，古巴煤炭质量太差，再加上这些军舰舰况不佳，根本就跑不快。

没过多久，疯狂逃命的无敌舰队就落入美军舰炮的射程之内，在美军铺天盖地的炮火中，西班牙人领悟到什么叫残忍。

一个多小时后，西班牙6艘舰船全部以马蜂窝的姿态搁浅沉没，其中跑得最远的一艘船跑了有100多公里，即便如此，也未能摆脱被击沉的命运。

此役西班牙海军474人阵亡，1750人被俘，而美军仅1人阵亡，10人受伤，舰船基本无损。

无敌舰队的覆灭使得古巴的西班牙守军彻底成为孤军。7月中旬，22万弹尽粮绝的西班牙守军投降，美军占领了四面楚歌的圣地亚哥市。

7月底，从古巴腾出手来的美国舰队把船头对准西班牙本土，美国以进攻西班牙本土作为要挟，要求西班牙让出波多黎各。此时已经在满地找牙的西班牙别无选择，只得就范。

8月12日，西班牙政府投降，美西战争结束。

1898年12月10日，两国在巴黎签署《巴黎和约》，西班牙放弃古巴并撤军，允许古巴独立，同时还将波多黎各和关岛割让给美国，并以2000万美元的价格将菲律宾卖给美国。在当时的局势下，这个价格也算合理，就是完全没有考虑菲律宾人民的想法。

菲律宾人民与殖民者浴血奋战好几年，换来的结局竟然是被一个殖民者卖给了另一个殖民者。真是是可忍孰不可忍，随后菲律宾国内因《巴黎和约》爆发了大规模抗议。

1899年2月4日，为了镇压菲律宾的反抗，美军开始全面进攻菲律宾起义军。第二天，阿奎纳多领导的菲律宾第一共和国向美国宣战，引发美菲战争，该战争持续到1906年才正式结束。

这场战争导致20万菲律宾人战死，另有40万平民死于战乱，美军自己战死5000人，之后菲律宾完全成为美国的殖民地。

这有天理吗？这没天理。谁的炮管粗，谁就是天理。

丛林世界成王败寇，并不是你努力了一定就会有回报，在近代被列强欺压的国家里，真正能够翻身的屈指可数。而同为"美国盟友"的古巴也好不到哪儿去。

美国于1901年签署《普拉特修正案》，并将其作为附录写入古巴宪法。该法案规定古巴成为美国的"被保护国"，古巴不得向美国以外的国家转让主权，而美国则有武力干涉古巴的权利。

修正案签署后，美国派兵入驻古巴并开始扶持傀儡政府。

1903年，美国依据《普拉特修正案》又与古巴签订协议，古巴将面积为117平方公里（其中78平方公里陆地面积，39平方公里海湾面积）的关塔那摩地区无限期租给美国作为海军基地，美国每年支付古巴2000美元的租金（1974年涨价为4085美元）。

你没看错，单位是"美元"，不是"万美元"。

值得一提的是，现今的古巴政府为了维持颜面，每年都会把美国打过来的租金退回去……

而西班牙则失去了几乎所有的殖民地，以后江湖上再也没人叫它大哥了。

美西战争震撼了欧洲列强，一个大家印象中的"化外蛮夷"突然跳上了帝国牌桌，把桌子前那个岁数最大的老爷大卸八块，简直是"礼崩乐坏"，其他人还拿他没什么办法。

一时间欧洲列强如芒在背，"美国威胁论"甚嚣尘上。

霸权之路

美国通过这场战争发现了这个星球的财富密码——海军。

战后美国对海外扩张的热情也达到前所未有的高度。以西奥多·罗斯福为首的精英阶层不再局限于美洲的战略眼光,而是打开了新世界的大门,开始展望全球。

杜威在战后当选为美国新成立的海军总委员会主席,组编了符合美国海外利益的太平洋舰队和大西洋舰队。他本人还于1903年被授予海军特级上将军衔,这是美国海军最高等级的军衔,杜威也是迄今唯一获此殊荣的人。

马汉从战场归来后又陆续发表了《海权论》三部曲,这批著作后来成为美国建立海洋霸权的指导性纲领。

马汉的《海权论》发表后,对各国政府的政策影响甚大。此后一个多世纪,美国海军的部署思路更是都有马汉理论的身影,"以加勒比海和中美洲地峡水域为基础控制其他海洋,以菲律宾为基础争夺东亚利益",堪称"美版隆中对"。

而在古巴战场上名声大噪的罗斯福本来想在战后竞选总统,但因为同僚的排挤,他被生生推举成党内的副总统候选人(他自己极不情愿)。

后来随着麦金莱总统的顺利连任,罗斯福也就跟着进了白宫。

对美国政治有些了解的朋友都知道,在美国的体系里,副总统是一个彻头彻尾的闲职。对罗斯福这种天生爱折腾的人来说,只有一个词语可以用来形容他的感受——极其无聊。

然而,天将降大任于是人也,有时候不讲道理。

1901年,总统麦金莱遇刺身亡,副总统罗斯福一夜之间登上总统宝座，在一个新的高度上又一次大权独揽。这下，一个马汉的铁杆粉丝成了总统，美国未来的发展方向也就不言而喻了。

在美国控制完古巴后，罗斯福再接再厉，又策动巴拿马独立，进而获得巴拿马运河的开挖权和管理使用权。

随着巴拿马运河的开通，从太平洋到大西洋的路程减少了一万公里，于是，美国海军可以两洋调动，进一步强化其战略实力。

同时，在罗斯福的主持下，美国的工业力量开始在造舰领域全力开动，他们一口气连续建造了5艘1.4万吨弗吉尼亚级战列舰，6艘1.6万吨康涅狄格级战列舰，6艘1.3万吨宾夕法尼亚级装甲巡洋舰，4艘1.4万吨田纳西级装甲巡洋舰……

短短两三年，十几艘万吨级战舰像下饺子一样纷纷下水，美国迅速成长为一个新兴强国，开始创造属于自己的全球时代。

在罗斯福治下，美国的国际影响力空前提升，海军实力也上升至世界第二。再加上其任上对国内腐败和垄断势力的整治，这位总统的个人名望达到顶峰，并最终被刻上了总统山，他至今仍是美国史上最受民间好评的总统之一。

1907年，一支由16艘万吨级战列舰和各种护航军舰组成的庞大舰队从美国出发，绕行地球一圈，在全球洋面上招摇过市。这是罗斯福策划的舰队环游世界活动。

由于该舰队的军舰船体都刷成白色，又被称为"大白舰队"。

16艘万吨级战列舰足以让美国和世界上任何一个强国平等对话。美国以此向世界展示了自己的肌肉和雄心，而这也意味着美洲势力正式加入全球海权的争夺。

人类文明就此进入战国时代。

舰队航迹所至，皆为帝国海疆。

| 小插曲：

查尔斯·亨利·克朗普（Charles Herry Cramp，小克朗普）生于1828年，是费城威廉克朗普船厂创建人威廉·克朗普（William Cramp）的大儿子。

小克朗普对海军舰船特别感兴趣，年轻时就曾在海军学院学习过军舰设计，他的梦想就是成为美国军舰的建造者。然而等他真正在船厂里挑起大梁的时候才发现，这个国家压根就没有军舰订单。

当时的美国海军长期颓废，造舰积极性基本为零，克朗普造船厂只得终日靠民船订单度日，小克朗普空有一腔热血却无处施展。

不过19世纪末的世界是一个大争之世：海洋上群雄并起，海权争夺愈演愈烈。所以世界上有的是对军舰如饥似渴的列强。1878年，俄国和土耳其爆发冲突，一批着急购买武装舰船的俄国海军官员来到美国考察，小克朗普抓住这个机会跟俄国人做了笔军舰买卖：把3艘商船改装成了辅助巡洋舰（第4艘是新造）卖给俄海军。他也因此跟俄国人混了个脸熟。

这样的际遇给了小克朗普坚持下去的信心，等到19世纪80年代末的时候，这个"军舰发烧友"终于守得云开见月明：美国海军睡醒了。

睡醒的美国海军迸发出了强大的"钞能力"，他们开始大肆购买军舰。小克朗普当然不会错过这样的大时代，在他的大力争取下，克朗普造船厂在1887年赢得了3艘4000吨级巡洋舰的大单子。

这下小克朗普年轻时学过的军舰设计知识总算是派上用场了，他亲自设计并主持建造了这3艘军舰，特朗普造船厂也展现出了极高的建造水平。同样的单子美国海军官方造船厂约翰·瑞查造船厂耗时6年才完成一艘"芝加哥"号，而克朗普造船厂仅耗时3年就完工3艘。看到这家

"民企"竟有如此效率，美国海军大喜过望，立刻把更多的大单砸向了他们。

而小克朗普也毫不含糊，无论多大的单子，只要你美国海军敢下，他就敢接。之后他竟一口气接下了7艘大型战舰的订单合同，其中3艘还是万吨级战列舰。

这段时间里正好又有俄国官员来考察克朗普船厂，等这些俄国人看到克朗普船厂里有五个船坞在同时建造大批大型战舰时，他们不禁目瞪口呆：半个俄国的造舰产能也不过如此。

后来到美西战争开战时，美国八大主力舰中有五艘是克朗普船厂造的。小克朗普丝毫不掩饰他的野心：超越英国造船界的老大阿姆斯特朗造船厂。

在业界声名鹊起的克朗普造船厂开始陆续接到世界各地的订单，其中就包括日本的。列强的纷争就是军工企业的阶梯，小克朗普在接下日本订单的同时还不忘在老朋友俄国人耳边煽风点火。他在《北美评论》杂志上发表了名为"新兴的海军力量"的评论文章，该文明着暗示俄国：东亚暴发户日本正在急速扩张海军，再不买战舰，你们就要被日本吊打啦！

在日本海军咄咄逼人的气势面前，俄国人确实慌了，他们不得不开始了和日本的海军军备竞赛。当时俄国国内的造船厂已经满负荷运转，实在无法进一步提高产能。不得已，俄国只好勒紧裤腰带去海外购买大型战舰。

俄国人一开始的目标是法国、德国、意大利等传统海军强国的造船厂（英国有仇除外）。虽然他们知道美国船厂的产能也不低，但毕竟美国海军工业起步太晚，在大型战舰方面没什么口碑。

不过密切关心国际局势的小克朗普早就盯上了俄国。1898年3月

29日，因为20年前为俄国造过辅助巡洋舰，小克朗普以厂家代表的身份获邀参加了俄国海军官员宴会。他抓住这次机会找到俄国海军部部长进行游说，获得了参加俄国外购大型战舰的投标机会。

克朗普船厂最后成功拿到俄国一艘12000吨战列舰和一艘6500吨巡洋舰的订单。这个船厂再次发挥了其生产高效的特点，仅3年就顺利完工，它建造的分别是12000吨的战列舰"列特维赞"号和6500吨的巡洋舰"瓦良格"号。对于这样的交货效率，俄国人无话可说，那是相当满意。很快，俄国就在1900年派了接舰团队来美国接舰。

一开始，接舰团队中的水手对美国之行并没有太大的期待。在他们的认知里，这个遥远的北美国家只是一个大农村，也不知道上峰是发了什么失心疯，居然把新的军舰订单交到这种国家手里。

然而，他们一上岸就完全被眼前的景象震撼住了。

这里车水马龙，灯红酒绿，高楼大厦鳞次栉比，俄国人从未见过这么繁华的大都市，这群水手就像是刘姥姥进了大观园，"土包子竟是我自己"。

正所谓由俭入奢易，由奢入俭难。当你体会过天堂的快乐，就很难再回去了。这群本来要开船回国的俄国水手当即做了个重要的决定——集体开溜，留在美国。

俄国海军部万万没想到，到美国才几天时间，船还没摸熟呢，就已经有100多个水手不见了踪影，气急败坏的海军部只好再运一批新的水手去美国。

这一事件也从一个侧面反映了当时各国普遍对美国存在误判。人们只知道从一个国家的表面军力去判断他的拳头大小，却不知道真正决定一个国家战争潜力的，是他的经济水平和工业实力。当时美国海军的现役军舰虽然不是最先进的，但是美国的造船厂却随时能够造出世界上最先进的军舰。

而这也正是美国敢于挑战传统国际秩序的底气所在。看着美国灯火辉煌的城市和那一片随时可以制造大量武器的工业设施，其他列强就算有意见，也只能憋回去。

1904年2月5日，在东亚利益冲突严重的俄日两国终于断交，"瓦良格"号巡洋舰被俄国派去朝鲜撤侨，随行的还有一艘小炮舰"高丽人"号。

2月8日，"高丽人"号打算去旅顺总部汇报朝鲜情况，结果刚出港就碰到日本舰队，来者不善的日舰对着"高丽人"号做出了攻击姿势。

虽然日军并未真的开火，但"高丽人"号却被吓得不轻，它如同惊弓之鸟，掉头就跑回仁川港，只不过边跑还边随手开了两炮。

"高丽人"号的这个操作可以说是非常业余，此时两国还未宣战，你既然打算逃跑，干吗又去开那两炮。虽然这两炮什么都没打着，但是俄国却因此成了"先开第一枪"的那一方。

这下早有预谋的日本舰队可算是逮到借口了，很快他们的准万吨级"浅间"号装甲巡洋舰就带着一群小弟找上门来"报仇"。

日本舰队在港口外向俄国人发出了最后通牒："瓦良格"号9日中午前必须出港迎战，不然就向港口开炮，将其击沉在港内。

此时仁川港内还停有很多其他国家的船只，大家都怕日本轰击港口连累自己，于是，纷纷劝"瓦良格"号出港迎战。

舰在港中停，锅从天上来。被架到火上烤的"瓦良格"号无可奈何，最终为了俄国的荣誉，只得硬着头皮出海，结果毫不意外地被守株待兔的日本舰队围殴至重伤，不得不退回到港口自沉。

第二天，俄罗斯对日本宣战，史称"日俄战争"。

第六章

06

东北大战（上）

第六章　东北大战（上）

龙兴之地

中国东北，在古代相对中原来说是"遥远的关外"，在清朝时期则被视为王朝的"龙兴之地"。有这个"大后方"在，清朝的统治者心里就踏实。万一中原出了什么大娄子，他们随时可以退回去。

然而，从19世纪中叶开始，海面上开来了列强的军舰，整个远东地区被动地进入海权时代，地缘政治的逻辑在一夜之间被颠覆。

当海洋成为军事行动的重要场所后，拥有海岸线的东北可就不再是什么"大后方"了。它北接俄国，东临朝鲜，往南拥抱太平洋，战略位置十分关键，再加上自身资源还非常丰富，于是，很快就成了列强争夺的目标。

而列强才不管你龙不龙兴，这种好地方，谁拳头硬就归谁。清朝只能眼睁睁地看着自己的"龙兴之地"变成"四战之地"，输掉甲午战争后更是变成了"割肉之地"。

《马关条约》里面有一条涉及东北的重要条款——割让辽东半岛给日本。

辽东半岛对东亚制海权非常重要，坐落在上面的旅顺港更是一个位置很好的不冻港。得到旅顺意味着以后日本向中国东北投送力量将不再有什么阻碍，同时也将极大地提升日本对东亚海面的控制力。

然而，日本美滋滋地签完《马关条约》还不到一个星期，日本就收到来自俄德法三国发来的"友善劝告"：

"今日本国割占辽东,既有危害中国之首都(北京)之虞,也让朝鲜国之独立有名无实,有碍维持远东之和平,故今劝谕贵国确认放弃占领辽东半岛。"

这份"友善"的分量实在太重,俄军已经开始准备切断日本与中国之间的海上交通,德国则直接派了两艘主力战舰开赴远东。

面对这杯"敬酒",日本会做何选择呢?

它根本就没得选,当时打个清国都要赌国运的日本哪里惹得起这种级别的大佬,更何况一次还来了仨。

日本只得老老实实地把辽东半岛还给清国,当然也没忘记额外索要三千万两白银的"赎辽费"(如果不是光绪帝过分软弱,日本连这三千万两也要不到),史称"三国干涉还辽"[①]。

国际政治嘛,有时候讲究个"负负得正"。清国实在太弱,以至于东北这块肥肉谁都觉得自己能咬一口,而谁都想咬的结果就是谁都不允许别人咬。于是,大清也得以稍作喘息。

当然,喘息只是暂时的,辽东半岛旁边的朝鲜早已被日本控制,日本的大军一直对东北虎视眈眈,再次动手只是时间问题。

"三国干涉还辽"事件让大清看到了解决问题的思路,何不来个"以夷制夷",把旁边的俄国拉入东北来协防日本?

这一次大清做到了和列强"心有灵犀",因为俄国也是这么想的。俄国和日本一样早就对中国的东北垂涎三尺,尤其是辽东半岛上的旅顺港。

那么问题来了,俄国与中国接壤,并不需要通过海路来往中国运送

---

① 孙瑞芹.《德国外交文件有关中国交涉史料选译》(第1卷)[M].北京:商务印刷馆,1960.

物资，俄国为什么也对旅顺港如此向往呢？

扩张，永远在路上

在开疆拓土这件事情上，全世界在俄国面前都是弟弟。俄国的开局只是一个处在东欧平原中央地带的莫斯科公国。

就这么小块地方，经过四百多年的扩张，到19世纪的时候，已经变成了横跨欧亚、绵延万里的世界第一大国。

看着如此疯狂的发家史，我们一方面不得不感慨俄国的扩张能力，另一方面也难免产生一些疑惑，俄国的大部分国土不说是人迹罕至吧，至少也是鸟不拉屎，俄国人口巅峰时期也就一亿多人，费这么大劲去占这么多荒地干什么？

家家有本难念的经

当年莫斯科公国的开局环境非常恶劣。作为一个内陆国家，不可避免地要和一堆国家做邻居，包括瑞典、喀山汗国、克里米亚……这些大佬他一个也惹不起，能不能活下去都是问题。

怎么办？是睦邻友好，还是合纵连横？

俄国表示咱们不整这些虚的，直接豁出去把邻居灭了然后把国土扩张到海边不就结了？到时候还有个屁的邻居。

于是，俄国一路征伐，到16世纪的时候，其边界已经往北扩张到北冰洋岸边，国号也改为俄国。

而这个时候的欧洲开始进入大航海时代，看着别人通过海上贸易赚

155

海权博弈史

得盆满钵满，俄国也想有样学样，然后发现自己没有靠谱的出海口。

虽说国土已经延伸至北冰洋的岸边，但这里气候寒冷，港口一到冬天就会出现大量浮冰，中世纪又没有破冰船，俄国只能望冰兴叹。

怎么办？

俄国表示，那只能继续把更多的邻居灭了，然后把国土扩张到有不冻港的海边，到时候就有不冻港了。

俄国在后来的几百年里基本就是在干这事，在18世纪的时候还把国号改成俄罗斯帝国。

等俄国成了一个横跨欧亚的超级大国，也就终于拥有了4个出海口：北冰洋、波罗的海、黑海、太平洋。

俄国的四个出海口

对俄国人来说，这段历史很励志。一个民族为了开拓自己的生存空间，不惜万里征伐，改天换日，颇有些"我命由我不由天"的豪气。

只是这个世界的付出和回报永远难以匹配,俄国人披荆斩棘奋斗几百年拿到的这四个出海口,就没有一个靠谱的。

北冰洋刚才说了,冬天容易封冻,而且远离欧洲核心区,补给困难。当时的摩尔曼斯克只有渔船用的小港口,还未开发成大型军港。

波罗的海倒是不冻,但从地形上来说它基本上就是个内海,虽然理论上连着大西洋,但去往大西洋需要通过一条狭长的通道,通道出口则被劲敌德国卡死,进进出出都得看德国的脸色。

黑海的问题和波罗的海类似,也是个内海,要出门得先通过土耳其控制的博斯普鲁斯海峡。

土耳其好说话吗?

首先,俄国的这个黑海出海口本来就是从土耳其手里抢来的,这两个国家在过去的200多年里平均不到19年就掐一次大的,是欧洲史上历时最长的国战。这已经不是好不好说话的问题了,这根本就是世仇,所以,俄国的黑海舰队也就只能安安静静地做一支"黑海里的舰队"。

更郁闷的是,即使你冲破了土耳其的围堵,也不过是进到了一个更大的内海(地中海)而已……

至于远东地区那些太平洋的港口,受到千岛寒流的影响,一到冬天就冻住,和北冰洋半斤八两。

其中从清朝抢过来的海参崴(即今符拉迪沃斯克托,下文都写作"海参崴"),已经是俄罗斯在远东相对最好的选择,但每年依然会有3个月的结冰期(并非教科书上所说的"不冻港"),且地理位置还很差,它所处的日本海被日本和朝鲜半岛团团围住,基本上也还是个内海。

所以,俄罗斯帝国空有冲出大洋逐鹿波涛的雄心,却没有一脚油门说走就走的条件。俄国虽然在除北冰洋以外的三个出海口编组了三支舰队,但这些舰队要么靠天吃饭,要么仰人鼻息,生活并不自在。

而中国辽东半岛的旅顺港就不一样了，全年不冻，直通太平洋。

这就是命，你努力了一辈子的终点可能连别人的起点都比不上。

中国在历史上从来没有为寻找出海口努力过，打从娘胎里出来就带着一大批天然良港，旅顺港只是其中普通的一员罢了。

什么是天生的贵族啊？这就是天生的贵族，在海洋时代躺平几百年，一觉醒来什么都是现成的。

身为一个大陆国家，中国的海洋禀赋却一点也不比那些海洋国家差。

1896年，以协防日本为借口，俄国跟清政府签署了《中俄密约》，正式名称为《御敌互相援助条约》，其中约定：

如果日本入侵，那么中俄应该互相帮助协防。

俄国有权在东北修建连接西伯利亚和海参崴的铁路。

这个条约构建了一个中俄组成的军事同盟，满足了中国联俄抗日的诉求，而修建铁路本来也是组建这个军事同盟的客观需求。

不过铁路毕竟是陆权大杀器，老牌列强一看这个条约内容就知道，铁路都修了，占地还会远吗？

看到俄国开始把触角伸进东北，同样在"三国干涉还辽"中出过力的德国非常眼红，觉得自己也应该在中国分到点地盘，于是，德国就在1897年强占了中国山东的胶州湾。

俄国见状，又以协助中国抵抗德国为由派舰队占领了旅顺，并在次年签订《旅大租地条约》，强租旅顺港，将其作为太平洋舰队的主基地。

德俄两国一顿左右互搏，大清连丢青岛、旅顺，这就是晚清熟悉的气息了。

就东北而言，占据旅顺的俄国必然会坚决抵抗日本有可能的进攻，大清当时想的是，暂时牺牲旅顺，换取东北不被日本吃掉。

只不过清朝严重低估了沙皇俄国的野心……

皇图霸业

俄国沙皇尼古拉二世有一个梦想，那就是带领俄罗斯帝国成为一个横跨欧亚、虎踞大洋的世界霸主。

而实现这个梦想的关键有两个，第一，建成连通欧亚大陆的洲际铁路，这是"横跨欧亚"的陆权；第二，拿到旅顺不冻港，这是"虎踞大洋"的海权。现在这个梦想触手可及，因为旅顺已经拿到手，而那条洲际铁路也快建好了。

俄国国土过于庞大，如果只依靠当时的主流交通工具马车，从圣彼得堡穿过西伯利亚到海参崴得差不多半年。而且西伯利亚这个地方天寒地冻的，如果没有铁路大动脉进行支撑，根本无法维系人口和资源的存在。

所以，在尼古拉二世的老爹亚历山大三世的主持下，俄国从1891年就开始倾举国之力修建圣彼得堡至远东地区的超级铁路，其总长达一万公里。

这条铁路在当时被称为人类历史上最伟大的超级工程，当然成本也非常"伟大"。它的总花费超过俄国GDP的10%，达到14.6亿卢布，大约折合11亿两白银，要知道当时大清一年的财政收入还不到1亿两。

除了耗钱以外，这项工程的难度还很大。西伯利亚冬天零下50摄氏度，夏天30摄氏度，对工人来说上班和送死没啥区别。

不过这是在19世纪，人权的概念还不太流行，俄国硬是征用了数十万农夫和监狱服刑者，在牺牲一大票人命后，西伯利亚铁路终于在20世纪初接近通车。

眼瞅着一个西起波罗的海、东至太平洋、横跨欧亚大陆、手握陆海双权的史诗级帝国即将成型，尼古拉二世想想都有点小激动。

而圣彼得堡和旅顺正是这个鸿篇巨作的两大桥头堡。

所以，俄国对旅顺的投资自然是不惜血本，拿到旅顺后，俄国立刻甩开膀子大干快上，砸下重金构建层层堡垒和防御工事，使之成为世界一流的军事要塞，号称"远东第一要塞"。

依托这个远东据点，俄国将自己的力量一路延伸到朝鲜的鸭绿江边，而朝鲜是日本通过甲午战争打下来的势力范围，日本表示压力山大。

其他列强虽然也不希望俄国独霸一方，但旅顺对它们来说并非必需品，而且俄国又摆出一副"谁敢阻拦我就跟谁玩命"的架势，各路列强也就听之任之。

所以，在列强圈子里，只有日本的核心利益受到了威胁，这个刚刚崭露头角的岛国不得不面对一个尴尬的现实，自己好不容易赌国运打赢了清朝，结果不仅东北没捞着，现在连朝鲜都要没了，搞不好自己又要从亚洲大陆被赶下海，如果那样，这路是越走越窄了。

为了缓和紧张的气氛，实力不济的明治政府只得认怂去跟俄国和谈。最终日俄双方以北纬39度线为分界线，在朝鲜重新划分了势力范围。

这是几十年后那条三八线的历史雏形，也是朝鲜半岛第一次出现军事分界线。

局势发展到这儿似乎漏了点什么，此时的远东已经乱成一锅粥，这个世界上最资深的搅局者居然还没露脸。

第六章 东北大战（上）

日不落的棋局

当你在这个世界上称霸了快一个世纪的时候，你的心态很难不飘起来。不知道是出于自我安慰还是真的觉得自己高人一等，英国人在19世纪晚期搞出了一个高冷的外交政策——"光荣孤立"政策，既光荣又孤立，大意就是和谁都不结盟，你们不配。

作为全球霸主，大英帝国不希望看到任何一个国家抬头，谁有崛起的苗头，英国都要去打压一番。

而俄国在19世纪的崛起势头非常强劲，对这样的国家，英国自然是"严重关切"。事实上两国在近几十年间冲突不断，已然成为一对死敌。

所以，英国当然乐于看到日本在远东地区坐大，因为这样可以遏制俄国的发展。

然而，在"三国干涉还辽"事件中，三个列强随便合作一下就轻松压住日本，并重新分配了一遍远东的利益，根本就没人考虑英国的想法。日不落帝国猛然发现，这个世界它已经开始有些拿捏不住了。

现在俄国占了一个旅顺港和半个朝鲜，英国还勉强能忍，但接下来的事就实在忍不了了。

1900年，八国联军借口打击义和团入侵中国并占领北京。既然目标是为了打击义和团，联军的主要攻击范围自然就集中在义和团运动比较激烈的直隶（今河北省）一带。

俄国却以保护自己通向旅顺的铁路不受义和团破坏为由，额外集结十几万军队攻打根本就没有多少义和团的东三省。

面对俄国的武力，东北清军无奈地妥协，俄军则劫掠了几乎所有的东北城镇，而且义和团运动失败以后，俄军也没走。十几万俄军就此常驻东北，使得俄国成了东北的实际控制者。大清的"以夷制夷"最终造成了"引熊入室"。

英国并不关心中国的死活，只是眼前这个局面已经严重破坏了东亚乃至整个世界的力量平衡。吃掉东北让俄国的实力提升太过明显，从此以后俄国出入太平洋就和在自己家里散步一样简单。再考虑到那条可以往远东地区大量投放俄国佬的西伯利亚铁路，英国不淡定了。

为了避免今后被赶出东亚的命运，日不落帝国又翻出了压箱底的搅局手段，开始寻找盟友去搅和沙皇的"宏伟蓝图"。

英国首先想到的是德国，19世纪晚期的德国实力雄厚，大英寻思着和德国结盟也不算丢人。

此时的德国已经和奥匈帝国还有意大利组成了一个"三国同盟"，并且是这个同盟的核心。于是，大英为了远东大局，不惜自降身段，以向德国申请入盟的方式来寻求结盟。

面对日不落帝国的诚意，德国人十分感动，然后表示了拒绝。

这下日不落的脸面算是掉沟里了。

不过这人哪，一旦放弃了脸面，那路就会越走越宽。丢掉偶像包袱的大英再也没有了高冷的人设，开始饥不择食地四处征友。

这时候还真有这么一个国家，只要你伸出橄榄枝，它就绝对不会拒绝。

它就是日本。

这是因为在俄国占领东北后，日俄两国之间就没有了战略缓冲，再加上各种新仇旧恨，日本觉得自己早晚会被锤。

于是，英国和日本，一个没人理的孤寡老人，一个眼瞅要被锤的新兴势力，在这个时候王八瞪绿豆，看对眼了。

虽然身为世界霸主，跑去跟一个地区小混混结盟颇有些跌份，但日不落帝国大丈夫能屈能伸，英国于1902年1月30日与日本签订了《英日同盟协定》，正式成为盟友。

英国在找朋友的同时，也在联合各路列强逼迫俄国退兵。俄国迫于压力，于1902年装模作样地和清政府签了个《交收东三省条约》，约定在18个月内分三批把军队撤完，结果才撤完第一批就不动了。

它不动就算了，居然还反过来提出了非常无理的"七项撤军新条件"，这些条件实际上就是要从法理上独霸东北。

就在收到"七项条件"的第二天，清廷的外务官员就把这个信息透露给了日本驻华外交官。日本知道了，英国自然也就知道了，于是，英国就拉上同样反对中国利益被某国独占的美国，一起支持日本出头去向俄国施压。

但俄国不是当年的日本，管你几国干涉，老子就是不撤。而且因为在这件事情上主要出头的是日本，也就导致了日俄矛盾日益加剧，于是，东北亚的火药味便越来越浓。

对大英帝国来说，此时不管俄国退不退兵，反正日俄两国是彻底杠上了，再加上之前签好的盟约，他们在东北亚的棋局已经基本布置完毕，接下来就只剩下一个最核心的问题了：干俄国，日本它有这个能力吗？

破产式维新

1868年，日本松山藩的一个破落武士家庭里诞生了一个男孩，他在这个家里排行老五，取名为秋山淳五郎真之（后改名为秋山真之）。

这一年正好是日本开启明治维新的第一年，踏着改革节奏出生的秋山真之似乎运气不错。按照我们一般的认知，日本正是在明治维新的成功下一步步地成长为一个近代强国，这个小男孩也应该可以随着国运的上升而迎来越来越好的生活。

结果出生没多久，秋山真之就要被家里人送去寺院当和尚，这和信仰没多大关系，主要是因为秋山家有着一个和当时大多数日本家庭共同的特质——穷得揭不开锅。

面对这个刚出生的小儿子，他们甚至连双筷子都加不起，送去寺院当和尚成了这个小儿子唯一的活路。

和我们想象的不同，当年在明治天皇大刀阔斧的改革下，日本的发展并不是蒸蒸日上，而是飞速滑向破产的边缘。

虽然明治维新被定义为一个资产阶级性质的改革，但实际上，推动维新的主力并非资产阶级，而是日本的下层武士；维新的主要成果也不是资产阶级获得执政地位，而是推翻幕府，将权力归还给天皇，加强了日本的中央集权。

当然，加强中央集权对当时的日本意义重大，因为只有在中央集权得到加强的情况下，明治天皇才有力量在日本建立起一个近代化的国家体系。

近代国家体系厉害就厉害在它攫取和利用社会资源的效率远超古典王朝。于是，在废藩置县后，日本中央政府的财政收入达到了幕府时期的四倍。

一个人手头宽裕后就难免有搞事的冲动，明治政府也不例外，荷包充盈的他们挥舞着钞票，开始践行"殖产兴业"政策。

所谓"殖产兴业"，大致可以理解为"国家资本主义"，即政府动用国家资源亲自下场做生意，以期实现经济上的"弯道超车"。具体的操作就是成立大量的官办企业，这一点跟李鸿章搞的洋务运动其实差不多。

虽然集中力量确实可以做大事，但事情到底能不能做得成，最终还是看负责运营的有关部门水平怎么样。

事实证明，明治政府搞钱的水平很差，他们创办的官办企业大都经营不善、昏招频出。这样的结果自然是投入贼高产出贼少，然后亏了还要找国家去兜底，本质上只是靠烧财政去维持一个虚假繁荣。

对平民来说，靠财政烧出来的虚假繁荣跟自己毫无关系。因为市场缺乏真实的效益，大部分日本人收入极低，常年在温饱线上挣扎。

明治前十年，日本的农民暴乱接近200起，频率远超之前的幕府时期，社会经济更是百业凋敝，大量中小企业破产，整个国家陷入深重的经济危机。

在这种大环境下，底层老百姓要把儿子送去寺院当和尚也就不足为奇了。

如果说秋山真之和其他那些要被送去寺院的小孩有什么不同的话，那就是他有一个好哥哥——秋山好古。

秋山好古比秋山真之大9岁，他极力反对家人把弟弟送去当和尚。为了留住弟弟，秋山好古毫不顾忌自己武士出身的颜面，从14岁开始就去澡堂干活，从事各种最底层的工作，以此挣钱来补贴家用。

日本人都穷成这样了，却仍对维新的前景抱有巨大的期望，这种盲目乐观主义精神在世界上并不多见。

不过对一个19世纪的国家来说，经济不景气确实不等于一定没希望，因为它还可以出去抢。

那个年代的主题不是什么"和平与发展"，各国之间打打杀杀才是常态。所以，哪怕你平时再穷，只要憋足资源就可以尝试出去抢一波，成功了就能翻本。

而明治维新的目标本来就包括建立一支强大的常备军，为此日本还搭建了系统的军事教育体系。在对外战略上，明治政府继承了幕府时期的"征韩论",即把征服朝鲜半岛作为对外扩张的主要目标。也就是说,不管我现在的经济烂成什么样,只要以后我能把朝鲜半岛给吞了,我就仍然还是东北亚最靓的仔。

明治维新十年后,深陷经济危机的日本开始把更多的注意力放到军事发展上。为了增加军费,日本不惜掏空家底举债度日,其军费支出开始了持续十多年的上涨。

一个人的命运啊,当然要靠自我奋斗,但也要考虑到历史进程。

作为一个普通人,国家投资什么,你最好就去从事什么。所以,参军是19世纪晚期日本普通人的最好选择。其他的先不说,如果去读军校的话,不仅不用交学费,还有生活补贴可以拿。

秋山好古虽然从小就一直在干粗活,但并非粗人。他熟读四书五经,学习能力优秀,却因为没钱,只能去读免费的军校。他一路从陆军士官学校读到东京的陆军大学,拿到生活补贴后,便把弟弟秋山真之也接来东京读书。

秋山真之比哥哥更具文艺气息,完全就是个文学青年,他的梦想是读大学钻研文学,以后成为一代文豪。然而,对一个长期在贫困线上挣扎的个人或者国家来说,文学这个东西实在太过奢侈。

"你长大了,生活补贴要靠自己去领了。"秋山好古一脚踢碎了真之的文学梦,将他"扭送"进了海军士兵学校,于是,哥俩都端上了铁饭碗,生活开始好起来了。

依靠大量的借债和财政支出,日本在1895年打赢了甲午战争,不仅如愿吞掉朝鲜,还获得了清政府共计2.597亿两的赔款,大约相当于日本年财政收入的5倍。二十多年勒紧裤腰带的生涯,一朝回本,日本人拿着这笔巨款打算怎么用呢?

我们站在当时日本政府的角度来看,不难从它自身的发展历程中总结出这么一条规律——做生意好难啊，还是抢钱容易。

于是，这笔巨款的84.5%就被用到了军事上，尤其是海军。

这就没啥可说的了，以后接着抢呗。

19世纪末，穷困潦倒的日本平民开始大规模地去美国打工，当年日本的外汇有3%是靠这些出国劳工给汇回来的。这个时候的秋山真之也去了美国，但不是去打工，而是去留学。

秋山真之就读于安纳波利斯海军军官学校，其导师正是海权论的泰斗阿尔弗雷德·赛耶·马汉。

此外，留学期间的秋山真之还去现场观摩了在古巴进行的美西海战，目睹了西班牙无敌舰队的覆灭。

这一系列经历将这个日本青年军官的任督二脉彻底打通，从此以后，秋山真之对海战的理解超越了所有的日本同僚，甚至走到了世界海战理论的最前沿。

我们可以看到，大英帝国押宝日本并非完全没有道理。

日本平民的日子虽然过得苦哈哈，但日本这个国家却通过近代国家体系挖掘和动员了广泛的基层力量，并依靠"以战养战"的方式成功建立起一支聚集大量资源和优秀人才的军队。

明治维新后的日本军事发展离不开其全体国民的支持，所以，他们在这之后发动的所有战争都不存在所谓的"局外人"，不过这也是他们能够叫板俄罗斯帝国的底气所在。

再次狂赌

1894年甲午战争时期，日本海军最强的战舰仅为4000吨级的"吉野"号巡洋舰。这个水平的战舰如果单挑的话，连大清7000吨级的"定远"舰都啃不动，更不要提俄国人那一票万吨级的巨舰了。

所以，在拿到《马关条约》的巨额赔款后，不再差钱的日本人首先做的就是去各列强的造船厂买买买，而且买的大都是当时最新锐的产品。

到了1902年，也就是甲午战争8年后，日本已经获得6艘万吨级以上的主力战列舰和6艘接近万吨的装甲巡洋舰。这12艘全球一流的巨舰组成了日本的"六六舰队"。

6艘万吨级主力战列舰组成第一战队，分别是：

舰名	类型	吨位	航速	主炮
三笠	战列舰	15000	18	305 mm × 4
朝日	战列舰	15000	18	305 mm × 4
敷岛	战列舰	15000	18	305 mm × 4
初濑	战列舰	15000	18	305 mm × 4
富士	战列舰	12000	18	305 mm × 4
八岛	战列舰	12000	18	305 mm × 4

里面那4艘1.5万吨级的战列舰是按当时英国皇家海军自用的"可怖"级战列舰的标准来建造的，是全球最高的战列舰标准；其中的"三笠"号更是使用了克虏伯镍铬钢装甲，防护力更上一层楼。

6艘装甲巡洋舰组成次强的第二战队，分别是：

舰名	类型	吨位	航速	主炮
浅间	装甲巡洋舰	9700	21	203 mm × 4
常磐	装甲巡洋舰	9700	21	203 mm × 4
吾妻	装甲巡洋舰	9400	20.5	203 mm × 4
八云	装甲巡洋舰	9600	20.5	203 mm × 4
磐手	装甲巡洋舰	9700	20.5	203 mm × 4
出云	装甲巡洋舰	9700	20.5	203 mm × 4

这些成批购买的军舰有个好处，就是一个战队的主炮口径、射程、弹道都基本一致，航速也整齐，简直是强迫症患者的福音。

在战时只要主帅一声令下，战队就可以轻易地实现步调统一的行动，在强调阵型和火力集中的海战中优势极大。

除了"六六舰队"外，还有一些战斗力较弱的辅助战队，比如说在甲午海战中表现抢眼的"吉野"号就和另外三艘改进型姊妹舰组成了一支高速穿甲巡洋舰战队。

而令人叹息的是，在甲午战争中被日军俘获的原北洋水师"镇远"号铁甲舰，也在一番大规模改装之后加入了日本联合舰队。

整个"六六舰队"的建设操作下来，包括买船、建设造船厂、建立海军学校等，总共花了日本人2.8亿日元，其中的1.69亿日元来自中国的赔款。

这个世界就是这样，你如果舍不得给自己的军队花钱，那么早晚会有人过来帮你花。

尽管有中国的赔款打底，这么个买法也已经把日本的身体掏空。然而，买红了眼的日本人根本停不下来，他们在1903年又想再来三艘战列舰和三艘装甲巡洋舰，再整一支"三三舰队"。

奈何当时的军火市场已然没有现货，买家扫货实在太疯狂，列强的造船厂根本忙不过来，日本人只得作罢。

手握6艘一流战列舰的日本海军能不能压过俄国海军呢？

很遗憾，还是不行，实际上差得还挺远。

日本再怎么疯狂砸钱，它充其量也只是个暴发户，人家俄国可是一个老牌强国。你日本虽然一口气就买了6艘战列舰，但俄国的港口里早早就停着16艘战列舰，还有另外5艘正在赶工建造。

俄国的16艘战列舰：

舰名	排水量（吨）	航速（节）	主炮 数量×口径/倍径	副炮 数量×口径/倍径	完工年份	舰队基地
亚历山大二世	9500	15.3	2×305mm/L30	4×228mm+8×152mm	1891	波罗的海舰队
尼古拉一世					1891	波罗的海舰队
十二使徒	8709	15.7	4×305mm/L35	8×152mm/L35	1892	黑海舰队
纳瓦林	10206	15.5	4×305mm/L35	8×152mm/L35	1896	波罗的海舰队
三圣人	13318	17	4×305mm/L40	8×152mm/L45	1898	黑海舰队
伟大的西索伊	10400	15.7	4×305mm/L40	6×152mm/L45	1896	波罗的海舰队
罗斯季斯拉夫	8880	15.6	4×254mm/L40	8×152mm/L45	1898	黑海舰队
彼得罗巴甫洛夫斯克	11354	16.5	4×305mm/L40	12×152mm/L45	1899	太平洋舰队
波尔塔尔	11354	16.5	4×305mm/L40	12×152mm/L45	1899	太平洋舰队
塞瓦斯托波尔	11354	16.5	4×305mm/L40	12×152mm/L45	1899	太平洋舰队
佩里斯维特	12683	18.5	4×254mm/L45	11×152mm/L45	1901	太平洋舰队
奥斯里雅比亚	12683	18.5	4×254mm/L45	11×152mm/L45	1901	波罗的海舰队
胜利	12683	18.5	4×254mm/L45	11×152mm/L45	1902	太平洋舰队
列特维赞	12900	18	4×305mm/L40	12×152mm/L45	1901	太平洋舰队
波将金	12582	16.6	4×305mm/L40	16×152mm/L45	1903	黑海舰队
皇太子	12915	18.5	4×305mm/L40	12×152mm/L45	1903	太平洋舰队

这就是底蕴。

不仅如此，俄国为了确保万无一失，同样也开始突击烧钱搞军备竞赛，不仅自己的造船厂马力全开，还和日本一样满世界买买买，恨不得把日本嘴里的肉都给抢走。

其他列强对此倒是喜闻乐见，因为这一波下来，他们的造船厂赚得盆满钵满。除了英国要下一盘大棋只卖日本不卖俄国以外，法德美这仨是毫无"大棋意识"，两边都卖，你不来我这买还不高兴。日俄有时甚至会为了讨好列强而刻意给各家都匀一点订单。

所以，日本想靠战前爆发一下就在军队数据上超越俄军是不可能的，双方的实力对比可谓是云泥之别：

俄国拥有人口1.4亿，常备陆军104万，后备役375万，包括战列舰在内的各型舰艇200余艘。而日本仅拥有人口4400万，陆军37万，后备役200万，各型海军舰艇80余艘。

俄国虽然兵多将广，却也有着一个巨大的劣势——他的军队是分散的。

俄国的军舰分散在波罗的海舰队、黑海舰队以及太平洋舰队三支舰队里。这三支舰队离得非常远，很难互相支援。

俄国陆军的部队则大部分驻扎在欧洲这一头，远东驻军仅有十几万，在西伯利亚洲际铁路贯通前，大规模调动军队和物资还是比较耗时的。

日本则可以很轻易地把海陆军主力一次性投到远东战场，在俄国援军抵达前形成一定数量的局部优势。

无论日本怎么计算兵力，真正的关键都是海军的成败。因为日本是个岛国，所有的力量投送都要依靠海洋运输，如果海军赢不了，怎么算都是白搭。

"第零次世界大战"

虽然日本的备战远比俄国积极得多，但对这个毫无战略纵深的岛国而言，要真正做出开战的决定并不容易。这又是一场押上全国身家的豪赌，而且赌的还是一个小概率事件。

日本唯一的机会，无非就是俄国现在还没有把所有的军舰都派来东亚，旅顺港里的那支俄国海军仅仅是一支分舰队。

然而，这个优势不是绝对的，虽然"天各一方"的俄国海军互相支援起来很麻烦，但是"麻烦"不等于"做不了"。如果战端一开，俄国必然会排除万难从其他海域调来增援舰队。也就是说，日本海军注定要在战争中对付两倍于己的敌军。

海战没有地形因素，打起来就是简单的列阵对轰，一挑二的话当然毫无胜算。

不过日本并不是一个人在战斗，他的背后站着英美。此时日英美已经形成了一个事实上的三国同盟。而且值得一提的是，日本和英国在1902年签的那个同盟条约是有期限的，有效期是5年。

资深搅局者大英帝国早就已经表明了态度：朋友，请在5年内动手。

当然，俄国也不孤单，他的背后站着法德，不过这两个国家支持俄国的理由比较复杂。

法俄本来就是盟友，而且法国认为俄国在中国坐大可以牵制住德国，让其陷入两线作战，这样自己就可以在欧洲对德国取得优势。

德国的逻辑就更绕了，它与俄国并非朋友，但仍然支持俄国在远东扩张。其主要原因是希望俄国能在这里干票大的，最好干掉日本后再继续和英国打起来。这样俄国势必将大量部队从欧洲调往远东，于是，德国在欧洲面对法俄联盟的压力就减小了。

20世纪初的欧洲国家全是大棋党。

这场战争虽然被称作"日俄战争"，但实际上参战的双方是日英美和俄法德，正好是海权阵营和陆权阵营，囊括了当时这个星球上最重要的国家，再加上作为战场的中国，今天的五大常任理事国全在里面了。所以，这场战争也被后世的一些学者称为"第〇次世界大战"[①]。

现在气氛已经烘托到这了，日本兜里的那些中国赔款也已经见底，而俄国的备战才刚刚开始发力，更重要的是，战略大杀器西伯利亚洲际铁路快通车了……

---

① Steinberg John W. 2005:*The Russo-Japanese War in Global Perspective: World War Zero*（《国际视角下的日俄战争：第〇次世界大战》）:Brill Academic Pub.

第六章 东北大战(上)

这条铁路一旦通车,驻扎在欧洲的百万大军可是说来就来,枪炮弹药更是源源不断。真到了这一步日本也就没必要折腾了,直接快进到下跪求饶就完事了。所以,现在每拖一天,俄国胜率都会增加一分,在这个节骨眼上,日本要么马上梭哈①,要么就此收手退出江湖。

当然,对日本这种专业赌徒来说,收手什么的不存在的。1903年底,群情激昂的日本统治者悬崖不勒马,拍板梭哈!

日本准备在这个时间段动手其实是个不错的选择。因为俄国在过去的十几年里为了修建洲际铁路消耗了大量国力,砸进去几乎一半的财政收入。现在工程接近完工,但国力还没开始回升,正是这个国家最疲敝的时候。此时对俄国动手,颇有点"趁你病要你命"的意思。

日本财政很快打出最后的子弹,给军队发了一笔应急拨款。日本的大使则捧着这笔钱火急火燎地满欧洲寻找"漏网"的军舰现货,他们首先扑向英国的阿姆斯特朗造船厂,这里有两艘因为智利毁单而被摆上货架的战列舰。

看到日本这个狼吞虎咽的样子,俄国感到事情并不简单,于是,俄国也挥舞着钞票嗷嗷地撵了上来,直接跟日本在英国船厂里怼上了。

看着两波竞起价来不要命的买家,船厂老板乐不可支,不过英国政府谁都不想得罪,最终自己咬牙把这两艘船高价买了去,二位谁也别惦记了。

扑了个空的日本只好退而求其次,又跑到意大利船厂里买了两艘因阿根廷毁单而被摆上货架的装甲巡洋舰——7600吨的"加里波第"级。

因为害怕这次又被俄国盯上,所以,日本人连价都没还,直接第一时间高价拿走,并将其命名为"春日"号和"日进"号。

加上这两艘新买的装甲巡洋舰,日俄海军主力舰在战前的实力对比为:

---

① 梭哈,网络流行词,原意来自扑克游戏"梭哈",指的是将全部资产作为赌注,孤注一掷的行为。

日方联合舰队拥有6艘战列舰和8艘装甲巡洋舰。

俄方太平洋舰队拥有7艘战列舰和4艘装甲巡洋舰，波罗的海舰队可以开过来增援的军舰有4艘战列舰和1艘装甲巡洋舰，另外，造船厂里面还有5艘即将完工的新型战列舰正在加班建造。

虽然日本军舰的数量在远东地区暂时有一点点优势，但考虑到俄国波罗的海舰队肯定会增援，所以，日本海军的整体劣势依然巨大。按照传统的战术理念，这其实是一盘死棋。

在这种情况下，日本海军大臣山本权兵卫想到了美国海权泰斗马汉在日本的亲传弟子秋山真之。这个老弟理念新潮，还有一肚子洋墨水，没准能有办法。

于是，在日本海军大学任教的秋山真之就被山本权兵卫推荐给了联合舰队（日本海军在战时的编制，因集合了全国各地的舰队而得名），并被任命为常备舰队参谋，全权负责制订和实施与俄国海军决战的具体方案。

1904年2月5日，日俄正式断交。一天后，接到调令的秋山真之以第一舰队参谋的身份登上了日本联合舰队的旗舰"三笠"号。在这里，这个曾经一度要被送去当和尚的文学青年，即将亲手改变20世纪初的世界格局。

| 小插曲：

1891年，酝酿多年的俄国史诗级工程西伯利亚洲际铁路终于要在海参崴开工，它带给列强的震动不亚于苏伊士运河。如此意义重大的项目，其开工典礼上自然少不了大人物的参加。

22岁的俄国皇太子尼古拉便被父皇委以重任，去海参崴主持这场万众瞩目的典礼。

此次前往海参崴的路线是走海路，需要坐船绕过大半个地球，这样

第六章 东北大战（上）

正好可以让年轻的皇太子去列国周游一番混个脸熟，同时还能登上全球报纸的头版头条，毕竟人还是挺帅的。

于是，一大票随从共30来号人前呼后拥地围着皇太子，提前大半年就浩浩荡荡地出发，沿途访问了希腊、埃及、印度、锡兰、新加坡、中国和日本等地，受到各国最高规格的接待。皇太子自己也兴奋不已，甚至还写下了一路上的游记见闻。

值得一提的是，访问希腊的时候希腊王子和尼古拉成了朋友，他干脆登上俄国的舰船，陪着尼古拉继续后面的旅途。

到达海参崴前的最后一站是日本，俄国船队抵达日本的当天，港口内的全部船只都高悬俄国国旗以示最高规格的欢迎礼仪。

这个世界对这位俄国太子来说就是一个美好的伊甸园，到处充满欢声笑语，人与人之间友好而和善，甚至还有艺伎陪伴。于是，两位王子在日本吃喝玩乐了多日，心情十分愉悦。

此时徜徉在日本街头的尼古拉大概会在心底冒出这样的想法，全人类原本就应该是一家吧……

紧接着一把刀就劈到了他的脑袋上……还是连续两下。

这是载入史册的一幕——负责安保的日本警察当街砍杀俄国皇太子。

脑门上血流如注的尼古拉顾不得皇家仪态，赶紧跳下车连滚带爬地夺路而逃。刺客也紧追不舍，准备再补上第三刀，关键时刻旁边的希腊王子挥舞拐杖一棍子把刺客敲倒，这才让尼古拉脱离险境。

于是，帅了一路的俄国皇太子注定只能在脑门上绑着绷带去参加开工典礼。这两刀把尼古拉拉回了现实——人类世界是一个黑暗森林，对方随时想弄死你。

因为此事发生在日本大津市，所以，被后世称为"大津事件"。

西伯利亚铁路的修建绝对不是什么普天同庆的事情，它对日本来说

175

差不多是灭顶之灾。

日本评论家大石正已就公开说过："西伯利亚铁路将席卷日清韩三国，并逐英国于太平洋之外，而日本的寿命将随着西伯利亚铁路之延长而缩短。"

根据该作案警察的供述，他的动机是要"给俄国一个下马威，断绝其东侵之念，以此表达自己对天皇的忠诚"。

这才是日本人笑脸之下的真实态度。日本人的脑回路也确实奇葩，一方面整天嚷嚷着要效忠天皇，另一方面具体怎么做才叫效忠又完全看自己的心情，这是把"效忠天皇的最终解释权"拿捏得死死的。

明治天皇被这波操作吓得够呛，他只得骂骂咧咧地狂奔几百公里去亲自向俄国皇太子登门道歉。

为挽回不利影响，日本从议会到县市都纷纷向皇太子以及沙皇发电报致歉，全国各神社寺院也为皇太子的康复进行祈祷。

更离谱的是，有个叫羽山优子的日本女子居然跑到京都府厅面前自刎以向俄国皇太子谢罪，人称"穗州的烈女"。

不过这些行为对尼古拉来说已经没有任何意义。

日本人之前刺杀他是因为反对俄国扩张，现在跑来道歉是因为害怕俄国扩张，这只是一枚硬币的两面罢了。正所谓"弱则笑脸相迎，强则图穷匕见"，这就是尼古拉要面对的对手。

"大津事件"虽然最终并未造成太严重的后果，但却让这位俄国皇太子对日本的好感荡然无存，他后来经常当众骂道："日本人就是一群东方的猕猴！"

三年后，尼古拉登基，成为沙皇尼古拉二世，俄国开始坚决地执行东进战略。

第七章

东北大战（下）

第七章　东北大战（下）

"棋盘"的选择

1901年，被八国联军欺辱后的清政府终于意识到，那些古典陆军在近代陆军面前就是一捆韭菜。

于是，清政府便在这一年开始推行常备军制，并命袁世凯按照近代陆军的标准建设北洋常备军。

到1904年，清朝已经获得了三镇的近代陆军，总共3.75万人。

而此时在东北对峙的日俄双方，日本拥有近代陆军37万，后备役200万，俄国拥有近代陆军104万，后备役375万。

这两个国家对清朝来说就是两只巨大的怪兽，谁也惹不起。如果说日本是英美的棋子，那大清在这个时候顶多只能算是个"棋盘"。

泱泱大清，何去何从？

在存亡面前，尊严只是一个奢侈品，大清在这个时候主要考虑的是怎么在两个强盗之间选边站。

既然两个都是强盗，怎么选有区别吗？

区别还是有的。

虽然日俄两国的目标都是东北，但是由于各自的实力不同，具体的诉求并不一样。俄国在1903年底曾向日本提出过一个自己可以接受的和平方案，这个方案的内容基本是这样的：

整个东北归俄国，北纬39度以南的朝鲜半岛归日本，北纬39度以北的朝鲜半岛就作为两国缓冲区，谁都不进入。

而日本提出的底线是这样的：

朝鲜半岛全部归日本，奉天省（现在的辽宁）作为两国缓冲区，东北的北部可以归俄国。

先不说日俄能不能谈妥，反正在清政府看来这个局势就很明了了，俄国要赢了整个东北就都没了，如果赢的是日本，那多少还能留点。

晚清名臣张之洞的话就非常有代表性："东联日，西联英，虽两国必索利益，然总胜俄信义全无，公然吞噬者！"意思就是联合日英，虽然会被这两个国家索取利益，但总比全部利益被俄国吞噬的好。不仅如此，张之洞甚至还建议请专业的日本军官来带领中国士兵去参战。

这些意见现在听起来非常离谱，但在当时却是大清朝野的主流思路。

问题是清政府对日本能够战胜俄国并没有信心，因此还不敢在明面上支持日本，害怕日本战败会连累自己。在这种情况下，深知己方军队几斤几两的袁世凯就提出了"局外中立"的主张。

思虑再三，清政府最终的操作是这样的：一方面他们在战前向两国递交照会，承诺若是两国开战，自己将保持中立；另一方面则偷偷给予日本各种帮助。

随着中国的暗中加入，日俄战争实际上变成了一场日英美中对俄法德的七国大战。

那么，俄国在战前对这个复杂的局势是怎么预判的呢？

俄国认为，不用整这么复杂，日本根本就没那个胆。

俄国虽然也一直在做着备战工作，但在思想上严重托大，现在两国都已经断交了，它仍然认为日本只是虚张声势，不相信这个弹丸小国真的敢宣战。

这个判断可以说是半错半对，日本断交绝非虚张声势，但日本也确实没打算宣战。实际上，日本的战争辞典里大概就没有"宣战"这词。

一挑二

海战有一个特点，战争资源高度集中在几艘主力战舰上。两国之间海战的胜负，其实主要就是看那几艘主力战舰单挑的结果。

而战列舰就是那个时代海战的头号主力。

对日俄双方来说，在俄国增援舰队抵达之前，战局走向主要就是看日本联合舰队的6艘战列舰和俄太平洋舰队的7艘战列舰能打成什么样。

和陆战中动辄死伤数万人才能决定战争结果不同，海战双方但凡多一艘或少一艘战列舰，就可能影响整个战争的结局。

远东地区的俄军战列舰比日军多一艘，而日本的战列舰质量更好，且装甲巡洋舰数量占优，可以算略占优势。但是，日本海军仍然感觉压力巨大，因为它头上还悬着一把达摩克利斯之剑——俄国随时可以把波罗的海的舰队调过来增援。

波罗的海舰队有4艘战列舰，再加上船厂里即将完工的5艘新式战列舰，俄军理论上可以再派9艘过来，这样就可以在远东地区凑出16艘战列舰。

6对16，还打什么？

即使考虑到日本战舰的平均战斗力更强，双方总体战力比也至少是1∶2，这在海战中是毫无胜算的。

所以，在整个日俄战争中，日本海军的主要目标就是避免"一挑二"的情况出现。

怎么避免呢？基本思路就是打个时间差，在你增援到达之前，先把你在旅顺的太平洋舰队干掉，而且这个过程中自己的损失还不能太大，然后再转过头去对付后面的增援舰队。

这波极限微操①几乎没有任何容错空间，所以，什么骑士道武士道都统统顾不上了，反正是不打算要脸了，怎么划算怎么来吧。

既然如此，那当然是乘人不备搞偷袭最划算。

日俄是在1904年2月5日断的交，2月6日晚上日本海军就完成了最后的作战部署。2月9日中午，日军首先派出舰队把一艘在朝鲜撤侨的俄高速穹甲巡洋舰"瓦良格"号给围了。

人家一艘执行撤侨任务的军舰，愣是在非战争状态下被围殴至重伤自沉。按理说俄军马上就要暴跳如雷。

然而，由于当时通信技术不发达，一直到当天晚上，俄太平洋舰队还不知道发生了什么。旅顺港里的俄军仍然沉浸在"日本人没那个胆"的气氛中，军官们的酒会开得飞起，甚至还大大咧咧地把主力舰停在外港，并未龟缩。而日本的鱼雷艇编队在此时已经摸黑杀了过来。

就在俄国人大口喝伏特加的时候，日军鱼雷艇齐射了16发鱼雷，其中3发命中，直接干废了俄国2艘战列舰和1艘穹甲巡洋舰。这3舰虽然没有彻底沉没，但已经重伤无法作战，被迫开始长达数月的大修。

俄国人一觉醒来，旅顺能动的战列舰7变5，废掉的那两艘还是舰队里性能最好的进口货。气急败坏的俄国当即宣战，旅顺总司令斯塔克海军上将就地解职，俄军兵马未动司令先没。

---

① 细微操作，游戏术语。

此时拥有6艘战列舰的日本联合舰队获得了暂时的优势，可谓形势一片大好，就等着愤怒的俄国海军杀出来大干一场。然而，日本人左等右等，俄国人死活就是不出来。

这虽然不符合俄国人的气质，但也是正常的结果，毕竟人家舰队里的"大哥"和"二哥"刚刚重伤住院，总司令还被撸了，自然是没有心情出来跟你决战的。

而时间是日本的敌人，因为俄国的援军随时会启程，那几艘在维修的战舰也早晚会修好。

于是，日本舰队只好尝试硬闯港口。但是，俄国人在旅顺重金打造的这个远东第一要塞也不是吃素的，这里的岸上布满了威力巨大的岸防炮，狭窄的入海口还漂着水雷，日舰队强攻了一下就差点把自己送走，只得作罢。

战事就这样陷入了僵局，日本海军集体抓瞎，只能寄希望于参谋们拿出新办法，尤其是那个一肚子洋墨水的先任参谋（先任参谋是日本海军中地位仅次于参谋长的参谋）秋山真之。

秋山的锦囊

秋山真之曾赴美留学，他在美国进修期间最期待的事情自然就是拜访海权泰斗马汉，如果能直接从马汉身上学到最新的海战理论，那以后到了战场上还不是横着走？

结果马汉并没有教给他什么具体的战术，而是让他去看各种战争历史资料，推荐的都是《战争艺术》之类的书籍，还跟他说课堂上教的东西其实没啥用，战争的原理都差不多，要多从以前的战争中总结经验，

183

汲取灵感。简单地说，就是你自己去悟吧。

问题是要自个悟的话，犯得着专程来一趟美国吗？秋山真之万里迢迢来求学，马汉就这么虚头巴脑地对付，是不是在故意敷衍呢？

其实还真不是。

马汉这么说，一方面是因为他看问题的角度本来就比较高大上，另一方面还有一个很现实的原因，就是当时的海战理论研究确实碰到了一个尴尬的局面——军舰技术的发展速度太快了。

秋山真之到美国的时候，列强海军已经普遍装备了万吨级以上的"前无畏舰"，炮弹已经可以烧毁钢铁。在三十多年前，蒸汽铁甲舰还是又慢又丑的铁乌龟，炮弹还是实心铁球。事实上，直到二十多年前世界上才出现第一艘可以远洋航行的蒸汽铁甲舰（英国"蹂躏"号铁甲舰）。

那个年代的军舰升级速度堪比现在的手机更新速度，而每一次技术的升级就意味着战术的变革，经常是旧的战术还没摸透，新的技术又来了。至于这些新玩意到底怎么用才能发挥出最大威力，谁也不知道，你问马汉也没用。

对秋山真之来说，现在既然行业领头人都说上课没啥用，那自然就可以安心地翘课了。于是，他在整个留学期间就没怎么上过课，大部分时间都在图书馆里自学马汉推荐的书籍。

不过真到了实战中，具体的战术设计又需要进行大量的数据处理，你得把军舰的位置、速度、吨位、射程、火力、海面情况等各种参数考虑进去，和做数学题差不多。

这可把秋山真之这个文学青年折腾得够呛，他登上旗舰"三笠"号后就进入了沉浸式解题模式，平时澡也不洗胡子也不刮饭也不吃，整日冥想打坐，最后总算是拿出了一个应对俄军龟缩的办法——闭塞作战。

这个战法的原理是这样的，日本海军急着和俄太平洋舰队决战，主要是为了避免出现"一挑二"的局面，但就这个目的而言，消灭太平洋舰队并非唯一的办法，其实只要确保它出不了港，日本海军一样可以成功避免"一挑二"。

那怎么才能让它出不来呢？把出海口堵住就行了。旅顺港的出海口仅有290米宽，如果能用一些舰船自沉去堵住出海口，就能把太平洋舰队封印在港口内，这样日本海军就可以心无旁骛地和俄国援军决战了。

这个办法听着不错，就是实施起来比较废命。

那些用来自沉的舰船自然没有什么性能可言，水手们需要冒着猛烈的岸防炮火把这些破船开到自沉地点，危险性可想而知。

实战中大部分船只都没那个命冲到目标位置，就算沉了也未能彻底堵住出海口，还造成了大量伤亡，秋山真之遭遇当头一棒。

就在日本人还在轮番往港口送命的时候，俄国的新司令已经坐着火车来到旅顺。这个人来头很大，是俄国海军德高望重的"军神"马卡洛夫，他的到来让俄军士气为之一振。

极限兑子[①]

马卡洛夫对人类海战的理论和技术都做出过巨大贡献，他曾在俄土战争中大放异彩，并创造了人类首次利用鱼雷击沉敌方军舰的纪录。

这位经验丰富的老将早在1月份就发电报提醒太平洋舰队，让其注意防备日本鱼雷艇的偷袭，可惜没得到重视。后来真的被偷袭了，俄国高层才慌慌张张地跪求老江湖出马救急。

---

① 中国象棋术语，指执棋双方进行子力交换。

猛人注定不同凡响。马卡洛夫到任的第三天就率军主动出击，俄军也从此一扫颓势，在后来的一个月里连续多次主动进攻港口附近的日本舰队，逐步从消极防御走向积极骚扰，给围困旅顺的日军造成了巨大的消耗。

这可以说是以一人之力挽狂澜于既倒，此时的马卡洛夫站在旗舰"彼得罗巴甫洛夫斯克"号战列舰上，轻蔑地看着远方的日本舰队，他的身形无比伟岸，他的四周在刹那间迸发出耀眼的光芒。

他踩中了水雷。

1904年4月12日，俄太平洋舰队旗舰"彼得罗巴甫罗夫斯克"号战列舰在一次出击中不慎踩中日军偷偷布置的水雷爆炸沉没，马卡洛夫瞬间见了上帝。

人生大起大落实在太过刺激。俄军官兵们得知自己的司令官被炸之后彻底萎靡。

尽管到5月份的时候，俄军那两艘战列舰"大哥"和"二哥"已经修好，但俄国人再也没有了出港作战的心气。

马卡洛夫的继任者维特格夫特海军少将的态度非常明确，这一次坚决躺平，说什么也不出去了。

面对彻底认怂的俄军，日军只能再次"望港兴叹"，它唯一能做的就是用主力舰的巨炮蹲在岸防炮的射程外朝港口漫无目的地开火。

这种攻击毫无命中率可言，基本上等同于行为艺术，不过打着打着也就打成了习惯，之后日军每天都派几艘主力战舰过来打几炮。

俄国"阿穆尔"号布雷舰的舰长伊万诺夫是个细致人，他注意到日本海军对旅顺港的骚扰行为很有规律：老是走那几条固定航线过来放几炮就走。于是他主动请缨，前往日舰出没的海域布雷。"阿穆尔"号在5月14日借助大雾的掩护偷偷驶出旅顺港，违抗了上峰"不得出海超过9

海里"的命令，前出到15海里处日舰常走的航线上，神不知鬼不觉地布设了水雷。

5月15日，以"初濑"和"八岛"2艘战列舰为首的5艘舰船编队又大摇大摆地来骚扰旅顺，结果一声巨响，"初濑"号踩雷了……

不过这颗水雷并没有把"初濑"号炸沉，只是把它炸瘫。旁边的"八岛"号战列舰见状赶紧过来营救，挂上拖绳要把初濑号拖回基地。

在拖曳过程中，倒霉透顶的"初濑"号又踩响了第二颗水雷，这一发就比较干脆了，直接引爆了该舰的弹药库，全舰一命呜呼……

事已至此，无可奈何的"八岛"号只好抹抹眼泪转身撤退，然后一声巨响，也踩雷了。

尽管"八岛"号舰上的水兵全力奋战堵缺口，但还是止不住舰身进水，该舰最终于当夜22点沉没在返航途中。

日本掏空身体总共就买了6艘战列舰，这一下就被3颗水雷换了俩。

此时另外几艘日舰已经吓哭，生怕俄军主力趁机杀出港来把它们团灭，于是，便慌不择路地往家逃。

当夜正值大雾，逃跑途中惊魂未定的"春日"号装甲巡洋舰直接撞到了"吉野"号的腰部，其坚硬的撞角展现出了巨大的威力，"吉野"号这艘日本的甲午海战功勋舰二话没说就沉了。

"吉野"号十年前躲过了"致远"号的撞角，这一次终于被"春日"号的撞角弥补了遗憾。

算下来日本这一天之内损坏的战舰吨位高达三万吨，已经超过了甲午海战时日本联合舰队的总吨位……

俄军司令维特格夫特海军少将啥都没干，就成了日俄战争中战绩最好的俄国司令官。

日军战列舰一夜之间6变4，战力直降三分之一，整个海军已经接近投子认负的边缘。

这两艘战列舰的舰长回到基地时已呈呆若木鸡状，各自的小刀也已经准备好，正打算向舰队司令汇报完后就切腹。

日本联合舰队的总司令是东乡平八郎，此人曾在甲午海战中指挥"浪速"号巡洋舰击沉中国运兵船。到日俄战争前，东乡已经接近退休，正准备安度晚年的他硬是被拉出来担任联合舰队的总司令。

把他拉出来担当重任并不是因为他的作战能力有多强，而是因为他的执行力强，俗称"老实听话"。

联合舰队那6艘金贵的战列舰就是日本的全部身家，只有把它们交到东乡平八郎这种听话又稳重的人手上，高层大佬们才能睡得踏实。

结果现在决战还没开始就先送了2艘，东乡平八郎看着自己面前这两个颤颤巍巍的舰长，并未发作，而是平静地给他们端了点心，倒了两杯酒，安慰道："辛苦了，别放弃，仗还要打下去。"

不计较沉没成本，这就是大将之风。

这种大将之风稳住了军心，官兵们表示情绪稳定，可以继续执行任务，然后才过了3天就又有一艘驱逐舰"晓"号触雷沉没，同时"赤城"号驱逐舰又撞沉了友舰"大岛"号，日军战力跌入谷底。

联合舰队不到一个星期就热热闹闹地送走了自己的5艘战舰（2战1巡2驱），而且在这整个过程中连俄舰的影子都没见着，全是它们自己的独角戏。

更糟的是，这个时候沙皇已经正式将波罗的海舰队编组为第二太平洋舰队（旅顺的太平洋舰队之后称为"第一太平洋舰队"），真的准备驰援旅顺了。

日军头上的达摩克利斯之剑结结实实地砸了下来。

不同于海上的僵持，这时候陆地上的战斗已经打得天昏地暗。日军水陆并进，强渡鸭绿江和登陆辽东半岛，向辽阳和旅顺的方向进军。

日本陆军在战场上的表现只能用一个"莽"字来形容，打起来从不留预备队，战术就是把所有部队一股脑全部压上去，科班出身的俄军表示非常不适应。

由于俄国人按常理推断日军还有预备队，一直高估了日军的兵力，导致其在战场上很容易因信心崩塌而撤退。随着一顿乱拳打死老师傅的操作，日军在8月份打到旅顺外围。

眼看旅顺就要不保，沙皇在8月7日电令第一太平洋舰队突围。梦游了几个月的舰队司令维特格夫特海军少将这下慌了神，缩头乌龟当不成了，只能硬着头皮出海。

然而，术业有专攻，维特格夫特的特长是躺平，你非让他站起来去搞事，他不专业。

此前他一直龟缩，不知道港口外发生过什么，一直到舰队从旅顺突围时候才发现前来拦截的日本舰队居然莫名其妙少了2艘主力战列舰，顿时信心大增。

双方战列舰排成战列线，第一次开始正面较量猛烈对射。这是水平最接近的一次海战。

一开始，大哥和二哥配合默契，作战勇猛，把日军旗舰"三笠"揍到半残。"三笠"重伤，主炮管被打断。

但关键时候日军运气爆发，一发305毫米重型炮弹刚好命中旗舰"皇太子"号的指挥塔，舰队司令维特格夫特当场升天，和马卡洛夫一起归西。

俄国舰队司令官又没了，这个工作确实是高危职业。

更郁闷的是，旗舰"皇太子"号还因为航海室（驾驶室）被炸，舵手毙命，舵轮卡死，导致整条军舰开始原地乱转。

看着旗舰这一通乱转，跟随在后面的俄舰彻底慌了，失去了指挥，一团乱，只得又纷纷掉头撤回港内。只有少数舰只凭借高速突围成功。

等"皇太子"号的船员好不容易把船控制住了，才发现自己已经是个"光杆司令"。单枪匹马肯定是无法突围的，他们只好扭头开去青岛，向侵占青岛的中立国德国投降（德国虽然暗中支持俄国，但明面上的立场是中立）。

另一方面，俄国的海参崴分舰队为了策应旅顺的主力突围，把自己压舱底的3艘装甲巡洋舰派过来增援。结果旅顺主力跪得实在太快，等这3艘战舰开过来的时候友军早没影了，招呼它们的全是日舰。

最终这3艘装甲巡洋舰被围殴至一沉两伤，狼狈撤回海参崴，史称"蔚山海战"。

于是，兜兜转转又回到了原点，俄海军又龟缩了，日海军又抓瞎了。

地球另一边的第二太平洋舰队此时已经蓄势待发，日本人现在所有的希望都寄托在攻打旅顺的陆军身上了。

内讧型军队

日本陆军在作战时有一个客观的优势——它在东北几乎享受着主场待遇。

这主要得益于清政府对它的暗中支持。比如说清廷派了十几名军官与日本情报人员组成了"中日混合侦探谍报队"，其中一个叫吴佩孚的军官屡立战功，甚至还获得日本授予的"单光旭日勋章"。

而清政府负责防守中立区的直隶总督马玉昆更是直接向破坏俄国铁路的日本特战队提供经费和军火，并允许日军行动人员混入清军兵营寻求庇护，甚至还招募马贼攻击俄军。

事实上，俄国也多次向清政府投诉，称发现有清军向其发起进攻，不过清政府就是嘴硬不承认。至于作战各方给当地百姓带来的深重灾难，清政府就更无暇顾及了。

当然，日军能在陆地上打得这么热闹，主要还是因为俄军主动放弃了制海权。海权和陆权向来相辅相成——你躲进港口不出来，我就可以放心地往岸上运兵。

所以，日本人进攻旅顺的最优战略就是海军和陆军通力合作、互相掩护，一起从海面和陆地发起攻击。

然而，对这样的最优选，日本海军是拒绝的。

日本海军从一开始就不让日本陆军攻击旅顺，只要求它包围旅顺即可，甚至连陆军的运兵船也懒得去保护，导致陆军有数艘运兵船被俄国海参崴的游击舰队击沉，大量士兵和重型装备在家门口喂了鱼。

而这仅仅是因为日本海军不想让日本陆军抢了消灭太平洋舰队的功劳。

这就是日本军队一个有趣的地方——海军和陆军不是一家的。

这两拨人长期以来各自为战，关系紧张，明争暗斗更是连续不断。平时不要说协调配合，不互相打起来就不错了。

这个情况在我们看来是属于典型的无组织无纪律，一个国家的军队搞成这个样子难道就没人管吗？

这件事还真没法管，因为它其实是日本近代化改革不彻底而导致的必然结果。

我们中国人有句老话叫"不破不立"，然而，在人类世界迈入现代文明的过程中，真正能实现不破不立的国家如凤毛麟角。大多数国家的变革都是像日本这样的，充满了各种妥协和利益勾兑。

191

变革中的妥协越多，代价自然越小，但同时隐患也越大。

明治政府的军队并不是一支从零开始按近代化标准建立的军队，而是由倒幕运动中支持天皇的军阀部队改造而来。日本军队的建立过程与其说是建军，不如说是分蛋糕。

长州藩和萨摩藩在对抗幕府的斗争中是天皇的坚定支持者，天皇拿到实权后，就把陆军统制权赏赐给了长州藩，把海军统制权赏赐给了萨摩藩。也就是说，日本的陆海两军虽然名义上是日本的国家军队，但根子上是两支独立的军阀部队。军阀部队直接拿来用，方便是方便了，但长期看却无异于饮鸩止渴，因为枪杆子根本就没有掌握在中央政府的手里。

随着时间的推移，日本的军部便逐渐凌驾于政府之上，这个国家在后来滑向军国主义也就不可避免了。

就长州藩和萨摩藩而言，这两股力量虽然都支持天皇，但互相之间却是世仇。

所以，我们就看到了现在的局面，明明有更好的作战模式，海军偏偏就是不用，非搁那自己折腾，又是偷袭又是闭塞又是诱敌，折腾到最后把自己的两艘主力舰都给折腾没了。

事到如今已经没有继续折腾的空间了，因为地球另一边的俄国增援舰队已经在向日本人招手了。

两害相权取其轻，向仇人低头总比自己送人头好。于是，海军只得拉下脸面，勉为其难地请求陆军攻打旅顺要塞，这才有了日军8月份打到旅顺外围的局面。

如果不是内讧，日本陆军完全可以提前几个月攻到这里，而俄军则正好利用这几个月加强了要塞守备。

被动贻误战机的日本陆军只得骂咧咧地踏上战场，为了对付旅顺要塞这块硬骨头也祭出了自己的王牌——被日本陆军称为军神的乃木希典。

乃木希典能被称为军神，自然是因为过往战绩彪炳。只不过这个彪炳的战绩大都是十年前在甲午战争中刷出来的。

这种从清朝古典陆军身上刷出来的战绩能有多少含金量，着实令人怀疑。

乃木希典看着眼前这座拥有守军4万人、火炮646门、马克沁机枪无数、遍布钢筋水泥铁丝网工事的远东第一要塞，自信而淡定地打开自己的战术箱，里面只有一张纸条，纸条上赫然写着四个大字：人肉冲锋。

日军一开始集结6万大军，于8月19日发起总攻。在乃木希典的天才指挥下，日军靠人海战术一批一批地往火力点送人，才打了不到一个星期就伤亡2万人，总兵力的三分之一没了，一个关键据点也没拿下来。

于是，日军不得不把所有的后备力量都调来增援旅顺，先后参战的总兵力达到了13万人，并于9月份和10月份又发动了三次强攻。但基本情况没什么变化，又连送了三次人头，其中还包括乃木希典的儿子。

面对如此困局，乃木希典最后的办法居然是打算自己带头去冲。

"军神"这么个打法看得日本高层头皮发麻，于是，陆军大本营赶紧叫停，不然再厚的家底也禁不住他这么烧。

随后，日本满洲军总司令把参谋长儿玉源太郎调过来接替"军神"，同时为了保护"军神"的面子，在名义上并没有撤换他，主要是怕这个"军神"面子挂不住，回去把自己剖了。

实际上，儿玉源太郎在9月份的时候就干涉过旅顺战役，要求乃木希典将进攻重点集中到203高地上。

旅顺港口周围群山环绕，上面被俄军建满了防御工事，共同构成了旅顺要塞。203高地是一个离港口较远的制高点。

占领这个山头并不能直接拿下整个要塞和港口，但是站在上面正好可以看到停泊在港口内的军舰。

那攻击它有什么用呢？难道就是为了上去看一眼俄国舰队？

当然没这么简单，此时日军从国内运来了280毫米的攻城臼炮。这种炮的身管很短，炮弹还是亚音速。攻击模式类似于迫击炮，打的是个抛物线，可以从山脚下打到山的另一边。

由于它的射程不远，所以，正常情况下是没有办法拿去打军舰的，因为人家可以远远地揍你，而你打不着对方。

不过现在情况很特殊。

俄国军舰全部龟缩在港内，动也不动，就是个近距离的活靶子。而攻城臼炮可以躲在山后面把炮弹抛过来，港口内的军舰则无法反击。

日军唯一需要做的就是派人站到山顶上去观测俄舰位置和炮弹落点，帮助炮兵调整发射角度和方向以击中目标。

所以，从9月份开始，日军的主要攻击目标就确定为203高地，只不过在乃木希典的"肉弹战术"下，打什么目标都是白给。

儿玉源太郎是火炮方面的专家，他拿到指挥权后通过合理的火力安排和战术搭配，仅用一天就拿下了203高地。紧接着攻城臼炮的炮弹就砸向了旅顺港内的俄第一太平洋舰队，困在港内的军舰毫无还手之力，这支远东劲旅就此覆灭。

至此，日本海军终于摆脱了"一挑二"的危险局面。

旅顺要塞再坚持也没太大意义，于是，守军不久就放弃抵抗，宣布投降。

整个战役打下来，日本投入的13万大军总共死伤近6万人，报销了差不多一半。乃木希典也在后来获得了"肉弹将军"的"美誉"。

等到旅顺要塞被日本占领的消息传到第二太平洋舰队耳朵里时，它才刚刚开到非洲南部的马达加斯加。

第七章　东北大战（下）

最后的胜负手

由于主力舰的吨位过大而无法通过苏伊士运河，俄第二太平洋舰队要长途跋涉33000公里，绕大半个地球才能抵达日本。

该舰队拥有包括7艘战列舰在内的各型军舰共45艘，其中的4艘战列舰是刚刚才从造船厂里出来的新式战舰，油漆都没干，只能在路上边开边适应了。

另一方面，俄国混乱的情报工作让第二太平洋舰队相信日本军舰随时可能从天而降，所以，这支舰队一路上草木皆兵，看谁都像日本人。结果还没开出欧洲海域就已经成功击沉1艘、击伤3艘英国渔船，击毙两名英国渔民。

这下俄舰队差点就不用去日本了，愤怒的英国皇家海军已经开过来准备宣战，最终俄国只得交了一大笔赔款息事宁人。

英国也看出来俄舰队确实是无心之失，毕竟这一路上俄舰队连自己人都没放过，一度还击伤自己队内的战友"阿芙乐尔"号巡洋舰（就是那艘后来在十月革命中大放异彩的"阿芙乐尔"）。

收了赔款的英国并未善罢甘休，随即向全球施压，要求各国谨遵中立法，不得向俄舰队开放补给站。英日之间有盟约，战时谁支持日本的敌人，谁就是英国的敌人。

不过这个世界上的游戏规则向来只能约束弱国。德法两大强国根本不在乎，它们一路上给予俄军大力支持，德国人甚至亲自开着运煤船跟在俄舰队后面为其加煤。

现在好不容易开到马达加斯加，却听到旅顺要塞和第一太平洋舰队已经完蛋的消息，那么俄军到底是继续前进还是就此撤回老家呢？

其实到了这个时候，俄国在东北战场仍然没有完全失败，只要第二太平洋舰队能够打败日本海军，俄国就能封锁海面，把驻扎在中国的日本陆军彻底困死。之后再等西伯利亚铁路源源不断地把增援部队送过来，俄国就可以彻底翻盘。

俄国之所以一直苟延残喘，就在于他的国力远强于日本，他可以连吃几场败仗而不倒，而日本却一仗也输不起。

现在既然还有翻盘的机会，再加上又已经杀红了眼，所以，俄军断然没有退却的可能，沙皇甚至又增派了1艘老式战列舰和3艘老式铁甲舰前来会合，欧洲波罗的海舰队全部家当已经梭哈。

就在第二太平洋舰队等待与增援舰队会合的日子里，俄国已经通过西伯利亚铁路对东北进行增兵，只是又被日军发动的奉天（沈阳）会战击溃。

秋山真之的哥哥秋山好古在战役中率领骑兵立下了汗马功劳，后被称为"日本骑兵之父"。

于是，这场即将到来的海上对决就成了日俄战争最后的胜负手。

从纸面数据上看，俄军拥有更多的战列舰，但日军是以逸待劳，而且在等待俄军的这几个月里还进行了高强度的炮击训练，射掉了一半的库存炮弹，极大提升了舰队炮击的命中率。所以，总体来说双方战力不分伯仲，结局难以预料。

大洋中的舰队决战就好比一场足球比赛，在双方纸面实力差不多的情况下，赛前的阵型布置和战术设计就将决定这场比赛的基本走势。

之前在旅顺闭塞作战中吃瘪的舰队先任参谋秋山真之，这一次再也没有出错的空间。

秋山的终极锦囊

几个月来，秋山真之每天只睡3小时，他经过反复推演，最终拿出了三个战术。

1.给予舰长自由决策权：只要不违背战役的总体作战意图，各舰舰长在作战中可以根据实际情况独自行动，不用拘泥于战前布置。

2.七段击：考虑到俄国舰队规模庞大，难以一战将其彻底歼灭，所以，秋山真之设计了七个步骤来全歼俄军。

首先，将决战日设定为"D"日，然后具体的七个步骤如下：

第一段	D-1日夜晚，驱逐舰和鱼雷艇骚扰。
第二段	D日白天，主力舰队决战。
第三段	D日晚上，驱逐舰和鱼雷艇夜袭。
第四段	D+1日白天，重新投入主力舰击溃敌舰队。
第五段	D+1日晚上，驱逐舰和鱼雷艇继续夜袭。
第六段	D+2日白天，主力舰队继续决战，歼灭敌舰。
第七段	D+2日晚上，搜索和追击溃逃敌舰。

3."丁"字战法：这是针对主力舰队决战而专门设计的战术。

当时军舰的侧面火力最强，所以，海战的传统对战模式是两支舰队并排而行，面对面对轰。

这种模式虽然最大限度发挥了军舰的火力，但是火力输出较为分散，拼的是船多炮大，双方阵容接近的时候难以获得优势。

如果能抢占"丁字"横头，就能局部以多打少，攻击对手头部。这类布局在海战史上并非第一次出现，但是秋山真之是第一个将其理论化和系统化的将领。

俄军在旅顺已经战败，俄舰队此次航行的目的地只能是海参崴，在常规航线中，对马海峡是必经之路。

1905年5月27日凌晨2点，日本侦察船果然在对马海峡发现俄国舰队的身影，早已等候多时的联合舰队官兵立刻起床，全部进入战斗岗位。

本来按照秋山真之的"七段击"战法，首先应该派出驱逐舰和鱼雷艇进行骚扰。然而，这一天风浪太大，不适合小型舰艇行动，所以，日军就直接进入了"七段击"的第二阶段——主力决战。

早上6点，联合舰队的主力战舰倾巢而出。

谁主沉浮

俄国舰队会合后，已经将主力分为三个战队：

第一战队	4艘刚完工的战列舰
第二战队	3艘战列舰+1艘装甲巡洋舰
第三战队	1艘老式战列舰+3艘老式铁甲舰

日本联合舰队的主力则分为2个战队：

第一战队	4艘战列舰+2艘装甲巡洋舰
第二战队	6艘装甲巡洋舰

下午1点30分，双方舰队已经接近至十几公里，大战一触即发。

秋山真之早已为这场决斗制定了"丁"字战法，但在实战中采不采纳这个战法，最终还是取决于主帅东乡平八郎。

此时双方舰队是相向而行，打着打着就会擦肩而过不利于全歼对手。

如果要实施"丁"字战法，就需要全体舰队左拐掉头，改"相向而行"为"同向而行"，然后通过速度优势超车到对方的前面来完成这个"丁"字布局。

第七章　东北大战（下）

第一步：双方相向而行。

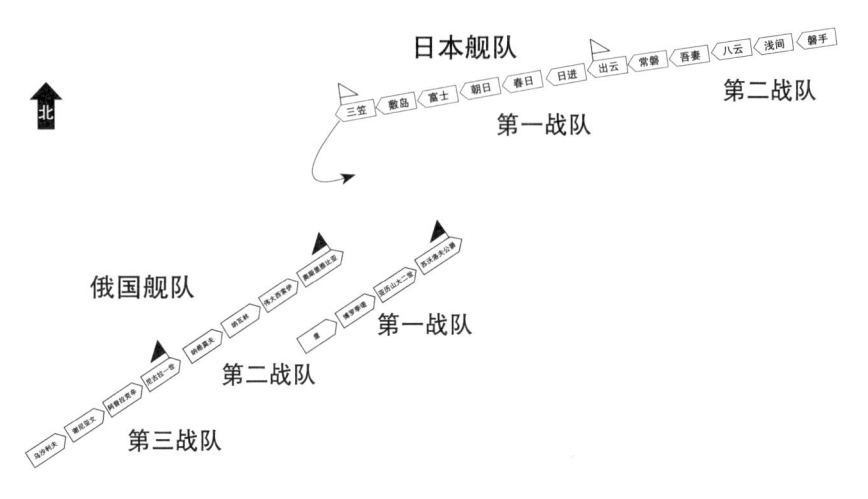

"丁"字战法阵型变化示意图 1

第二步：日舰队原地掉头。

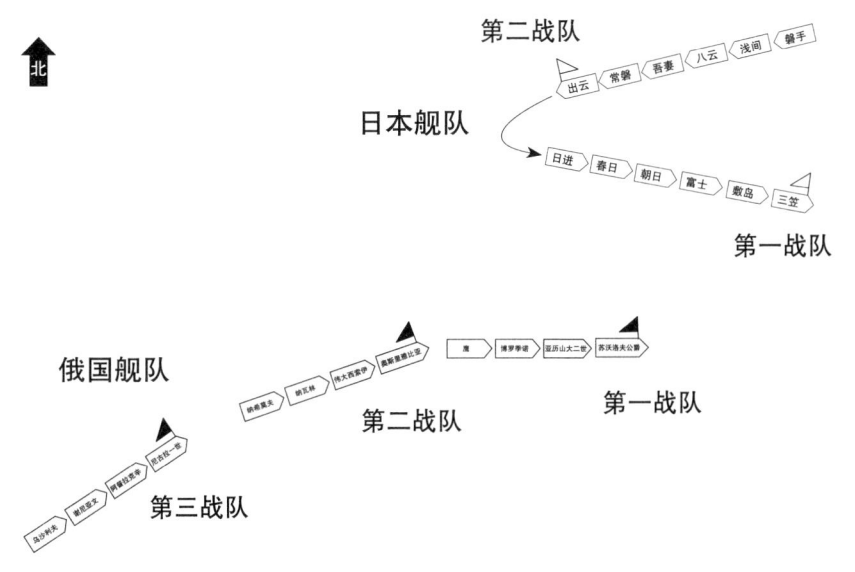

"丁"字战法阵型变化示意图 2

199

第三步：日舰队依靠速度优势超车到俄舰队前方完成"丁"字站位。

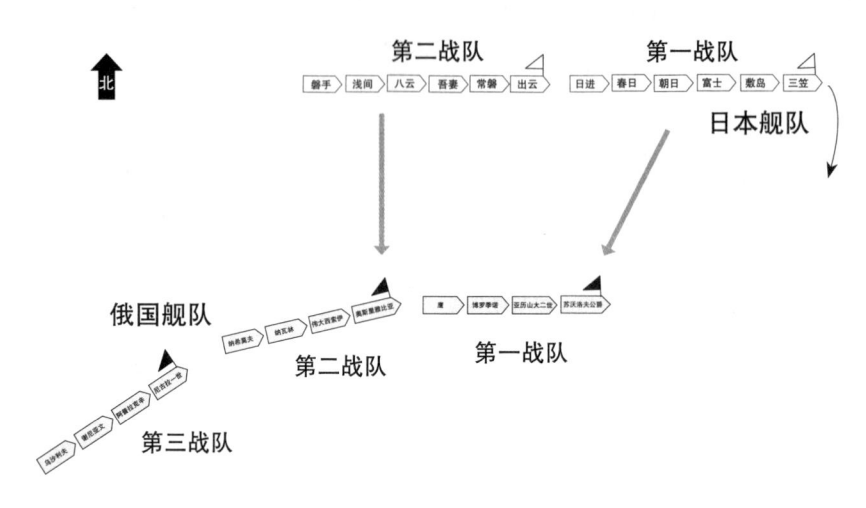

"丁"字战法阵型变化示意图3

这几个步骤里面最危险的一步就是掉头。

舰队的战斗队形是一艘跟着一艘鱼贯而行，在掉头的时候也是一艘跟着一艘转弯，12艘主力舰排队掉完头需要10分钟。

在这10分钟里，日本舰队无法射击，而且掉头中的日舰对俄军来说就是一个静止的目标。

所以，东乡平八郎面临着一个艰难的选择，只有"丁"字战法才能最大限度地重创对手，但代价是联合舰队需要承受10分钟被动挨打的局面。在这10分钟里但凡被俄军击沉一艘主力舰，日军就很可能满盘皆输。

"丁"，还是不"丁"，这是个问题。

东乡平八郎在职业生涯的大部分时间里都是个对上级言听计从的老实人，看起来不太可能在关键时刻铤而走险，这也是日本高层放心把这些金贵的军舰交到他手里的原因。

第七章　东北大战（下）

高层并不知道，这个"老实人"的兜里其实还藏着一条座右铭——一生伏首拜阳明[①]。

东乡平八郎是中国明代著名思想家王阳明的粉丝，平时研究的是阳明心学，做决策的时候讲究的是遵从本心，不会因外界干扰而左右摇摆。他之所以在之前的大部分时间里对上级言听计从，并非因为"老实"，而只是不屑于在不重要的事情上纠结罢了。

如今整个国运都系于他一人之手，这位心学大佬的内心毫无波澜，他的"本心"非常明确，那就是不惜一切代价全歼俄舰队。

下午1点55分，双方舰队开始互相进入射程，东乡平八郎升起了代表决战的"Z"字旗，并向全体官兵传达了那句著名的旗语："皇国兴废在此一战，请君当需愈加奋力！"

随后，东乡平八郎大手一挥，命令"三笠"号左满舵，带领整支舰队在距敌不足8公里的位置开始原地掉头，这就是载入世界海战史的"敌前大回头"。

不过东乡的这次豪赌也并非瞎蒙，他料定俄军缺乏训练，炮击的命中率必然不高，所以，日舰真正被击中的概率很小，值得一赌。

果然，俄军虽然也知道要抓住日舰原地掉头的黄金10分钟，但正如东乡所料，俄舰队长途航行身心疲惫，而且缺乏弹药补给，也没法进行大量系统的炮术训练，打起来毫无准心。一通乱七八糟的射击后，对日舰的打击杀伤力有限，并未击沉任何一艘日舰。

14点07分，联合舰队完成转弯，紧接着所有战舰步调统一地进行精确测距。14点10分，东乡平八郎下令全体开火：

第一战队6舰集中攻击俄第一队旗舰"苏沃洛夫公爵"号。

[①] 此说法最早出自1905年萧鸿钧编撰的《日本政俗撷要》（光绪三十一年王月初版）一书。

第二战队6舰集中攻击俄第二队旗舰"奥斯里雅比亚"号。

一时间钢铁的咆哮响彻对马海峡。

在日军猛烈的炮击下，第二战队旗舰"奥斯里雅比亚"号水线被接连击穿翻沉。

紧接着第一战队总旗舰"苏沃洛夫公爵"号也在20分钟内被一顿重炮打成马蜂窝，舰内的舰队司令罗杰斯特文斯基重伤昏迷，俄国人的司令又没了。

当你看到自己的带头大哥不到20分钟就被对方打到生活不能自理的时候，心态很难不崩。失去领头羊的俄第一、第二战队陷入一片混乱。

事实上，整场战役到这里已经分出胜负，剩下的悬念就是日军最终能收割多少俄舰了。

打到晚上7点的时候，俄舰队的第一战队已经沉了3舰，只剩下1艘"鹰"号战列舰还在逃亡。第二战队则沉了1舰，还剩3舰。俄第三战队因为舰船速度太慢，战斗一开始就被甩开了，只能眼睁睁地看着队友被蹂躏，帮不上什么忙……

夜幕降临后，秋山的"七段击"进入第三段——驱逐舰和鱼雷艇夜袭。

此时，俄第二战队的3艘主力舰不知道吃错了什么药，居然在夜晚打开探照灯想去看看周围有没有日军鱼雷艇出没，结果自己暴露目标，被日舰围上去一通鱼雷招呼，集体喂了鱼。

而慢吞吞的第三战队因为灯火管制得好，没有被发现，于是就在夜色的掩护下玩命跑了一个晚上。奈何这些船速度太慢，跑了一晚上也没跑多远，天一亮就被发现了。该战队的指挥官倒也干脆，既然被发现，那就索性投降。

这个令人绝望的场面让本来还在挣扎的"鹰"号战列舰也失去了抵

抗意志，跟着一起投降了。

至此，对马海战宣告结束，俄第二太平洋舰队除少数舰船逃到海参崴外，大部分被歼灭，主力更是一艘不剩。俄海军总计损失吨位达27万吨，阵亡4830人，被俘6106人。而日军仅阵亡117人，损失3艘鱼雷艇。

俄国用万里送人头的壮举为整场战争画下了休止符，也顺便把自己送出了全球海权争霸的舞台。

赢　家

秋山真之的本性并不适合从军，这场战争让他身心俱疲，从战场归来后，他就递交了辞呈想去出家当和尚，但是未被日本政府批准（政府觉得功勋军官去当和尚太丢人）。

秋山真之在国际政治上的立场是希望将英美赶出亚洲。

只是像秋山真之这样打完仗就厌世的人属于另类，大多数日本人对战争的心态是兴奋和期待。

战后的日本就像是一个在赌场里大获全胜的赌徒，正捧着赢来的一大堆筹码准备去柜台换取现金。这个时候就需要一个大佬来主持大局，最终美国成了各方共同的选择。

20世纪初的美国已经是世界顶尖列强之一，由于美国在东亚的利益不多（来晚了），所以处理起这里的纠纷就没什么顾虑，因此常常被请来调停东亚地区的各种矛盾，此次日俄战争也不例外。

事实上，早在对马海战打响前，就有一方找到美国，希望美国对战争进行调停。这一方并不是在战场上节节败退的俄国，而是捷报频传的日本。

为什么在战场上占据优势的日本会首先想到找人调停呢？

因为没钱。

别看日本在战场上表现不错，其实财政早已走到崩溃的边缘，债务总额甚至高达17亿日元，要知道当年甲午战争的所有赔款加起来也不过3亿多日元。所以，日本比一路吃瘪的俄国更希望早点停战。只是当时的沙皇还指着第二太平洋舰队翻盘，并未理会美国的调停。

对马海战之后，沙皇彻底踏实了。日俄两国终于坐到位于美国朴次茅斯海军基地的谈判桌前，而主持大局的正是美国总统西奥多·罗斯福。

按照日本的理解，这时候就应该进入俄国赔款环节了，毕竟当年的甲午战争就是这么玩的，然后日本张嘴就要了30亿日元的赔偿。当然，喊这么高的价码主要也是为了给俄国一个还价的空间。

沙皇尼古拉二世是个爽快人，压根就没打算还价，他直接告诉日本赔个屁，一分也没有，要钱就接着打！

俄国不按套路出牌的行为让日本大惊失色，这就好比一个赌徒拼上身家性命才好不容易赢到一大堆筹码，结果柜台告诉他只能换欢乐豆。

震惊归震惊，但是冷静下来仔细想想，日本还真的没什么底牌。战争谈判表面上谈的是过去，实际上谈的是未来；谈判的底牌并非过去的战绩，而是未来的威慑。

日本虽然大获全胜，但并不能实质威胁到俄国，只要俄国愿意，他还可以继续通过西伯利亚铁路向远东增兵，沙皇说的"不服接着打"就是字面意思。所以，日本虽然获胜，也仍然只得认怂，大幅降低了和谈条件，搞得好像自己打输了一样。

最终双方在罗斯福的调停下于1905年9月5日达成《朴次茅斯和约》，结束了日俄战争。

第七章 东北大战（下）

条约的基本内容是俄国承认朝鲜是日本的势力范围，然后"割"了一半的库页岛给日本。关于东北，条约主要是把原先清国给予俄国的权利（包括铁路和旅大租地等）转让给日本。

俄国因为这场战争元气大伤，失去了远东唯一的不冻港和大量的军舰，巨大的战争支出也导致其国内的经济雪上加霜，为后来的革命爆发埋下了伏笔。日本则凭借此战的胜利步入一流强国的行列，并奠定其世界海军强国的地位。

但如果从实际利益的角度出发，这场战争并未给日本带来多少实际好处，相反，由于代价太大，计算投入产出比的话，基本属于血本无归的水平。

对掠夺他国财富充满期待的日本民众无法接受这样的结局，他们把原因归咎为政府的软弱，然后就爆发了全国范围的骚乱。

日本民众的选择导致当时那个相对理智的政府失去了话语权，于是，就逐渐有一批新的政客开始把控日本政坛，他们大都毕业于日本陆军大学校……

那么，谁从这场战争中获益了呢？

首先是英国，老谋深算的日不落帝国不费一兵一卒就极大地削弱了死敌俄国。

美国也算获益者，他如愿以偿地维持住了列强在东亚的均势局面，同时好战分子西奥多·罗斯福还因为调停日俄战争而获得诺贝尔和平奖，成为第一个获此奖项的美国人。

大清对俄国没有任何反制能力，在俄国的铁拳下，东北主权本来已经彻底失手。没想到跳出个日本去和俄国狗咬狗，还是往死里咬的那种，咬到最后谁也没有力气再进一步。

1906年底，迫于英美的压力，日军在东北的军政署全部关闭。1907

年，日军和俄军依照《朴次茅斯和约》全部撤离东北，就这样，东北的大部分主权又重新回到中国手中。

于是，清政府顺水推舟地在1906年将东北改建行省，废除了东北三将军，东北三省的雏形就此确立。

然而，保住龙脉并不能扭转帝国的命运，六年后，清朝覆灭。在列强继续争夺世界的时候，中国在一旁开始了长达数十载的涅槃之旅。

| 小插曲：

第一战队最后一艘"日进"号装甲巡洋舰，作为队尾，受到大量俄舰的火力打击，是受伤最严重的日舰之一。

"日进"号上一名年轻的少尉见习枪炮官在海战中左手食指、中指被炸断。

他就是后来的联合舰队总司令山本五十六。

第八章

起死回生的帝国

第八章　起死回生的帝国

海权 VS 陆权

英国地理学家麦金德在1904年提出"世界岛理论"，即欧亚大陆和非洲聚集了这个世界的大部分资源，可以称之为"世界岛"。

然后麦金德在地图上一比画，得出一个结论：谁控制了东欧，谁就控制了世界岛的心脏地带；谁控制了世界岛的心脏地带，谁就控制了世界。

这位专家的理论逻辑扎实，论证严谨，就是和现实不太一样。因为在19世纪末20世纪初的时候，世界的中心并非什么"世界岛"，而是大不列颠岛。

大英帝国的资源禀赋远不能和大陆中心相提并论，但它却凭借一岛之力将整个世界踩在脚下，靠的是什么呢？

这主要是因为它拥有一个海洋国家的基本优势：不用应对复杂的地缘政治，可以专注于开拓海洋。

说白了，就是说虽然开局穷得叮当响，但可以放心地把有限的资源全部投入到海军建设中，因为无论谁想打他，都得先游过来。

反观一海之隔的欧洲列国，虽然坐拥欧洲大陆的丰富资源，相互之间却一直征伐不断，连安静地发展都做不到，更不用说集中资源发展海洋力量了。

而在19世纪，谁控制了海洋，谁就占据了整个世界的财富。因为当时全球的大部分地区都还处在前现代文明的状态，无力对抗已经跨入现代文明的欧洲列强。

于是，欧洲人想去抢什么地方，只要能把人送过去就完事了，登陆后的战斗基本就是走个过场。而"把人送过去"，就得靠海军。

所以，欧洲列强瓜分世界的真正对手并非世界各地的原住民，而是列强彼此。谁的海军强大，谁就能随心所欲地向世界各地投送力量；谁的海军弱小，谁就只能挑别人吃剩的。

于是，专注于发展海军的大英帝国就夺取了最多的殖民地，成了日不落帝国。

如果说葡西两国在15世纪开启的大航海时代是大陆边陲对海洋的探索，那么，英国的崛起就是岛国对海洋的全面控制。人类的海权文明在这个过程中算是升了个级，从最初的"边陲探海"升级到"岛国制海"。

尽管已经傲视群雄，但大英帝国的心头仍然萦绕着一个阴影：一个弹丸小岛尚且能称霸海洋，倘若整个欧洲大陆合为一体，集中资源发展海上力量，那么碾碎大英的海权还不是轻而易举的事？

以大陆之力统治海洋，这才是人类海权文明的终极阶段——"陆权入海"。

英国整日担惊受怕的就是这一点，所以，在整个帝国生涯中，英国都在拼命维持欧洲均势，不允许有任何一个强国统一欧洲，其中最大的敌人就是法国。这个欧洲大国过于强悍，英国历经数场大战才将其"封印"在当前的领土内，为此还损失了大片北美殖民地，折了英国历史上最伟大的海军将领。

不过法国的王霸之气似乎在19世纪初就走到尽头，拿破仑一度纵横天下却最终功败垂成。这一败之后，法国就再也没有展现出一统欧洲的气势，它的大部分精力都用到国内革命里去了。

宿敌的颓废让大英帝国长舒了一口气，英国从16世纪开始向海图强,这一路走来,拖垮了西班牙,打残了荷兰,如今又终于干废了法国,普天之下再无人可以撼动帝国的根基。

谁能想到,法国在自己颓废的过程中还给英国人留了个"惊喜"——它亲手释放出了一头原本只存在于历史书中的猛兽。

一盘散沙

神圣罗马帝国,建于公元962年,这个国家处于欧洲中部,幅员辽阔,是古罗马帝国的正统继承者。

虽然听着名头很响,但该国并没有形成统一的中央集权,长期以来其境内都是"诸侯割据"的状态,有点像我国历史上的东周列国。

这个地区的主体民族是德意志人。

17世纪上半叶,欧洲各国因为宗教和领土纠纷激情互砍了三十年(1618—1648年),史称"三十年战争"。其战场主要集中在欧洲中部,也就是神圣罗马帝国的地盘。帝国旗下的各路诸侯自然也免不了被卷入战争,它们各自去抱不同列强的大腿,客观上成了列强的雇佣兵。

战争结束后,各国签订《威斯特伐利亚和约》,作为对这些参战诸侯的回报,该条约提升了它们的地位,让它们升级为邦国。这一下神圣罗马帝国就被分成了314个邦国,其中最大的两个邦国是奥地利和普鲁士。

到了这个时候,神圣罗马帝国就只剩个名头。

法国是欧洲大陆的第一豪强,而神圣罗马帝国正好在法国边上。在那个弱肉强食都不带遮掩的年代,分裂又弱小的神圣罗马帝国就成了常年挨揍的角色,从路易十四到拿破仑,它一直被法国虐。

其中在1688年,法国侵占了神圣罗马帝国的阿尔萨斯和洛林地区。

这两块地区差不多两百年后才被德意志人通过普法战争夺回去，然后法国人就哭哭啼啼地写了篇小说《最后一课》……

到了19世纪初，拿破仑风暴席卷欧洲，分裂的神圣罗马帝国当然也无力抵挡。好在拿破仑不是只锤它一个，而是整个欧洲一起锤，所以，神圣罗马帝国在这个时候就拥有了同盟。

然而，神圣罗马帝国每一次加入反法同盟，就丢失一些国土，终于在第三次加入反法同盟后彻底把自己给干没了。

1806年8月10日，联手俄国后感觉"优势在我"的神圣罗马帝国被拿破仑打到首都沦陷，帝国皇帝弗朗茨二世宣布放弃封号，只保留其奥地利皇帝的头衔。

至此，本来就是一盘散沙的神圣罗马帝国彻底宣告终结，成了历史书的一部分，旗下部分邦国变成了附庸于法国的莱茵联邦，在后来的战争中成为法国的跟屁虫。

这样的结局一点也不意外，神圣罗马帝国虽然看起来个子大，但打起仗来各邦国的态度并不统一，甚至有不少与法国毗邻的邦国干脆倒向法国。

至于帝国第二大邦国普鲁士，在战争期间，它一直在一旁暗戳戳地希望能从法奥争斗中渔翁得利，结果"渔翁得利"没见着，倒是应了一个"唇亡齿寒"。

神圣罗马帝国覆灭仅2个月后，拿破仑的铁蹄就踏进了普鲁士的勃兰登堡大门，还顺走了勃兰登堡大门上面的和平女神雕像。

这就类似于去美国把自由女神像搬走了，去法国把埃菲尔铁塔给拆了，这对德意志人来说当然是奇耻大辱。而战败后被迫割地赔款的普鲁士也从此沦为三流国家。

在这一连串刺激下，本来安于现状的普鲁士人被激发出了强烈的民族意识。他们开始希望所有的德意志人能够联合成一个强大的国家来对抗列强的侵袭。

然而，在欧洲列强的淫威下，哪里轮得到弱小的德意志决定自己的命运。

1814年拿破仑失败退位，反法联盟召开了确立战后秩序的维也纳会议。德意志地区并未因抗击拿破仑成功而走向统一，而是被重组，成了由30多个邦国组成的德意志邦联（1815年），以接替之前的神圣罗马帝国。

原先神圣罗马帝国旗下的邦国虽然数量很多，但好歹有个帝国的名头压着大家，而且确实存在着那么一个皇帝，多多少少还有一点凝聚力。

现在搞的这个所谓"德意志邦联"，其主要机关是邦联议会，作用就是平时召集各邦代表开个会，完成一些咨询和协调的工作，毫无实权可言。邦联里面的各邦国地位平等而且拥有完整的主权，这下德意志人连个名义上的共同祖国都没有了。

对于志在统一德意志的普鲁士人来说，1815年无疑是一个苦涩的年份。也就是在这一年，普鲁士的一个容克地主家庭里诞生了一名男婴，他在家中排行老二，取名为奥托。

和他所在的国家一样，这个男孩一出生就面临着一场时代的巨变。

挣扎的国度

所谓"容克地主"，就是普鲁士的地主贵族，他们祖上因为战场军功而获得国家赐予的永久封地，因此成为地主。

正所谓条条大路通罗马，有人就出生在罗马。小奥托的家族虽然不是什么高级贵族，但也足以让他躺着过上一辈子衣食无忧且高人一等的生活。

不过他有个"虎妈"。

奥托的老爹并没有迎娶另一个贵族，而是娶了一个出身城市中产阶级的女性。这位中产大姐满脑子新潮的自由主义思想，跟保守古板的容克地主格格不入。比如说，对一个贵族而言，夸耀自己的祖先是一件很正常的事情，但是奥托的老妈就很反对他这么做，还告诉他祖上的荣耀与他无关，人生的成就要靠自己奋斗，等等。

这样的道理在我们今天看来稀松平常，在当时却让身为贵族的小奥托非常迷惑。

我们可以想象一下，就在同一片屋檐下，奥托抬头看到老爹，聊的是家族荣耀吾王万岁；低头碰到老妈，聊的就是独立人格自由平等，这种环境换谁谁都会迷糊。

其实这样的家庭状态正是当时整个欧洲的缩影。随着工业革命的深入，出身平民的工人、中产阶级以及资本家开始大量崛起并掌握国家的经济命脉，而国家的政权却仍然控制在生产力低下的传统贵族手中。

面对这样的历史岔路口，奥托何去何从呢？

奥托虽小，但好歹是个地主，所以，不管老妈的道理讲得如何天花乱坠，他的选择一直都很坚定——俺是贵族俺骄傲。

反正对他来说，老爹才是家族的主人，不听老妈的话，老妈也不能把他怎么样，安安心心做个"人上人"岂不美哉？

然而，虽然家族的主人是他爹，子女教育的安排却掌握在他老妈的手里，然后奥托就被扔进了大城市柏林的一所中产阶级学校。这类学校的教学质量自然比乡下的家庭教师高得多，但是，整个学校里就奥托这么一个地主。

奥托进到学校一看，周围都是"下人"。而在同学和老师们看来，奥托就是一个村里来的目中无人的土鳖。这已经不能说是上学了，基本属于单刀赴会。毫不意外地，奥托的整个学生生涯都充斥着同学和老师们的嘲笑和鄙视。

不过奥托有他自己的办法。同学对他不敬，他就直接一拳呼上去；老师对他不敬，他就当面问候老师全家，几年下来愣是没吃亏。上了大学后更是再接再厉，仅三个学期和就同学决斗多达27次并大获全胜，搞得学校实在不敢再继续留他，只得让他转学。

尽管在学校叱咤风云，但进入社会后的奥托很快就感受到世界的"恶意"——这个世界居然不尊重贵族！

他干过公务员，也参过军，但都不成功，原因是他不适应"头上有个领导指挥他"。面对一事无成的人生，这个眼高手低的大学生给自己找了个完美的借口："我不愿意做管弦乐队的一员，而要演奏自己喜欢的篇章，否则宁可什么也不演奏。"

"宁可什么也不演奏"的奥托最终因为滥赌欠了一屁股债，只得"被迫"回家继承家业。

这是一个平民和贵族互相鄙视的时代，奥托直到回到老家才体会到什么叫"时过境迁"，因为这时候他的母亲已经身患重病，无法再操持家业了。

抛开贵族的身份不看，奥托的父亲其实就是一个老实巴交、不思进取的农夫，一直以来，真正撑起整个家族事业的是他的那位"虎妈"。遗憾的是，这位满脑子新思想的大姐也并非什么经营高手，等到奥托背着一屁股债回来的时候，这个家族已经家道中落。

1839年，奥托的母亲"抛弃"了这对不成器的父子，独自去见了上帝。奥托看着身边这位比自己还不争气的老爹，知道家族的重担算是压在自己身上了。

此时24岁的奥托已经无人可以依靠，他孤独地站在田野里，不得不从最基础的农活干起，一步步地托起自己家族的姓氏——俾斯麦。

统一之路

尽管进入19世纪后，德意志也享受到工业革命的红利，但总体来说，这里的经济破败不堪，发展缓慢，原因很简单——分裂。

抛开国家意识不谈，就这么小块地方分成30多个国家，正常生活都成问题。德意志地区的货币关税等政策极其混乱，你拉点货随便去个地方，就可能要经过好几个邦国，而每过一个关卡就要换货币、交关税，就不信折腾不死你。没有大规模的统一市场，就必然导致高昂的交易成本，而高昂的交易成本，又必然严重消耗经济活力，这是现实世界的铁律。

看到这样的情况，德意志经济学家李斯特就在各邦国之间四处奔走，建议各邦国团结起来建立一个关税同盟，咱先别过个马路买个菜都要交关税再说。在吃了大量的闭门羹后，这个建议终于被心怀复国梦想的普鲁士采纳。有了强大邦国的支持，一个覆盖13个邦国（后来还有更多的邦国加入）的德意志关税同盟终于在1834年正式建立。

消除关税壁垒后，同盟地区的经贸发展得到极大的促进，其工业产值很快就发展到欧洲第三，仅次于英法。

就在新兴阶层努力创造财富的时候，古老的王室则依然挥霍无度。

第八章 起死回生的帝国

1847年，普鲁士国王腓特烈·威廉四世缺钱了。

欧洲王室一直有一个常规操作：王室一旦缺钱，就会召集各地的有钱人开会，伸手管他们要钱。之前英国国王查理一世和法国国王路易十六的脑袋就是这么要钱给要没的。

但是，普鲁士国王仍然决定试一把。他以修铁路为幌子召集议员们开会筹款，这些地方代表也不是傻子，他们的态度和历史上的那些英法代表一样：想要钱？咱先定一些规矩来限制国王的权力再说。腓特烈的反应也和那两个掉脑袋的国王如出一辙：你们居然想管我，散会！

不过在这场资产阶级议员和国王的对峙中，有一个地主议员的表现让国王印象深刻。这个人在议会上的发言非常积极，虽然内容不怎么着调，但是立场十分明确，坚决支持国王。

此人就是奥托·冯·俾斯麦。

当年继承家业后，俾斯麦才发现自己居然是一个被贵族血统耽误的优秀农民企业家。在他的出色经营下，家族发展总算是触底反弹。

然而，俾斯麦终究不是池中之物，他手里卖的是农产品，满脑子想的却是德意志的明天。

1845年，俾斯麦的父亲去世，继承爵位的俾斯麦开始涉足政坛，他要去"演奏自己喜欢的篇章"。因在一次洪灾中的突出贡献，俾斯麦很快成为一名地方议员，于是，也就有了1847年在国王面前表现的机会。

事实上，在这一年，不仅普鲁士国王的日子不好过，整个欧洲的日子都很艰难，所有人都在面临大规模粮食歉收和经济危机的冲击。

普鲁士国王跟议会闹翻后没多久，欧洲就变天了。

1848年2月，法国爆发了旨在推翻君主制的"二月革命"，法国边上的德意志人很快有样学样，在三月份也开始革命，史称德国1848年革命。

一时间，德意志各邦国的国王都面临下岗危机，于是，一个令德意志人兴奋的逻辑出现了：既然国王都要下岗了，这些封建割据的独立邦国自然也就没有继续存在的必要了。

在这个背景下，各邦国的议员们齐聚一堂，组建了全德制宪国民议会，开始讨论统一建国。一个美国式的联邦共和国呼之欲出，德意志统一在即。

不得不承认这些议员在高谈阔论方面确实是一把好手，他们对宪政、法律、制度之类的话题进行了激烈的讨论并沉浸其中，愣是没人去管一管一个迫在眉睫的现实——仗还没打完呢！

另一边，瑟瑟发抖的君主们很快就发现，这些口号喊得震天响的革命大佬其实只是一群嘴炮王者，顿时腿也不颤了，气也不喘了，挥舞着军刀就杀回去了。

同年7月，全德意志范围内的起义被镇压，德国1848年革命失败，德意志又回到分裂割据的局面，和平统一的梦想就此破灭。

而由于在整个革命过程中上蹿下跳地支持国王，俾斯麦遭到大多数议员的厌恶，后来被议会除名……

他的行为在当时看来已经是蠢得鹤立鸡群。因为贵族走向没落是大势所趋，国王也不过是一个大一点的贵族罢了，这种无脑支持破落户的态度哪里像个成熟的政客？

不过一个人的命运啊，除了靠自我奋斗，还得看历史的进程。国王虽落魄，但偏偏最后赢了，于是，俾斯麦的前途突然间就光明起来。他随后被任命为普鲁士的外交官，开始逐步走进国家权力中枢。

俾斯麦的工作风格堪称野蛮，他对待各国大使的态度和他在学生时期对待同学的差不多，甚至一度闹到要和奥地利大使决斗的地步。

因此，在国际社会看来，俾斯麦就是个流氓；在国内舆论看来，俾斯麦则是个随时可能把普鲁士带进战争的定时炸弹。

1861年，饱受疾病困扰的普鲁士国王腓特烈·威廉四世去世，因其没有子女，所以，由他的弟弟威廉亲王即位，是为威廉一世。

这位老兄一登基就成了孤家寡人。这个"孤家寡人"并非帝王的谦辞，而就是字面意思。

那个年头的国王越来越难当——资本家不给钱，国会不给扩军，国民整天埋怨他一事无成，老婆则只想着让自己的儿子上位，连他自己都想让儿子上位。要不是儿子躲得远远的不愿接盘，威廉一世早退休晒太阳去了。

在这个时候还愿意为他站出来遮风挡雨的，只有那个所有人都讨厌的俾斯麦。

铁与血

1862年，别无选择的威廉一世任命俾斯麦为首相，让其统领普鲁士的内政外交。

此时47岁的俾斯麦身边无人可以依靠，他孤独地站在议会大厅的主席台上，不屑地俯视着台下那些对他咬牙切齿的议员，发出了振聋发聩的宣言：

"德意志的未来不在于普鲁士的自由主义，而在于它的实力。当前的重大问题并非通过演说和多数派决议就能解决的，而是要用铁与血来解决。"

台下的议员当场就吓尿了，知道你俾斯麦离谱，没想到居然这么离谱，堂堂一个首相，一上台公开说出这种话，你是啥意思啊？向全世界宣战啊？

在俾斯麦之前，德意志人虽然也都想要统一，但各邦国的贵族谁也不愿屈居人下，所以，只有嘴炮统一才是皆大欢喜，而如果有哪个邦国想要动真格的，就会立马成为众矢之的。

俾斯麦发表完演讲后，一手提拔他的国王威廉一世首先崩溃了：我提拔你，是希望你给我遮风挡雨，不是让你给我招风惹雨啊。

面对国王的斥责，俾斯麦非但不认错，居然还反过来忽悠起国王来，他教育国王不要怕死，你堂堂一国之君，为王权而死，那是死得其所啊。

威廉一世震惊地看着眼前这个疯子，觉得他说得竟然有点道理，自己身为一国之君，却整日要战战兢兢地讨好那些议员，归根结底，还不是因为自己的力量和声望不足嘛。倘若真能率领普鲁士统一德意志，谁还敢对我的王权说三道四？况且我现在就是一个如假包换的孤家寡人，除了俾斯麦这种不要命的疯子外，还有谁会真正站在我这边？

经过反复权衡，威廉一世最终下定决心，今后就跟俾斯麦混了……哦，不对，是和俾斯麦并肩作战了。

不过你俩君臣之间如何热血是你俩的事，对议会来说，国王尚且拿不到钱，更何况你一个首相？给国王的闭门羹，原封不动地送给你。

现在钱就在国库里，国王不敢在未经议会允许的情况下取出来，主要是害怕议会掀桌子，因为批准预算是宪法赋予议会的神圣权力。不过普鲁士宪法在这个问题上其实有个小漏洞，它只规定了预算要经过议会批准，但没有写清楚如果不批准的话，政府缺钱了该怎么办。

俾斯麦当然不会放过这种漏洞，只不过他利用漏洞的方式不是就这个问题和议会进行辩论，而是直接打开国库提款走人。谁敢说他，他就把这个漏洞甩出来堵他们的嘴。

议会对俾斯麦的这种行径给予了一个中肯的评价——无赖。

第八章 起死回生的帝国

干大事者不拘脸皮，你们爱怎么骂怎么骂，反正俾斯麦现在有钱了，接下来就是等一个开战的机会了。

19世纪的欧洲有很多小国家定位模糊，随时会被大国找理由吃掉，其中就包括坐落在德意志邦联和丹麦之间的石勒苏益格和荷尔斯泰因这两个小公国。德意志人和丹麦人都认为这两个小地方是自己的地盘。

1863年，丹麦签署了新宪法，意图正式吞并这两个小地方。

俾斯麦的机会来了。俾斯麦的逻辑是这样的，大家都是德意志的一分子，德意志邦联的地盘被抢，我们自然责无旁贷。

于是，1864年，普鲁士对丹麦宣战，俾斯麦的第一盘棋就此开启。

俾斯麦虽然不怕死，但也不是莽夫，为了防止那个一直和自己不对付的奥地利背刺自己，他在开战前就把奥地利也一起拉上了战车。

在得到俾斯麦"战后平分地盘"的许诺后，奥地利人美滋滋地向普鲁士伸出了友谊之手。而就在两国把手握在一起的时候，俾斯麦已经谋划好了丹麦之后的第二盘棋。

这边的丹麦万万没想到，一盘散沙的德意志联邦居然会为了这两个小地方集结出最强大的邦国联军——普奥联军。这场战争打得毫无悬念，丹麦在凶神恶煞的普奥联军面前毫无还手之力。

轻松拿到这两个公国后，奥地利人来跟普鲁士商量分地盘的事了，而这正是俾斯麦"第二盘棋"的开端……

在中国的战国时期曾发生过这么一个故事：秦国相国张仪许诺楚国，说只要楚国与齐国断交，秦国就送六百里地给楚国。结果等楚国真的和齐国断交了，张仪就对着前来拿地的楚使公然改口："我们之前说好的是六里，不是六百里哦。"

俾斯麦对奥地利干的事就差不多是这么回事。本来说好了大家对半分，结果真正给到奥地利的只有位置很差且基本被普鲁士实际控制的荷

221

尔斯泰因。就是摆明了玩你。

奥地利自然是非常不爽，但也不是人人都是俾斯麦，正常的外交还是讲个先礼后兵。奥地利在提出换地未果后，首先去到邦联议会，要求全德意志邦联共同讨论对这两个公国的处理方案。

俾斯麦一看奥地利居然找其他人干涉两国之间的约定，按照他的逻辑这属于"奥地利违约在先"，于是，俾斯麦于1866年6月7日派兵进驻荷尔斯泰因，把奥地利驻军直接赶走了。不仅如此，俾斯麦还恶人先告状，在6月10日致函德意志邦联要求开除奥地利。

这一系列操作让奥地利叹为观止，忍无可忍的奥地利于14日在邦联议会上拉着其他邦国通过了一项集体反对普鲁士的决议，并要求邦联军队开始动员。这就有点像现在几个国家针对某国搞联合军演的意思。

正常人如果被一群人挥着拳头孤立，心里多多少少会有些发虚，而此时的俾斯麦心里只有四个字——干得不错。因为这样一来，他就可以"顺理成章"地将奥地利的这个威胁行为视为宣战。

不过国库的钱已经在上一场战争中用光了，这下真的需要议会打钱了。这个时候的议会不要说打钱了，上次那笔账还没算完呢，你俾斯麦违宪提走了2000多万塔勒尔，什么时候还啊？

于是，俾斯麦又站到了悬崖边上，应该说他就从来没从上面下来过。不过俾斯麦牛就牛在路子够野，让这些书呆子永远跟不上节奏，在预算被毙后，他反手就把一段国有铁路给卖了……

这个做法颇像"倒卖国有资产"，但是大战当前，也管不了那么多了。俾斯麦心里很清楚，只要打赢了就什么问题都没有。

1866年6月16日，本着"闹者有份"的原则，普鲁士率先入侵之前跟着奥地利一块起哄的汉诺威、黑森和萨克森等邦国，并封锁巴伐利亚，一天后正式向奥地利宣战，俾斯麦亲率大军出征。

对于这场战争，大多数人是拒绝的，毕竟奥地利在纸面上是德意志第一强国，而且拥有大量跟班的支持，跟这伙势力决战实在看不到有什么把握。

那么，俾斯麦的底气从何而来呢？

他所谓的"底气"就是准备了一瓶毒药，万一打输了就给自己来一杯。

为了缓解以少打多的压力，俾斯麦在战前还运筹帷幄了一把，把长期被奥地利压迫的意大利也拉了进来，共同对付奥地利联军。

结果，意大利"不负众望"，初战即跪且一跪不起，普鲁士才刚出门就不得不面对孤军作战的处境。

不过当时普鲁士的实力已经超出了人们的认知。

得益于早年建立的那个关税同盟，普鲁士国内的工业已经非常发达，其铁路里程和生铁产量几乎是奥地利的两倍，拥有的蒸汽机数量更是奥地利的4倍还多。

同时，普鲁士还认真学习了刚刚结束的美国南北战争，把美国那套利用铁路和电报组织调动军队的本事用到实战中，其机动能力远超奥军。

战斗开始后，普军兵分三路，采取分散进攻、集中打击的原则，长驱直入奥地利，最终在萨多瓦战役中包围并击溃奥军主力，兵临维也纳城下。

为了避免其他大国的干涉，并且考虑到日后需要有国家为普鲁士遮挡来自俄国的压力，俾斯麦并没有太为难奥地利，而只是让它从德国分离出去。

对于剩下的那些邦国来说，现在带头大哥跑路了，能打的几个邦国也都集体送掉了，它们自然只能束手就擒。普鲁士在吞掉这些邦国后，建立了北德意志联邦，德国实现了大部分领土的统一。

俾斯麦出征时还是"无赖"，回国后已成"英雄"，以后再也没有人能够阻拦他的预算了。

不过南方还有几个邦国保持独立的状态，这是因为它们的身边挨着法国。德意志的统一大业最终还是绕不开法国这个宿敌。

统一与崛起

近两百年来，德意志在法国面前扮演的都是一个单方面挨揍的角色。因此，即使在大胜奥地利、全国士气高昂的时候，也没有谁会想到去惹法国。

对大多数普鲁士人来说，能够统一北德意志就已经是他们的人生巅峰，至于南方的那些邦国，就交给后人处理吧……

但对俾斯麦来说，不统一全德意志，他这辈子都闭不上眼。反正打奥地利的时候，脑袋就已经别在裤腰带上了，也不在乎再别久一点。而且从长远来看，丛林世界的尊严和安全不能寄希望于对方的施舍，德意志不能永远生活在法国的阴影下，这一仗早晚要打。既然如此，为什么要把问题留给子孙后代呢？

于是，俾斯麦开启了他的"第三盘棋"。

当时的法国虽然已经没有了拿破仑时期的霸气，却仍然是欧洲大陆最强的国家。北德意志联邦不过是一个刚刚统一的"半个德意志"，德国政府无论如何也不会同意向法国宣战，无论俾斯麦耍什么花招都没戏。

如果你以为这样就能制住俾斯麦，那你就太天真了。这位老哥在"拖大家下水"方面天赋异禀。

第八章 起死回生的帝国

这一次俾斯麦采取了逆向思维：既然你们不让我去打法国，我就让法国来打我。他修改了一封普鲁士国王讨论法国相关事宜的电报，将电报内容由普通的叙述语气改成了羞辱的语气。这封电报被公开后，看起来就是普鲁士国王在羞辱法国，史称"埃姆斯密电"。

有一点你不得不服，俾斯麦作为一个已经功成名就、位极人臣的大佬，为了能跟敌人打一仗，居然甘冒身败名裂的风险，连这种龌龊手段都用上了。

而法国本来就看不上德意志，再加上法国一直觊觎德意志的土地，于是，果然如俾斯麦所愿，法国对德宣战了。

大敌当前，德意志的政客们纷纷感觉要完了，而普通民众则群情激昂。对老百姓来说，打法国根本不用动员，毕竟这么多年下来，谁家没挨过法国的枪子？德国人纷纷踊跃参军，从工人到教师，从老人到少年，德国一下就集结起了超过百万的兵力，是法军的两倍。

而那些本来不愿意统一的南方各邦国，也在民族危难之际放下嫌隙，与北德意志联邦联合，共同抗法。

于是，俾斯麦就如愿以偿地与法国这个统一路上最后的障碍开始决战，史称"普法战争"。

和打奥地利的时候一样，在实战中，德军准备充分且装备技术和指挥水平全面占优势，其总参谋长毛奇甚至在十几年前就开始谋划这场战争。

于是，德国人在战场上狠狠地宣泄了积攒近两百年的愤怒，用高出一个时代的战术水平把法军摁在地上摩擦，最后在色当战役中围歼了法军主力，并一举活捉法兰西帝国皇帝拿破仑三世。

手握法国皇帝的俾斯麦本以为可以借此机会好好勒索法国一番，谁知道法国人不讲武德，在这个时候一不做二不休直接推翻帝制，建立了法兰西第三共和国，然后就没人管皇帝的死活了。

这波"卖皇帝"的操作让俾斯麦看呆了，他的谈判计划一度陷入僵局……

普法战争对德国最大的意义在于它极大地推进了德意志的统一进程，南方各邦国在战后都顺水推舟地并入了德国。至此，德意志人终于拥有了一个共同的祖国——德意志帝国。

1871年1月18日，普鲁士军队的铁蹄踏入法国凡尔赛宫。威廉一世在这座法国宫殿里加冕为德意志帝国的皇帝，好好地风光了一把。

陆权入海

德国的统一彻底改变了欧洲政治格局。

在德国统一之前，德意志地区一直都是欧洲大国之间的缓冲地带，各大国之间的矛盾往往可以通过分割德意志的利益来进行调和。如今德国一统，欧洲大国之间便再无缓冲，任何矛盾都会造成大国之间的短兵相接。

这时候德国才发现陆权大国不是这么好当的，它站起来往四周一看，东边一个俄国，西边一个法国，南边奥地利，对岸大不列颠，还有意大利、土耳其……都不是省油的灯。

虽说德军强悍，单挑起来谁都不怕，但万一被围攻就不好说了。面对这个问题，俾斯麦开出的"药方"是分别跟这些国家建立一系列军事同盟，以避免德国在未来可能发生的战争中陷入以少打多的境地。

这个政策的基本思路是德国发展立足于欧洲大陆，联合英、俄、奥等国，孤立法国。该政策也被称为"大陆政策"。

第八章 起死回生的帝国

可以说，俾斯麦的铁血生涯在普法战争后就结束了，他接下来的工作主要就是不停地协调各国之间的关系，不停地签署一堆或公开或秘密的盟约。

靠着这一堆盟约，俾斯麦逐步建立起大陆同盟体系，该体系的精髓就在于处理国际关系的时候只考虑现实利弊，完全不考虑历史恩怨和主观好恶，这也成了后来西方国际政治的基本原则。

不过这套体系也有一个问题，它太过精妙。

欧洲各国之间的利益纠葛错综复杂，德国既要同时维护好和所有国家的关系，又不能被它们之间的恩怨牵扯进去，难度相当大。

这些具体的外交操作都需要俾斯麦来亲自掌舵，他游走在各国的关系网之间，精准地把握着每个对手的利益平衡点，为德国撑起了长达二十载的和平。

这项工作的难度实在太大，以至于整个德国恐怕只有俾斯麦一人能够胜任，而这也正是整个体系最大的弱点——俾斯麦不可能永远在位，他的理念也不可能永远被认同。

1888年，德皇威廉一世去世，他的儿子腓特烈三世即位仅99天就因喉癌一命呜呼。于是，他年轻的孙子威廉二世成为新德皇。

正所谓一朝天子一朝臣，威廉二世十分反感处处指手画脚的俾斯麦，于是，俾斯麦的政治生涯走到了尽头。

在威廉二世看来，俾斯麦治下的德国目光狭隘，只知道盯着欧洲大陆，而且处理国际关系时唯唯诺诺，谁都不得罪，哪里有点欧陆第一强国的样子？

这位新皇决定带领德意志活出自我，秀出霸气。

他干的第一件事就是先和那个要求越来越多的俄国停止盟约，至此，俾斯麦苦心经营二十载的大陆联盟体系土崩瓦解。

甩开讨厌的俄国佬后，德国需要处理的外交关系果然简单不少，再也不用为了俄国去到处平衡各方利益，可以为了盟友利益而放心地得罪俄国。这样的代价就是俄国和法国逐渐走到一起，德国从此在陆地上开始面临两面夹击的格局。

而信心满满的威廉二世认为这并没有什么问题，他认为"目光狭隘"的"大陆政策"早就该扔进垃圾堆，我们现在要搞"世界政策"啦。所谓"世界政策"，就是德国要放眼全球，出海去抢殖民地，这无异于把军刀架到英国的蛋糕上。

1897年，威廉二世任命蒂尔皮茨为帝国海军大臣，次年德国就出台了规模宏大的海军扩张法案。他们以马汉的海权论为指引，开启了德意志海军崛起的大幕。

造海军拼的是硬国力，而威廉二世确实也有这个底气，因为俾斯麦留给他的，是一个普及了九年义务教育，铁路里程和工业产值全都力压英国、世界排名第二的帝国。

而当德国争霸海洋的野心昭然若揭时，所有的外交技巧都失去了意义。英国不可避免地向法俄同盟靠近，以应对这个已经把拳头挥到自己跟前的新对手。

于是，分别以英法俄和德奥意为核心的欧洲两大军事集团就此浮出水面。

在20世纪初的时候，世界海军的后起之秀是美国和日本，这俩一个干掉了老态龙钟的西班牙，一个打残了如日中天的俄罗斯。而美国为了压制日本，甚至还派出了由16艘战列舰组成的大白舰队环游世界招摇过市。

看着世界海洋的风起云涌，德国深感时不我待，威廉二世上台后一口气开建了24艘战列舰。

第八章 起死回生的帝国

不仅如此，德国还开工了战略大工程——基尔运河。通过该运河，德国海军无须再绕道丹麦的日德兰半岛就可以直接杀入北海，进可剑指英伦三岛，退可防御波罗的海后院。

日德兰半岛与基尔港

至此，欧洲最强的陆权国家终于杀入海洋，英国人不得不面对这样的现实，从今以后再也没有安稳觉可睡了。

| 小插曲：

俾斯麦一生树敌无数，退休后赋闲在家，基本就没什么人搭理了。就在他百无聊赖地晒了几年太阳后，突然有一天家里来了一位重量级的人物，也是一个相当于首相级别的高层官员，不过是清朝的。

1896年，甲午战败的大清元气大伤，俄德法"三国干涉还辽"逼迫日本吐出辽东半岛后，大清仿佛发现了弱者在夹缝中生存的密码——以强权制衡强权，用魔法打败魔法。

于是，抱着跟列强搞好外交关系和参观学习的心态，清廷重臣李鸿章率领45人的庞大代表团一路向西，接连访问了俄、德、比、荷、法、英、美、加等欧美八国，绕了地球一圈。

他们先去俄国参加了俄国新沙皇尼古拉二世的加冕典礼，然后继续坐火车向西去德国觐见德皇威廉二世，对德国逼迫日本吐出辽东一事表示感谢。

威廉二世得意洋洋，对李鸿章的来访非常高兴。他不仅热情款待，而且还叫外交大臣陪同李鸿章参观德国的军队、重工业工厂、医院等地方，炫耀一下德国的强盛。

李鸿章率团走马观花地参观了德国的军工厂和其他重工业，仿佛刘姥姥进大观园，还被赠送一门克虏伯大炮，不禁感叹道："大清终究还是落后西方太多，我唯有仰天长叹！"

此时俾斯麦已经下野，但是来都来了，李鸿章自然不会放过拜会这位欧洲传奇的机会。

在俾斯麦的宅邸里，两个老头一见如故，在治国、为政、强军方面相谈甚欢。李鸿章很佩服俾斯麦通过铁血手腕统一德国，把一盘散沙的德意志凝聚成欧洲顶尖豪强的功绩。

同时李鸿章还向俾斯麦请教了这样一个问题："为大臣者，欲为国家有所尽力。而朝廷意见，与己不合，群掣其肘，于此而欲行厥志，其道何由？"

俾斯麦通过李鸿章也对中国的朝政有了一定的了解，于是，便回答道:"作为大臣,要对国家尽心竭力。但是如果你们的君主只与妇人和小人共事,那就无可奈何了。"

这句话既是说给李鸿章听的,也是说给他自己听的。

李鸿章在世界亮相了一圈后,一度在国际上获得了很高的声望,有人便将其誉为"东方的俾斯麦"。后来这句话也传到了俾斯麦耳朵里,俾斯麦对此做了一个很俾斯麦的评价:"我不知道李鸿章是不是东方的俾斯麦,但肯定没人会说我是西方的李鸿章。"

第九章

海上的疯狂内卷

第九章　海上的疯狂内卷

德意志的红眼病

自大航海时代以来，"出海抢劫"就成了欧洲国家崛起的不二法门，而且越早动手，占的便宜越大。这是因为那个年代没有全球化的产业链协作，谁能赚钱主要看谁的原材料和资源更便宜。

那当然是跑去殖民地"零元购"最便宜了。

所以欧洲国家只要翅膀硬起来了就会去海外开疆拓土，要不然竞争不过别人。

德国在19世纪下半叶完成了统一和崛起，并迅速发展成欧洲工业实力最强的国家，陆军战力更是独步欧罗巴。

美中不足的是，这个时候世界上的好地方都已经被欧洲大佬们分得差不多了，留给德国的大都是列强不要的边角旮旯、歪瓜裂枣。

于是别人可以躺在殖民地上坐享其成，德国人则只能苦哈哈地攀科技搞生产。

为了帮助本国企业应对这种不公平的国际竞争，德国的办法是对进口产品征收高额关税，通过产业保护政策保护民族工业（1878年，德国开始对农产品和工业品都实行高额的保护税率）。

这基本就是贸易战了，既然如此，别人当然也是"来而不往非礼也"：你收我的税，我也要收你的税。

于是德国国内的民族工业得到了保护，出口型企业却遭了大殃。

怎么办呢？为了解决这个矛盾，德国政府只好自掏腰包补贴出口企业，把这个游戏玩下去。

这一套组合拳确实为德国的工业发展赢得了宝贵时间，但副作用也很大：

● 征收高额进口关税意味着人们生活成本增加，企业不提高工资就活不下去；而企业一提高工资，企业自己就活不下去。

● 政府补贴出口增加了国家的财政负担，同时也出现了大量为了骗补贴而生产的产品，造成了资源浪费。

恩格斯在1888年干脆毫不客气地指出："德国的保护关税制度正在杀害一只下金蛋的母鹅。"

到了19世纪末，这只"德国母鹅"终于精疲力竭，下不动蛋了。

自己经济乏力的时候，就容易眼红别人，尤其是眼红那些可以坐享其成的人，没错，就是那些抱着殖民地躺赢的老牌列强。"杀人放火金腰带，修桥补路无尸骸"，巨大的落差让德国再也无法按捺掀桌的冲动。

德意志也要出海！好地方都已经被占了？不怕！只要有强大的海军，德意志照样可以虎口夺食。

于是威廉二世在1897年任命蒂尔皮茨为帝国海军大臣并出台规模宏大的海军扩张法案，就此开启了德意志海军崛起的大幕。

一山不容二虎

军舰是人类那时候能造出来的尺寸最大的兵器。

从19世纪下半叶开始，随着铁甲蒸汽舰的普及和人类造舰科技的日益精进，各国海军的军舰逐步发展成了以下几种类型（档次由高到低）：

- **战列舰**：排水量万吨以上，大多数装备直径254～305毫米（10～12英寸）级别的巨炮，全身遍布厚重的装甲，是舰队的核心战力。之所以叫战列舰，是因为在作战时它们往往会排成一列，然后集体用重炮轰击对手。

- **装甲巡洋舰**：排水量通常6000吨以上，一般装备203～254毫米（8～10英寸）级别的主炮，装甲不如战列舰厚重，但是拥有更高的航速，适合前往远洋执行掠袭破交等任务。必要时候也能协助战列舰参与决战。

- **穹甲巡洋舰（轻巡洋舰）**：排水量6000吨以下，一般装备152毫米（6英寸）级别的速射炮，防护只有很薄的穹甲，拥有很高的航速，是前线侦查的主力。

- **驱逐舰**：本质上由大号鱼雷艇演化而来，没有装甲，吨位小且速度快，在战场上的任务以施放鱼雷为主。

军舰之间的对决有一个铁律：高阶战舰对低阶战舰是降维打击，两者战力的差距无法通过数量来弥补。

比如，无论面对多少巡洋舰或驱逐舰，战列舰都不怕，因为前者的炮弹根本无法击穿后者的装甲。

作为"阶层最高"的军舰类型，战列舰就是战场上的神明。对当时的列强来说，战列舰的数量基本就等同于制海权的大小，你可以理解为这就是19世纪的"机甲战士"。

不过即使是一件如此完美的兵器，也不是没有缺点，它的最大缺点就是一个字：贵。

要造出一艘战列舰，首先需要耗费上万吨特种钢铁，然后还要安装各种最先进的装备，以及海量的燃料弹药储备和昂贵的日常维护费用。

19世纪的生产力远没有今天这么发达，造舰成本极高，光是生产一门巨炮就得耗时一两年；而一发大口径炮弹的成本就相当于普通家庭一年的开销。即使是列强，举全国之力也养不起几艘战列舰，每年海军预算的一半都得拿去喂这些吞金巨兽。

比如说当年在甲午战争后得到巨额赔款，一下子收获三四年财政收入的日本，掏空家底也才堪堪凑得出6艘战列舰。

在对马海峡的最后决战中，日军用其中的4艘（有2艘之前沉了）捶翻了同样是俄国最后家底的4艘博罗季诺级战列舰，并以此奠定了自己东亚霸主的地位。

现实就是如此残酷，多一艘或少一艘战列舰，直接就可以决定一个国家的沉浮。

相比其他列强的精打细算，19世纪末的新锐帝国德意志就显得气势如虹。德皇威廉二世的大手一挥，德国海军就在世纪之交一口气开建了24艘战列舰。

这样的造舰规模超出了大多数国家的理解范围。不过这也是没办法的事，既然要入海争雄，就不得不直面海权争夺的特点——一山不容二虎。

海洋没有什么险关隘口，没有什么咽喉要道，军舰想去哪就去哪，后勤补给也比陆军要简单得多。在同一片海域内，不存在几个势力分而治之的情况，一片海域的制海权只会属于一支海军，那就是这片海域内最强的那支。

最强者决定着这里的游戏规则，他想封锁谁就封锁谁，想切断谁的贸易线就切断谁的贸易线；至于其他海军，只能守卫本国的海岸线。

所以，向海图强这件事，要么不做，要做就要做到最强。

而与德国海军处在同一片海域的，是英国皇家海军。

此时的日不落帝国已经统御大洋近百年，就算是德国一口气怒造24艘战列舰，对它来说也没什么大不了的。

不就是造舰嘛，我也多造几艘就是了。英国工业底蕴深厚，为了应对德美等新兴国家的海军崛起，英国开工和购买战列舰共计52艘。

这是英国海上霸权最鼎盛的时期，其海军军力常年维持在世界第二与第三之和的水平，史称维多利亚时代。

然而，看着兵强马壮的舰队和埋头苦干的造船厂，有一个英国人却皱起了眉头，他就是在1904年新上任的海军大臣约翰·费舍尔。

英国"大聪明"

费舍尔13岁加入皇家海军并上舰服役，后来参加了数次大战，甚至还包括和大清的第二次鸦片战争（在大沽口战役中被大清击败，英法联军伤亡400余人，清军仅伤亡30余人，不过费舍尔因表现积极获得晋升）。

这位大佬对当下英德海军之间这种以凑数为主的竞争模式非常不满。

你一艘，我一艘，婆婆妈妈的什么时候是个头？总不能一直下饺子下到把港口都塞满为止吧？到时候连海员都不一定能凑得够。

新官上任三把火，费舍尔打算一步到位解决问题。

怎么个"一步到位"法呢？难道和德国舰队约一架吗？

当然不是。

打了一辈子仗的费舍尔表面上看是个糙汉子，但他粗犷的外表下其实隐藏着一颗发明家的心。"驱逐舰"这种军舰类型正是在他的主导下开发出来的。

这一次，他仍然打算通过搞发明的办法来解决问题。

在费舍尔看来，想要挫败对手的海军大梦，最好的办法不是造更多的军舰，而是让对手的军舰在一夜之间成为废物。这就需要用革命性的理念去造出一种能够碾压当前所有战列舰的超级战舰。

正如前文所说，海战中有一条铁律：低阶战舰无法通过数量去弥补其和高阶战舰之间的战力鸿沟。只要这个想象中的"超级战舰"真能造出来，德国之前攒出来的军舰数量就毫无意义。

费舍尔的造舰理念是什么呢？他有一句名言："战争的本质是暴力，战争中的中庸便是低能。"翻译过来就是，不求面面俱到，但火力优势要做到极致。

说干就干，1905年10月，一艘新战舰在朴次茅斯造船厂敷设龙骨，在费舍尔的亲自督促下，一年后这艘战舰就下水出现在了世人面前。

大家从来就没有见过这个模样的怪兽。

该战舰的结构不同于以往的任何一款战列舰，完全颠覆了大家的认知，费舍尔也因此被后世称为"海军狂人"。

这艘全新的"海上怪兽"和之前的战列舰有什么不同呢？

之前各国造的这一堆战列舰，其舰上的火炮配置非常丰富，既有大口径的主炮，也有口径小一点的二级主炮，还有数量众多的口径更小的副炮。

第九章 海上的疯狂内卷

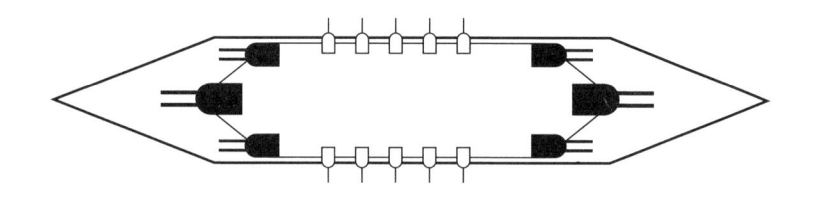

传统战列舰火力配置图

这种火力配置的好处就是可以比较充分地利用船上的空间。空间大的地方就放上主炮，空间小的地方就放上小一点的其他副炮。军舰嘛，当然是火炮越多越好，最好能把每个空闲的地方都塞上一门炮，整得跟个刺猬一样。等遍布船体的火炮呼啦啦一阵齐射的时候，对方就会体会到什么叫"残忍"。

但这个打法到了实战中就碰到了一个问题。

当时的军舰没有雷达，火炮瞄准全凭肉眼。肉眼瞄准的一个重要步骤就是根据上一次炮击的炮弹落点来校准下一次炮击的角度。这一发打远了，下发就打近一点，反之亦然。理论上只要多试几次就能命中目标。

然而，真到了战场上开始齐射的时候，观察员就会感到非常蒙。因为这一堆主炮和副炮的口径并不统一，所以弹道完全不一样，于是一起打出去的炮弹就如同仙女散花，散落在很大的一片区域里。观察员根本分不清这些炮弹是从哪个炮口里打出去的，无从校准。

所以，当时的战舰齐射看起来很热闹，但命中率则往往只能随缘。

那怎么办呢？

说好办也好办，既然问题出在火炮口径不统一上，那咱把船上的火炮全部统一起来不就得了？为了保持火力强度，统一弹道就不可能把主炮改成和副炮一样小，就只能把副炮全都改成主炮。这就是大英帝国的新宝贝——全重炮战舰。

241

这艘战舰被命名为"无畏"号，它的火力布局十分简单粗暴，各种乱七八糟口径的大炮小炮统统不要，舰上统一五个主炮塔安装10门清一色的305毫米主炮（配有防鱼雷艇偷袭的76毫米速射小炮）。

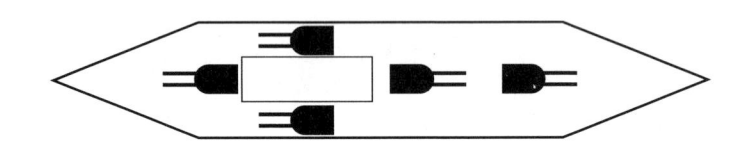

无畏舰火力配置图

这下齐射的时候炮弹落点就一致了，观察员可以轻松校准，统一调校，很快就可以集体命中敌舰，将其打成马蜂窝。

除此之外，在费舍尔对航速近乎偏执的要求下，该舰用蒸汽轮机取代了传统往复活塞式蒸汽机，开了英国海军的先河，使得其航速一下子从18节飙升到21节。当时的任何战列舰碰到它，都将面临既打不过又跑不掉的局面。

从这以后，这类全主炮战舰都被称为"无畏舰"，此前那些火炮口径杂乱无章的战列舰则被叫作"前无畏舰"。

面对这头压迫感十足的怪兽，其他列强恍然大悟，纷纷开始仿制，世界海军一夜之间进入"无畏舰"时代。

德国只能捶胸顿足，之前造的24艘"前无畏舰"全部白搭，同时捶胸顿足的还有造了25艘"前无畏舰"的美国，以及日本、法国、意大利、沙俄等这些列强。

后来的事实证明，英国这么个玩法也革了自家那52艘"前无畏舰"的命，之前攒的数量优势荡然无存，大家全部又站在同一条起跑线上。

第九章 海上的疯狂内卷

不过这个新怪兽只是解决了正面战场的问题，大英帝国还有全球最庞大的海上交通网，无数商船在上面日夜为帝国的财富奔忙，它们的安全也是个大问题。

在海军的几类舰艇中，巡洋舰特别适合去偷袭商船。它虽然火力和装甲不如战列舰，但船体相对轻便，速度较快，打完了就可以跑。

而对付这些搞偷袭的高手，如果派战列舰去围剿，那肯定追不上；如果派巡洋舰去围剿，那不一定能打得过。

怎么办呢？

对费舍尔来说，没有什么问题是搞一次发明不能解决的，如果有，那就再搞一次。

新的设计方案还是简单粗暴：不就是追不上嘛，我把战列舰的速度提上来不就完事了？

问题是战列舰装甲厚，重量大，速度提不上来啊。

那好办，重装甲不要了，空出来的重量全部堆锅炉！

于是就出现了这么一种战舰：火力布局和"无畏舰"一样，但装甲很薄，重甲很少，到了战场上想活命主要靠微操。

这就是费舍尔搞出来的第二款怪物——战列巡洋舰。

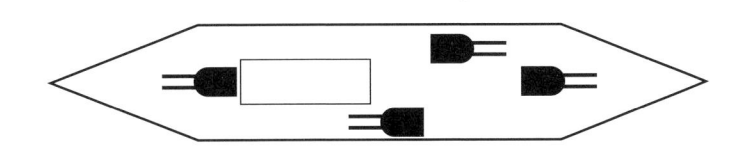

战列巡洋舰火力配置图

由于火炮和无畏舰一个级别，战列巡洋舰的射程比传统的装甲巡洋舰更远，于是只要速度够快，就可以一直保持在敌方装甲巡洋舰的射程之外进行远距离炮击，俗称"放风筝"。

费舍尔为这个理论喊出了一句著名的口号："速度就是装甲！"

为了让这个疯狂的口号走进现实，英国工程师也豁出去了，他们在一艘船里硬堆了31台锅炉，驱动四台蒸汽轮机，输出马力高达4.1万匹，超过"无畏"号近一倍，总算是实现了25节以上的航速。

1907年，"无敌"号战列巡洋舰下水，其排水量达1.7万吨，安装了8门305毫米主炮，吨位和火力接近无畏舰，但航速快得多。

由于其动力系统过于豪华，该舰的造价比无畏舰还贵，堪称"军舰中的法拉利"。为了供养这些疯狂的新玩具，费舍尔不惜封存和出售一大批老战舰以积攒资金，大英的国库在海风中瑟瑟发抖。

而德国的跟屁虫策略则遭遇到前所未有的困难，它才刚刚开始研制"无畏"号的竞品，这下又得赶紧加班去研究"无敌"号的图纸了。

虽说被英国的这种"恶性竞争"的行为搅得身心俱疲，但德皇威廉二世对海军发展的目标依然十分坚定，英国有的我们也要有！

不过德国的战列巡洋舰没有完全照抄，它也加入了自己的理念。德制战列巡洋舰的主炮口径要小一号，航速也稍慢一些，但是披挂上了更多的重甲，为的是确保在和英国的薄皮战列巡洋舰决斗时能取得优势。

"内卷"无极限

有大英这种既优秀又努力的"卷王之王"在，其他列强也只得硬着头皮跟着卷。很快，美国、德国、日本、意大利、法国、奥匈帝国、俄国等强国也一窝蜂跟风效仿推出自己的"无畏"舰。

不就是堆主炮吗？你大英的"无畏"舰堆了10门主炮，我就堆它个

12门。

于是一艘艘拥有着更多的炮塔、更大的吨位、更厚的装甲、更高的航速的"钢铁怪兽"被释放到海面上。

看着大家热火朝天的干劲,"卷王"大英又开始琢磨起新的"内卷"方向。

当时各国已经把炮塔数量堆到极限,想在体积有限的船体上继续增加炮塔数已经十分困难,英国人就换了个思路:既然增加不了炮塔,那就增大火炮的口径。

之前无畏舰主炮的口径基本都是305毫米的水平,就在第一艘无畏舰下水仅三年后,英国就率先推出了343毫米口径的超大口径主炮,这些主炮首先用在了最新的战舰"猎户座"身上。

这种主炮口径更大,同时又是全中线布局的战列舰,就被称为"超无畏舰"。

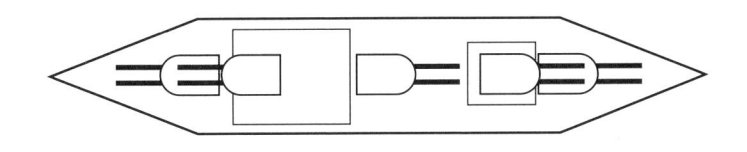

超无畏舰火力配置图

这艘超级战舰推出后,首先感到紧张的却是英国自己。为什么呢?因为英国发现它太烧钱了,万一又引发一波内卷高潮,英国的国库怕是要烧出一个窟窿来。

怎么办呢?

这一次,英国打算"像个绅士一样"去解决问题。

它找到最大的竞争对手德国,满怀诚意地和德国认真商议,希望今后大家都能克制造舰的冲动，理性消费，互相限定一下造舰吨位上限，不要那么拼命烧钱去造这种大杀器，颇有点"超无畏舰不扩散"的意思。

德国则觉得英国有病：你自己造完了才跑去劝别人不要造，这不是得了便宜还卖乖吗？

德国根本不买账，其实也有自己的小算盘。你英国海军是底子厚，但我德国工业实力现在比你强，拼积累我拼不过你，但你非要造新舰不可，那我德意志奉陪到底。

这时英国才发现，自己火急火燎地在造舰技术上勇攀高峰，其实是给自己挖了个坑。工业发达的德国只要抄一抄英国成熟的设计理念，马上就能用强大的产能追上来。

为了维持领头羊的地位，英国只好硬着头皮开足造船厂的马力，一口气又造了12艘超无畏舰。

这下全球军备竞赛彻底白热化了，德美日等一流海军强国马上就跟风推出了自己的超无畏舰，这些新舰的各项技术指标更是层层加码，你搞343毫米的主炮，我就搞350~356毫米的主炮。

当时军舰更新换代的速度堪比今天的智能手机，更新一代仅需3年，列强耗巨资建造的军舰，往往还没下水就过时了。

这种情况搞得大家都很无语，但也都没办法，因为谁敢稍微懈怠一点，就会马上被对手甩开。

英国此时已经杀红了眼，干脆一咬牙一跺脚，不惜砸下血本，在1912年开工了5艘主炮口径高达381毫米的"伊丽莎白女王"级超超无畏舰。

该舰不仅主炮口径巨大，而且动力强劲，再加上其傲立皇家海军的装甲，俨然就是一个没有弱点的"六边形战士"，它的出现也标志着"巨舰大炮主义"达到了一个巅峰。

第九章　海上的疯狂内卷

随着博弈成本的日益增加，全球海军内卷逐步进入高端局，越来越多的国家掉队，最后欧洲只剩下英德两国还在坚持军备竞赛。

此时全世界都在战战兢兢地注视着这两大豪强的对峙，担心这两支全球最强的海军会不会擦枪走火。

不过越是大国，处事风格往往越谨慎，即使是对峙也讲究个锱铢必较，日拱一卒。毕竟无畏舰这玩意停在港口里的时候威慑力最大，真出去玩沉了，那可就要哭爹喊娘了。

英德两国尽管已经站到历史舞台的中央开始剑拔弩张，但怼得还是十分克制，终究是没搞出什么大新闻。

然而再谨慎的大哥身边，也会有那么一些鲁莽的小弟……

大国吊车尾[①]

1867年，刚刚在普奥战争中失败的奥地利被普鲁士踢出德意志联邦，"国生"跌入低谷。正所谓屋漏偏逢连夜雨，此时奥地利统治下的匈牙利则趁着这个机会开始跃跃欲试，意图独立。为了稳住匈牙利，奥地利只好提升匈牙利的地位，把奥地利帝国改组为奥匈帝国。

奥匈帝国名头很响，地盘很大，纸面数据名列欧洲五强。但是这个国家的民族构成比较复杂，没有一个主体民族占比超过50%，这也是普鲁士不想将其留在德意志的原因之一（人家只要日耳曼人）。

当时欧洲国家的发展趋势是向民族国家进化，即一个国家的人基本上同属一个民族。这类国家的优势是凝聚力强，较容易形成共同体意

[①] 吊车尾，原意为吊在马车尾部的装饰，现意为最后一名或拖后腿。

识，在战场上也更能打。

在大国之间的这场"跑步进入民族国家"的竞赛中，奥地利是个吊车尾。一方面是因为它本身的民族成份复杂，另一方面也因为它仍是一个古典帝国的形态，于是奥地利的发展便逐渐被其他大国甩开一个身位。

奥匈皇帝弗朗茨·约瑟夫一世倒是颇为勤政，为了管好这个成分复杂的国家，这哥们儿一口气学了八门语言，总算可以跟大部分国民顺畅交流。但是，一个好皇帝并不能弥补国家间的代差，在当时的欧洲，英法德俄才是四大天王，奥匈帝国只能算是个二流货色。

当俄法想着怎样争霸欧洲，英德想着怎样争夺世界的时候，奥匈帝国只能想着自己门前的一亩三分地，说到底它在欧洲舞台上就是个跑龙套的。当它把这个龙套跑到20世纪初的时候，突然就稀里糊涂地被命运推到了历史舞台的中央，以一己之力把欧洲大佬们全都拉下了水。

他是怎么做到的呢？

这还得从俄罗斯说起……

第十章

不可避免的"一战"

第十章 不可避免的"一战"

天降横财

我们知道欧洲大国都爱出海抢劫，出海这件事除了要靠努力，还得看运气。有些国家天生运气不好，偌大的国土愣是没有好的出海口，比如说俄国，俄国大部分海域一到冬天就会结冰。

正所谓物以稀为贵，身患"出海口不足综合征"的俄国对任何一个凑合能用的出海口都是如饥似渴，其中就包括黑海的出海口。

其实黑海的出海口也谈不上有多好，因为黑海是一个内海，并不直通大西洋。要想从黑海去到大西洋，得先通过狭窄的土耳其海峡进入地中海，然后再横穿地中海，出了直布罗陀海峡才能进入大西洋。

俄罗斯"内海套娃"

但就是为了这么一个凑合能用的出海口,俄国跟奥斯曼土耳其帝国(今土耳其)从17世纪一路干到19世纪,大型战争不下十次。

历史上的奥斯曼帝国可不是今天那个土耳其,人家巅峰时期的疆域横跨亚欧非三片大陆,整个黑海都是他的内海,连希腊都在它的统治范围内。这也是今天的土耳其人仍旧怀揣大国梦的原因,毕竟人家祖上确实阔过。

双方在这两百多年里各有胜负,最终俄国在1877年的战争中总算是彻底把奥斯曼帝国打残,拿下了黑海的控制权。要不是英德奥(匈)等国的场外干涉,奥斯曼首都君士坦丁堡都得被俄罗斯给吞了。

既然是俄国赢了,奥斯曼帝国自然就要按照俄国的意思签个城下之盟,这就是《圣斯特法诺条约》。

这个条约让俄国非常满意,他凭借此条约获得了随意进出土耳其海峡的权利,同时还在巴尔干半岛建立起了一个版图辽阔的"大保加利亚公国"。这个公国实际上就是俄国用来控制巴尔干半岛的白手套。

但就在这时候,之前一直蹲在旁边看热闹的欧洲大佬们倏地跳了出来,纷纷攥住俄国的衣袖,喊道:"朋友,条约可不能这么签啊。"

丛林世界没什么道理可讲,仗是你打的,死的人是你的,条约却不是你想签就能签的。

列强不能容忍俄国彻底控制巴尔干半岛,并且十分忌惮这个超级大国自由进入地中海,于是集体向俄国施压,要取消《圣斯特法诺条约》。

眼见各方势力僵持不下,德国站出来当了回和事佬。1878年,在时任德国宰相俾斯麦的邀请下,各国代表前往柏林开会商讨这个问题。

西方列强处理战后秩序的套路一直都差不多,无非就是战胜国占一部分、战败国留一部分、第三方势力捞一部分、部分地区再独立一部分,最后搞出个大家都勉强接受的局面,同时还留下一堆不知道什么时

第十章 不可避免的"一战"

候会爆发的隐患。

其中争议的焦点就是位于黑海和地中海之间，曾经属于奥斯曼帝国的巴尔干半岛。

经过一番艰难的扯皮，与会各国总算拉着俄罗斯重新签了个《柏林条约》，根据这个条约，巴尔干半岛上的罗马尼亚、塞尔维亚、黑山等国独立，波斯尼亚和黑塞哥维那（即波黑）仍留在奥斯曼帝国的版图内，但是得交由奥匈帝国托管。英国则分到了土耳其南面地中海上的一个叫塞浦路斯的小岛。

《柏林条约》最大的作用就是大幅缩减了之前通过《圣斯特法诺和约》建立起来的那个"大保加利亚公国"的领土，这就相当于让俄国吐出了他在巴尔干半岛的大部分利益。

同时，半岛上面的很多地区被赋予了独立的地位，少数像波黑和塞浦路斯这样的地区则被分而食之。

对于这个局面，奥斯曼土耳其倒是没什么好抱怨的，自己本来就是败军之将。不过俄国就没那么舒坦了。

签了《柏林条约》，俄国本来已经到手的巴尔干半岛就成了镜花水月，更糟的是，该条约还规定俄海军不得通过土耳其海峡进入地中海。

你要黑海是吧？没问题，那你就蹲在黑海里别出来了。

俄国回家看着条约越想越气。老子打了两百年，结果最关键的东西一个也没捞着，好处都喂给了欧洲。再说，这面子上也过不去啊，《圣斯特法诺和约》才签署没几个月就被当着所有人的面公然撕毁，这让俄国以后还怎么在道上混。

就在俄国怒火中烧的时候，另一边的奥匈帝国则乐得合不拢嘴。这个国家屁事没干，只是过来开了开会就白得了一个波黑，深刻诠释了什么叫"见者有份"。

253

当然了，名义上奥匈帝国对波黑只是"暂时托管"，该地区的主权仍属奥斯曼土耳其，但这个托管期限长达20年，里面的操作空间非常大，基本就相当于白给了。

有时候国运来了真是挡都挡不住。

然而命运中的所有馈赠，其实都已经悄悄标好了价格。奥匈帝国吃下了这个天上掉下来的大馅饼，同时也就埋下了一颗会将所有人带上天的巨雷。

"契约精神"

19世纪的欧洲各国逐步往民族国家的方向进化，一个民族构成一个国家开始成为标配，民族认同也开始抬头。

不过现实中往往会存在一个国家里有多个民族，或者一个民族分散在多个国家的情况。比如说巴尔干半岛上的国家里就生活着很多和俄罗斯人同民族的斯拉夫人，这些人很容易因为民族认同而跟俄国站到同一条战线上。

而这正是俄国再次染指巴尔干半岛的契机。

其中最典型的就是塞尔维亚人，他们不仅也是斯拉夫人，还和俄国人有着共同的宗教信仰，所以俄塞两国是天然的盟友。

既然都是一家人，那就一起搞事吧。

在俄国的支持下，塞尔维亚一方面大肆扩张军备，另一方面到处撺掇周边国家的塞族人搞独立，想方设法扩大版图。

俄国的策略很明显，之前的"大保加利亚"被你们这些欧洲人给整黄了，那我就再搞个"大塞尔维亚"出来。

第十章　不可避免的"一战"

在塞尔维亚身边的几个地区里，塞族人口最多的就是被奥匈帝国托管的波黑，再加上这个地区的归属本来就不明不白，于是这里就成了塞尔维亚的重点搞事目标。

1908年，《柏林条约》规定的20年托管期限已到，在这些日子里，奥匈帝国励精图治，把波黑管理得井井有条，如今终于要把这片繁荣的热土还给他原本的祖国奥斯曼土耳其——那是不可能的。

事实上，托管期一到，奥匈帝国就单方面宣布吞并波黑。欧洲人的契约精神跟闹着玩似的，有借有还什么的基本都在梦里。

这个做法毕竟是公然撕毁协议，难道就没有后果吗？

有，奥斯曼土耳其就第一个站出来提出反对，说好了只是限期托管，怎么就成了到期吞并？这个世界还有王法吗？

当然没有。

奥斯曼土耳其虽然委屈，但奈何国力衰微，所以喊破喉咙也没人理。

这个时候真正闹得厉害的是旁边的塞尔维亚，虽然从理论上说，波黑的归属是奥匈和奥斯曼之间的事，跟塞尔维亚没有半毛钱关系。

但丛林世界从来就不是一个讲道理的地方，塞尔维亚苦心经营塞族分离势力多年，等的就是托管期一到就在这里趁乱咬上一口，谁知竟被奥匈"先下口为强"，真是"是可忍，孰不可忍"！

从纸面上看，塞尔维亚只是一个小国，但它比奥斯曼更难对付，因为它背后还站着一个强大的靠山：俄国。

再说，波黑当年就是俄国打下来的，要不是迫于列强的压力，也不会白白送给奥匈。你奥匈想吃掉波黑，得先问问俄国的拳头同不同意。

出乎大家意料的是，俄国居然对奥匈帝国吞并波黑的计划视而不见，听之任之。难道堂堂沙俄还怕一个欧洲二流国家不成？

那倒不是，出现这种情况，主要是因为奥匈帝国早早就给俄国开出了一个它无法拒绝的条件：你支持我吞并波黑，我就帮你在欧洲说话，让欧洲大佬们对你开放土耳其海峡，允许你的舰队进入地中海。

事实证明，盟友就是拿来出卖的。俄国得到了奥匈帝国的许诺后眼睛一亮，瞬间就把塞尔维亚晾一边去了。

事实也同样证明，诺言就是拿来违背的。奥匈帝国成功吞并波黑后，就绝口不提曾经给过俄国的许诺，就好像什么事都没发生过一样。

一来二去，东南两大斯拉夫人被耍了个遍。

如今木已成舟，塞尔维亚气急败坏，拉着俄国要去跟奥匈帝国大干一场，但奥匈帝国也是有靠山的：德意志帝国。

1908年的俄国刚刚经历了日俄战争的惨败，国力还在恢复中，实在下不了决心跟如日中天的德意志干一场，于是整个事件就在塞尔维亚的骂骂咧咧中不了了之。

这个结局对奥匈帝国来说非常完美，只是波黑人口中毕竟有40%是塞尔维亚族裔，社会稳定是个大问题。在邻国塞尔维亚的影响下，这些塞族人整天闹事，搞得奥匈帝国非常头疼，需要经常想办法去救火。

当然，在奥匈帝国看来，最好的办法是有朝一日吞了塞尔维亚，一劳永逸地解决所有问题。

史诗级秀恩爱

1914年，蠢蠢欲动的奥匈帝国决定在波黑举行大规模军演，兵锋直指塞尔维亚。演习开始的日期定为6月28日，这一天，奥匈皇储斐迪南大公携王妃亲临波黑首都萨拉热窝检阅部队。

第十章　不可避免的"一战"

此时的国际气氛非常紧张，皇储夫妇二人却十分兴奋，因为在这个山高皇帝远的地方他们可以做一件在奥匈帝国首都做不到的事——夫妻驱车同游。

身为一国皇储，连和老婆一起坐个车都不行，这是什么道理呢？

这主要是因为这个王妃出身低微，不受皇室待见。她来自一个落魄的贵族家庭，遇见斐迪南大公的时候已经混成了一个女仆。

奥地利皇室不缺情种，皇帝弗兰茨·约瑟夫一世在年轻时就不顾母后反对迎娶茜茜公主，皇太子鲁道夫干脆和情人殉情，而替补上位的皇帝侄子斐迪南大公则不惜用后代的皇位做筹码，上演了一场惊天动地的"灰姑娘式"爱情故事，把一个女仆娶进门。

可见对于政治野心不大的皇室成员来说，当不当皇帝对丰富人生体验已经没多大效果了，还是娶个自己喜欢的老婆更快乐。在面包管够的基础上，爱情绽放出了耀眼的光芒。

不过在这一天，塞族人可没有奥匈皇储夫妇那么轻松惬意，他们心里五味杂陈，因为对他们来说，6月28日是个特殊的日子。

1389年6月28日，塞尔维亚被奥斯曼土耳其帝国打得惨败，从此开始了长达500多年的亡国史。要不是俄国打废了奥斯曼帝国，塞尔维亚现在还在奥斯曼帝国的版图里。

所以这一天是塞尔维亚人的国耻日，在这个时候军演，无异于戳塞族人的肺管子。

1914年6月28日上午的萨拉热窝街道上，奥匈皇储的车队正浩浩荡荡地行进着，突然间，围观的人群中冲出了一个刺客，将一颗炸弹扔向皇储的座驾。

幸好斐迪南大公并非等闲之辈，在关键时刻他眼疾手快，抬手一挡就将炸弹挡了出去，最后仅仅是炸伤了几个随从。

作为一个见过大世面的贵族，遇刺后的斐迪南面不改色心不跳，命令车队按原计划抵达市政厅，并在欢迎会场致辞。

一般来说，遇刺这么倒霉的事情不可能在一天之内重复发生。演讲结束后，斐迪南决定再次出门，准备乘车去医院看望刚刚在爆炸中受伤的随从。

在斐迪南走出市政大厅的那一刻，他身上散发出来的这种平易近人和英勇无畏的人格魅力彻底征服了"吃瓜群众"，人群中爆发出了热烈的掌声和欢呼声，一个伟大领袖的光辉形象呼之欲出。

紧接着他们的车队再次出发，然后人群中又冲出来一个刺客，这次用的是手枪，砰砰砰，三发子弹被皇储夫妇一一认领，这一次皇储认输了。

事实证明，遇刺这种事真的可以在一天之内重复发生，这个故事还告诉我们一个道理：现实中没有主角光环，该低调的时候还是得低调，而且不要随便秀恩爱。

刺杀斐迪南大公的凶手是"波斯尼亚青年党"的成员，他很快被捕，根据他的供述，这次参与行动的刺客竟然有十几个。

现在问题来了，这么大规模的刺杀行动，背后的组织者是谁？

奥匈帝国认为这铁定是塞尔维亚政府干的，但它没有证据。

塞尔维亚政府在这段时间里一直在阻止国内的极端分子出境，就是为了防止他们在这个敏感时期跑到波黑去搞事。塞国政府甚至还提醒过奥匈政府注意波黑的安全问题。

两国虽然不对付，但塞尔维亚政府并不傻，暗中撺掇塞族人闹事的胆子他们有，而且很大，但他们没胆子公然刺杀奥匈皇储挑动国战。毕竟双方国力不在一个层次上，谁闲得没事喜欢拿鸡蛋碰石头玩呢？

这个道理很简单，但并不重要，因为奥匈帝国早就想吞掉塞尔维亚，缺的只是一个理由而已。反正皇帝的亲戚满地跑，送上门的机会不好找，现在皇储被献祭了，代价有点大，但对奥匈帝国来说其实是瞌睡碰到枕头，求之不得。

另一方面，听到这个爆炸性的头条新闻后，欧洲列强也没有太过在意。在那个年代，政要遇刺这种事颇为稀松平常，大家见怪不怪了。

比如说俄皇尼古拉二世还是太子的时候就曾在日本被人当街砍过脑袋，德意志铁血宰相俾斯麦也在街头被人开枪射击过，而美国已经被干掉了三个总统……

在那个年代的西方玩政治，你要不被刺杀个几回，你都不好意思说自己是大人物。当然能不能活下来就看造化了。

斐迪南大公的造化显然不够，而此时的奥军统帅康拉德已经快乐加满，在他看来，奥军的铁蹄马上就可以踏进塞尔维亚，彻底解决这只待宰的羔羊了。

命运的齿轮

奥匈帝国的实力比不上英法德俄这"四大天王"，但拿捏一下塞尔维亚这种小国还是手到擒来的，唯一的问题就是塞尔维亚背后的那个大佬——俄国。

跟俄国比，奥匈帝国就不是个儿了。不过参照之前吞并波黑的经验，奥匈帝国相信，只要盟友德国坚决支持自己，俄国就不敢怎么样。于是在1914年7月5日，它就把求助信送到了德皇威廉二世的手中。

德奥本来就是盟友，威廉二世也自视甚高，觉得天底下没有他摆不平的事，再加上刺杀皇储这种行为威胁皇权，是所有欧洲皇室共同的敌人。所以威廉二世毫不犹豫就表示了支持：放心打，谁敢来插手我就揍谁。

威廉二世嘴巴上高调，心里并没有做好战争的准备。这位大爷只是想当然地认为只要自己态度足够坚决，其他国家就不敢插手，到时候奥匈帝国随便折腾一两个星期把塞尔维亚揍一顿就完事了。

看着咄咄逼人的奥匈帝国，其他列强也没闲着。7月20日，法国总统访问俄国，目的是确认一下两国关系的稳固程度，同时也和俄国商讨一下当时紧张的塞尔维亚局势。

法国不想被卷入战火，它表示各国应该将危机控制在塞尔维亚境内，也就是说，法国想确保欧洲的"四大天王"不会掺和此事。

如何确保呢？

法国的办法是做出一个备战的姿态，召回所有在休假的军官，以此向德国施压，避免其轻举妄动。

欧洲列强的逻辑其实都差不多：只要我的样子够狠，别人就不敢出手。

奥匈帝国可不管法国在干什么，在得到德国的保证后，它觉得这个世界上已经没有什么能够阻挡它了。于是在1914年7月23日，奥匈帝国向塞尔维亚发出了最后通牒。

这个通牒的内容非常严厉，已经严重干涉到塞尔维亚的主权。里面居然要求塞尔维亚按奥匈帝国列出来的名单去逮捕本国的"反奥官员"，而且整个过程还得允许奥匈帝国派人参与。

如此严厉的最后通牒，奥匈帝国给予塞尔维亚的回复时间只有48个小时。

此时的俄国沙皇正在庆祝罗曼诺夫王朝成立300周年，他在得知这个通牒的内容后十分震惊：奥匈帝国居然比我还蛮横！

第十章 不可避免的"一战"

震惊归震惊，沙皇并没有往太严重的后果上想，因为巴尔干半岛这个地方本来就是个火药桶，爆发各种冲突是家常便饭，大家早就习惯了。按过往的经验，这里无论怎么闹也不会对欧洲核心地区造成什么影响。

毕竟哪个大佬会真的为了这里的三流小国豁出去呢？

事情发展到这一步，各国都拿出了自己的态度，威胁的威胁，支持的支持，围观的围观。只有塞尔维亚是真的慌了，它看着这份最后通牒，陷入了进退维谷的境地：答应吧，主权没了；不答应吧，国土没了。

7月24日，塞尔维亚摄政王赶紧跑去恳求沙皇出手：看在斯拉夫人的面子上，拉兄弟一把。

都是兄弟，不表示一下确实说不过去，于是在第二天，沙皇批准国家进行部分动员，做个姿态，企图吓退奥匈。

所谓"国家动员"，就是国家把资源按照战时的要求进行配置，包括征兵、拨款、筹集物资……

如果某个国家进行了"全国总动员"，那么战争基本就不可避免了。此时俄国搞的是"部分动员"，多少还是留了点余地。

但无论如何，战争的阴霾已经出现在欧洲上空。经验丰富的英国人很快就发现情况不对，遂在27日集结全英海军，并要求舰队官兵待命，实际上进入了备战状态。

而法国还在懵懵懂懂地走流程，一边劝奥匈帝国延长通牒期限，一边建议国际社会共同调查暗杀事件。法国此时还没搞明白奥匈帝国到底想干啥。

看到法国犹犹豫豫的态度，德国判断法国不会坚定地支持俄国，不足为虑。

48小时很快就过去了，左思右想的塞尔维亚终于决定认怂，接受了最后通牒的大部分条件，只是拒绝了里面干涉本国司法和主权独立的要求，并请求奥匈帝国再考虑考虑。

外交谈判嘛，总得是有商有量，不可能一上来就让对方全盘接受你的条件。塞尔维亚已经摆出了一个非常低的姿态，按正常的外交逻辑，这算是诚意十足了，接下来就应该是双方坐下来开始讨价还价。

然而，奥匈帝国等的就是你拒绝某些条款，只要你不是全盘接受，我就揍你。于是在收到塞尔维亚的回复后仅半个小时，奥匈帝国就宣布与其断交，并在第二天（1914年7月28日）正式宣战。

7月30日，早有准备的奥军开始炮击塞尔维亚首都贝尔格莱德。至此，19世纪下半叶以来，以俾斯麦为核心的一批欧洲政治家共同维系的大陆和平走向终结。

看到奥匈帝国居然动真格的，俄皇尼古拉二世立刻下达了全国总动员令，并将军队开到俄奥边境。此时俄国动员起来的军队规模多达500万之众。

德皇威廉二世见状自然也不会坐视不理，他果断站出来履行对盟友的承诺，于7月31日向尼古拉二世发出最后通牒，要求其立刻从俄奥边境撤军。

手握500万雄兵的沙皇显然不是一纸空文就能吓退的，对于德国的最后通牒，尼古拉二世根本就懒得回复。

这下威廉二世突然感觉到可能玩大了，看着在俄奥边境不断集结的俄军，他犹豫了。

如果此时威廉二世能够悬崖勒马，那么欧洲的未来尚可一救。遗憾的是，在这个时候站在他身边的不是那个纵横捭阖的俾斯麦，而是一群热血军官和扩张意愿十足的资本大佬。

在大家的鼓励下，威廉二世终于下定决心。

第十章 不可避免的"一战"

1914年8月1日,德国全国总动员450万大军,向俄国宣战。

随着欧洲两大"天王"的下场,整个大陆的安全局势急转直下。

本来法国这边还保留着一丝和平的希望,法国的无产阶级领袖让·饶勒斯一直在致力于团结各国的工人阶级反对战争。结果在7月31日,让·饶勒斯被法国极端分子当街刺杀,不幸身亡,于是来自社会基层的反战力量也土崩瓦解。

德国向俄国宣战后,法国也开始全国动员,准备履行和俄国的军事盟约。

得知法国开始全国动员后,德国在8月3日抢先向法国宣战。

德国之所以急着先向法国宣战,主要是因为德国那些军事大佬的抽屉里放着一个早早就拟定好的军事计划——施里芬计划。

这个计划是专门为了应对德国被俄法两国包夹的不利形势而制订的。按照该计划,如果德国同时与俄法交战,那就应该首先闪击法国,几个星期内搞定法国后再转过头进攻俄国。利用俄国集结军队速度慢的特点,打个时间差,避免腹背受敌。只要战端一开,不管你法国宣没宣战,德国都要先打你。

德国确实动作很快,在宣战当天就对法国发起了进攻,不过德法边界有法国长期经营的坚固防线,不好突破。为了达到闪击的效果,德国决定取道"弱小"的比利时杀进法国本土。

于是,在对法国宣战后的第二天,即8月4日,德国又向比利时王国宣战。

比利时就这样稀里糊涂地成为战争的一部分,可谓人在家中坐,祸从天上来。

比利时的地位非常特殊,它从19世纪开始就是一个中立国,是德法英之间的缓冲地带,这个中立地位受德法英俄奥五大欧洲强国共同维护，是大佬们之间的一个重要默契。

结果德国为了闪击法国，公然无视长期以来的默契，对这个中立国举起了屠刀，这就坏了规矩。

这种做法直接震撼了海峡对岸的英国，本来英国的军事战略是"海上优势+大陆均势"。也就是我只要保证能封锁海面就行，你们欧洲打成什么样我都懒得理，如果大陆上真有国家想攻打英国，那就让法国先去阻击。

但德国对中立国比利时这么一拳下去，英国突然就意识到，德国的扩张是没有底线的，如果坐视它席卷欧洲，欧洲大陆的均势将会被打破。这是英国万万不能接受的。

于是就在德国向比利时宣战的当天，英国对德宣战，数十万英军乘舰渡海。

这下"欧洲四大天王"都齐活了。而当时英日之间有同盟条约，远在东亚的日本也跟着一起对德宣战。当然，为盟友两肋插刀什么的是假的，想趁机抢夺德国占领的中国青岛才是真的。

现在的情况是德国不得不在欧洲同时面对英法俄三大一流强国，压力可谓山大，好在他们还有一个"压舱底"的盟友——与德奥同为同盟国的意大利。

意大利从德国统一战争开始就是德意志的亲密战友，曾与德意志联手对抗当时的奥地利联军。只是那次没发挥好，一出门就跪了，现在，证明自己的机会又来了。

然而，这一次，它干脆连门都懒得出。对面可是英法俄啊，可不是闹着玩的！我意大利中立啊，别来烦我。

意大利在坑德国方面从未让人失望，不过毕竟和德奥有盟约在身，还是得给自己的行为找个理由。

第十章 不可避免的"一战"

于是意大利就抓住了德国主动向法国宣战这个关键点，表示当年签的这个军事盟约是一个防御性质的盟约，现在是德国主动去打人家，自己就没有义务掺和了，因此不能算违约，意大利的信用依然满分。

意大利任性如斯，德国也不敢拿它怎么样，甚至还得继续哄着它，毕竟自己的朋友太少，德国还指望着意大利兄弟哪天能回心转意呢。不过意大利既然中立，这时候过来拉拢它的自然也会包括英法等国的势力。

最后到底帮谁呢？意大利并不着急，先看看哪边赢的机会大再说。于是意大利一边吃着双方送上来的好处，一边优哉游哉地开始坐山观虎斗。

到目前为止，整个战局的发展已经完全出乎德国的预料：

- 它以为隔海相望的英国不会插手，结果英国来了；
- 它以为俄国集结完部队至少需要6个星期，结果人家只用了6天；
- 它以为打比利时只是走个过场，结果比利时极其顽强，严重拖慢了德国的进攻节奏；
- 更糟的是，它以为奥匈帝国会轻松解决塞尔维亚，然后过来分担一下自己的压力，结果奥匈这败家玩意愣是没把塞尔维亚打下来；
- 至于"亲密战友"意大利，居然直接撂挑子了。

德国苦战一个月，好不容易进入法国，结果在巴黎附近的马恩河战役中再也未能更进一步，"闪击"战略彻底破产。

不能按计划快速拿下法国，德国就陷入了东西两线作战的窘境中。

战争打到1915年，德国一度把进攻重点转向东线的俄国，结果又被俄军击退。屋漏偏逢连夜雨，正是在这一年，之前一直坐山观虎斗的意大利转身投奔了英法俄。

没办法，他们给的实在太多了（英法俄用大量奥匈帝国的领土给意大利开了空头支票）。

当然意大利后来在战场上的表现也没有让人失望，它保持了"优势在我，一触即溃"的一贯作风，作为进攻方反被德奥联军打进领土100多公里，还拖住了大量的英法部队（为了救它），但这些都是后话了……

东线进攻失败后，德国在1916年再次把进攻重点转向西线的法国，这一次双方在法国防线的中枢——凡尔登要塞彻底杠上了。这就是著名的"凡尔登战役"。

双方在凡尔登战役中陷入了旷日持久的消耗战，总共投入的兵力多达200万。随着时间的推移，军队士气日益低落，谁也看不到胜利的曙光。

仗打到现在，德国在欧洲大陆已经陷入极其被动的境地，不得不开始寻找新的出路。在这个时候，威廉二世看向了大海。

海洋的权柄

其实在开战之初，德国海军就跟英国海军交过手了。

一战刚开战的时候，英国海军的贝蒂少将就率领高速战列巡洋舰分队突袭了德国赫尔戈兰湾军港，结果摧毁了德军几艘正在外围执行巡逻任务的轻型战舰（赫尔戈兰湾海战）。

不过德国海军也不是一直被动挨打，首先为德国海军立功的是远在

第十章 不可避免的"一战"

中国青岛的海外分舰队[①]。这支舰队的主力是2艘13000吨级的"沙恩霍斯特"级装甲巡洋舰和其他若干轻型巡洋舰。

1914年战争爆发后，日本以"英日同盟"为借口向德国宣战，并准备争夺德国强占的中国青岛。

驻扎在青岛的德国分舰队司令斯佩很清楚，这里孤悬海外，迟早是守不住的。尽管舍不得这个曾经投入巨资打造的基地，他还是果断率领舰队出港，开赴太平洋打游击去了。

斯佩舰队总共就没几艘战舰，结果还搞了一个兵分两路：队中的一艘4300吨级的轻巡洋舰"埃姆登"号在大部队前往太平洋的时候自告奋勇去了印度洋。事后证明这是一个非常聪明的决策。形单影只的"埃姆登"号很快在印度洋展现出了自己非凡的"海盗天赋"。它通过竖起假烟囱等手段改变外观，假扮协约国舰只到处掠袭协约国的商船。协约国虽然恼怒，但要在茫茫大洋上寻找一艘战舰无异于大海捞针，最后协约国动用了六七十艘军舰搜捕了三个月才成功将其抓获。

这一路下来，"埃姆登"号共航行了约3万海里，拦截了23艘协约国商船，并炸沉其中16艘，甚至还击沉了一艘俄国巡洋舰和一艘法国驱逐舰。当然了，"埃姆登"号选择自己独自分头行动还有一个重要的目的：为大部队吸引火力。

果然，由于协约国的大量军舰都被"埃姆登"号吸引去了印度洋，太平洋上的斯佩舰队并没有遭到密度太大的追捕。于是他们充分发挥了军舰"想去哪就去哪"的强大机动能力，四处猎杀和抢劫英国的商船和港口。

斯佩舰队靠着抢夺到的港口物资以战养战，从亚洲一路杀到南美

[①] 1897年11月13日，德国以"巨野教案"为借口，将军舰驶入我国胶州湾并登陆，强行占领青岛，后与清政府签订《中德胶澳租借条约》，强租胶州湾及南北两岸。

洲，甚至还在智利附近的科罗内尔干掉了一支前来搜捕他们的英国装甲巡洋舰编队。

自大的英国人在海外"阴沟翻船"，这对他们来说无异于奇耻大辱。皇家海军立刻下令从本土抽调一支包括两艘精锐战列巡洋舰在内的舰队去进行截杀。

1914年12月8日清晨，斯佩舰队来到位于阿根廷东部的"马尔维纳斯群岛"（英国称"福克兰群岛"）。

他们"照例"准备开进港口进行打劫，结果一靠近就发现港口里满满当当地停着由两艘战列巡洋舰领衔的英国舰队。

而看着突然出现在眼前的"气势汹汹"的德国舰队，英国人一时间目瞪口呆。他们头一天才刚刚抵达，屁股还没坐稳，正准备休整一下然后去海上进行大范围搜索，结果一觉醒来德国人自己送上门了。

德国人赶紧扭头就跑。英国人见状立刻起床去开锅炉烧水启动蒸汽轮机，等了一个多小时蒸汽压力上来后，英舰便全速冲出港口开始追击。

正午时分，英军的"无敌"号和"不屈"号战列巡洋舰硬是凭借傲人的高航速从德军屁股后面追杀过来。

很快，德军舰队就进入英舰的主炮射程，斯佩眼看逃不掉，遂号令各轻巡洋舰分散跑路，跑掉一个是一个。斯佩率领两艘装甲巡洋舰殿后，誓与英军决战至死。他高喊着："与英国海军在七海之上作英勇的斗争，发扬德意志精神，将光荣延续到底，为了国家的利益，日耳曼的尊严，我们要流尽最后一滴热血！"

英国的两艘战列巡洋舰毫不留情，随着16门305毫米巨炮一轮轮齐射，斯佩舰队瞬间被摧毁，全军覆没，斯佩本人也连同儿子一起战死。

在英国海军这种强大的威压下，德国海军行事一直十分谨慎，除了偶尔派出高速战列巡洋舰去英国海岸边骚扰一下，大部分时间都让金贵的主力战列舰蹲在港口闭门不出，玩起了"存在舰队"，和甲午战争时期李鸿章的"保船避战"思想如出一辙[①]。

这样的结果就是德国家门口的海域被英国海军彻底封锁，而这也正体现了海权分配的规律：一片海域的制海权只属于这片海域里最强的那支海军。

海域被封锁，德国就失去了和海外市场交易的能力，到1916年，德国的进口额已经降至不足开战前的6成，出口额更是降至不足3成。国内不要说供应军事物资了，甚至已经开始饿死人。

德国之所以在战场上打得这么困难，除了战局发展出乎意料以外，国内物资的严重不足也是重要的原因。

但话又说回来，德国海军的实力虽然不如英国，但怎么说也是世界第二的存在。如果能找到机会战胜英国海军夺到制海权，那就可以反过来封锁欧洲列强，到时候物资不足的就是英法俄了。如此一来，整个欧洲战场的局势就会出现逆转。

此时德国海军能投入战场的各型舰艇有99艘，英国海军是151艘，双方都很强悍，但差距也客观存在。所以对德军来说，不能总是龟缩，但硬拼也不行，得智取。

只是"智取"说起来容易做起来难。海洋没有地形因素，大规模海战打起来就是简单粗暴的列阵对轰，玩不出太复杂的战术，这要如何"智取"呢？

德国人纷纷向海军司令波尔投去期待的目光，希望他能想出解决方案，结果这位老帅在1916年直接一病不起了……

就在这个时候，德皇威廉二世收到了海军中将莱因哈特·舍尔的一

[①] 据姚锡光《东方兵事纪略》（1897年）记载，李鸿章曾致电北洋水师提督（舰队司令）丁汝昌："汝善在威海守汝数只船勿失，余非汝事也！"

封信。这位中将在信中痛批德国海军这两年的保守怯懦、毫无作为，并表示如果让他来他就要干一票大的，更重要的是，此时的他心中已有成算。

威廉二世看后大喜过望，仿佛黑暗中迎来曙光，凛冬中盼来暖阳。

1916年初，威廉二世提拔莱因哈特·舍尔为新任海军司令，统领公海舰队（德国海军主力），剑指英国皇家海军。

正所谓养舰千日，用舰一时，此时帝国军港里的钢铁巨兽们已经蓄势待发，舍尔将率领它们去践行自己筹谋已久的宏大计划。

该来的总会来，大西洋注定只会有一个主宰。

1916年5月31日凌晨1点，由5艘战列巡洋舰组成的第一侦查分队和由6艘轻巡洋舰组成的第二侦查分队以及若干驱逐舰分队从港口鱼贯而出，朝着丹麦（日德兰半岛）海域驶去。这些舰队将去完成"智取英贼"的第一步。

而整个战略的"主菜"自然是由公海舰队司令舍尔亲自负责，侦查舰队出发一个多小时后，舍尔发出了命令，公海舰队的全部主力战舰拔锚起航。

第十一章

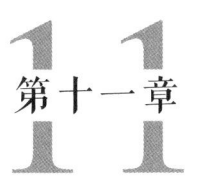

决战日德兰

第十一章　决战日德兰

1916年5月，第一次世界大战已经打了将近两年，此时大洋彼岸的美国也在通过各种渠道关注着这场人类历史上前所未有的浩劫。那片被战火吞噬的大陆正是它文明的起源，看到此情此景，美国的心情再也无法平静，它思绪万千、夜不能寐、情不自禁地流下了哈喇子……

恪守中立的美国在这两年赚得盆满钵满。

众所周知，战争是一个巨大的财富黑洞，它所进行的每一秒钟都要消耗大量的物资，而当时世界上还没被牵扯进战争、还在正常生产的现代工业大国就只有天高皇帝远的美国。

于是之前对美国爱答不理的各路列强，如今只得争先恐后地捧着黄金和借条往美国手里塞，以换取急需的战略物资。曾经迷信勤劳致富的美国一夜之间长大，他们突然明白了一个道理：大风真的能刮来钱。

当然，能取得这样的成绩也离不开欧洲各路军队的配合，它们自己虽然打得不可开交，但谁都没有在大西洋上为难美国的商船。于是美国可以放心地把货物源源不断地运送到买家手里。

美国人对当前这种海上秩序非常满意，既然如此，那就请欧洲的兄弟们千万不要停，接着奏乐接着打。

此时的美国还不知道，大西洋正在暗流涌动，它赖以发财的海上秩序其实已经摇摇欲坠……

德国的锦囊

美国引领的交易盛会掀起了欧洲购物的新高潮。但有一个重要国家却一直没有参与，那就是德国。倒不是德国抠门，而是它的海上贸易线路被英国海军卡住了脖子，有钱花不出。

于是德国只能眼睁睁地看着对手买买买，自己则不得不忍受物资短缺的苦楚。

正所谓一分钱难倒英雄汉，军队再能打也架不住后勤跟不上。站在德国人的角度看，既然这个局面是英国海军封锁造成的，那么锅自然就得由自己的海军来背了。

而此时的德国海军恰好处在一个颇为尴尬的境地。它要是实力非常弱也就算了，这样的话大家也不会对他寄予多少厚望。但问题是它实力并不弱，当时的德国海军是仅次于英国海军的世界第二。

但你要真对它寄予厚望嘛，它又确实没有英国海军强，人家是老牌的海洋霸主，纸面上的实力明显压过德军（实力对比大致是3∶2）。

海战的作战方式简单粗暴，用一句中国近代"著名"诗句来描述就是"大炮开兮轰他娘"，谁胜谁负就看双方的火炮谁大谁多，纸面上比你强就是真的比你强，弱者挑战强者的行为俗称"找死"。

于是德国海军就这么瞻前顾后地蹉跎了快两年，如今国内已经被封锁到饿死人了，他们的主力军舰都还全须全尾地蹲在港口里，整得跟个吉祥物似的。

那德国海军是不是就真的一点机会都没有呢？

也不是。正所谓"事在人为"，德海军实力虽然弱于英国，但差距也没到天渊之别的地步，弱势的棋局能否翻盘，主要还是看棋手。反正有一点是可以肯定的，老这么龟缩下去永远都没有机会。

1916年初，主张主动出击的海军中将莱因哈特·舍尔出任德国海军司令。舍尔虽然主张主动出击，但也并非一介莽夫，他很清楚硬来是不行的，得智取。

但是"大炮开兮轰他娘"的海战要怎么个智取法呢？

舍尔的基本思路是这样的：我们瞄准一支英国的分舰队，然后一把梭哈全军出击，造成一个局部的绝对优势，以微小的代价一口吃掉这支分舰队，从而改变双方海军的实力对比。

一旦英国海军在纸面数据上失去了对德军的明显优势，那他们也就失去了严密封锁德国海军的能力，再往后就算引发舰队决战，德军也不虚了。

这个思路听起来很合理，但为什么之前没有人想到呢？那是因为这个策略里还存在着一个巨大的难点：英国人不傻。

一来英国人不会无缘无故派一支分舰队到海上瞎逛，等着你来围剿。

二来就算真有那么一支分舰队在海上瞎逛被你盯上了，你又能怎么样呢？人家只要一看到你德国海军倾巢而出，肯定也会全军出击去接应这支舰队，不可能让你舒舒服服地以多打少。最后还是大家一起整整齐齐地"大炮开兮轰他娘"，一个下午就能给你干到大结局。

这可怎么办？

要想到办法，就得先了解一下当时英德海军对峙的基本局势：

英国和德国之间的这片海域有一个名称，叫"北海"。它是大西洋的一部分，但它和真正广袤的大西洋之间又隔着一个英国。

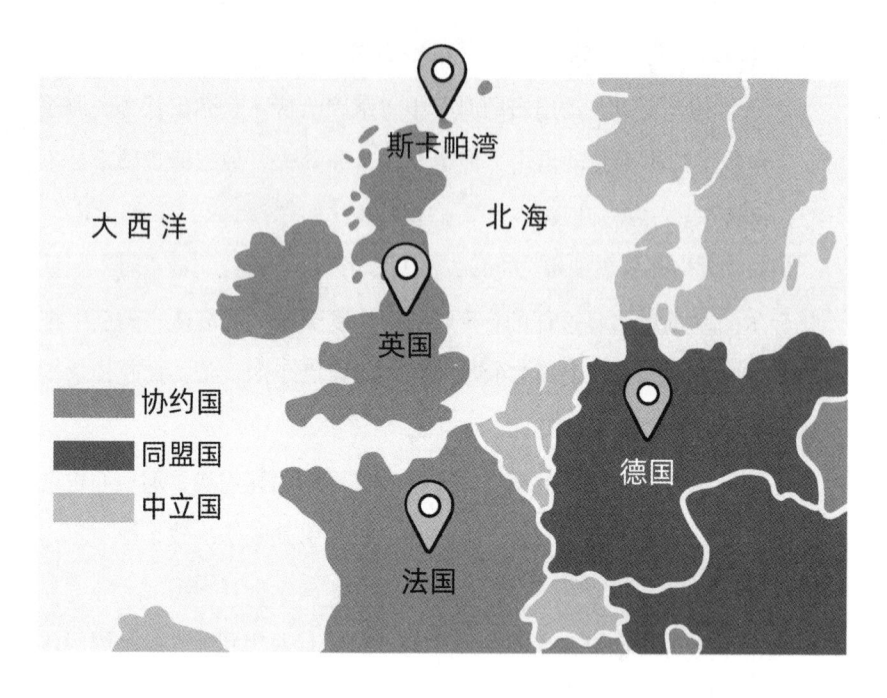

被围困的德国

德国海军想要真正到大西洋上驰骋，就需要先往南或者往北绕过英国。而南边是英吉利海峡，这里太过狭窄，已经被英国人用大量的水雷和老式战舰封堵，德军冲不过去，所以实际上只有往北一条路。

英国当然不希望德国海军冲出牢笼去威胁它的殖民地，所以英军就将包括所有战列舰在内的海军主力布置在北海北部的斯卡帕湾，扼守住进出大西洋的咽喉，由海军司令杰利科上将指挥。

这个部署就将德国海军彻底地封印在了北海之内。在这片不大的海域里，德国军舰但凡敢露头，英国人就马上可以冲过去给他们一顿猛锤。

所以德国海军当了两年缩头乌龟也不是没有道理的。当然，他们也不是一点事都没做，毕竟国家的工资还是天天在领，不干点活也确实说

第十一章 决战日德兰

不过去。

在这段时间里,德军把高航速的战列巡洋舰全部编为一队,由老油条希佩尔少将指挥,在北海里到处打游击。

战列巡洋舰和战列舰很像,两者吨位接近,火力相当,都是当时海军的主力。战列巡洋舰减少了装甲,腾出了更多的重量和空间来安装锅炉,所以航速更快,但防护力不如战列舰,可以简单地理解为"薄皮高速"版战列舰。

这类战舰特别适合执行灵活机动的任务,希佩尔就经常带队去偷袭一下英国商船,骚扰一下英国沿岸什么的,反正就是不让英国人睡个安稳觉。英国人不胜其烦,便以其人之道还治其人之身,同样也把旗下的主力战列巡洋舰编组为高速前锋舰队,驻扎在前线海域,专门负责搜捕截杀搞偷袭的德国人。

这支精锐高速分队的指挥官,是被寄予厚望的皇家海军新星——贝蒂中将。

贝蒂出身普通家庭,13岁就参加海军,一路摸爬滚打,仅39岁便晋升为少将,成为自纳尔逊以来最年轻的非贵族少将,后在1913年又晋升为中将,被誉为"纳尔逊再生"。丘吉尔对他极其看重,把高速前锋舰队的指挥棒交到了这位将星手里。

于是英德两支高速舰队就此在北海玩起了猫抓老鼠的游戏,警惕性极高的希佩尔大多数时候都能跑掉。

1915年初,希佩尔终于在一次偷袭行动中被贝蒂逮了个正着。

这一次希佩尔带出了四艘大型战舰,分别是"塞德利兹"号(旗舰)、"毛奇"号和"德弗林格"号三艘战列巡洋舰和一艘老式装甲巡洋舰"布吕歇尔"号。他们本想伏击多格尔沙洲附近的英国商船,却因为电报被破译,等他们开到的时候,等待他们的早已不是什么商船,而是贝蒂率领的"狮"号、"虎"号、"长公主"号、"新西兰"号、"不挠"号等五艘战列巡洋舰。

希佩尔毫无悬念地被贝蒂揍得抬不起头，自己也差点喂了鱼，最终还是侥幸带着大部分弟兄逃脱，只沉没了"布吕歇尔"号，史称"多格尔沙洲海战"。

德国人的这一仗虽然打得灰头土脸，损失了一艘装甲巡洋舰，却为舍尔智取英军提供了灵感。

我们刚才提到，舍尔的策略里有一个很大的难点：英国人不会乖乖地把一支分舰队送到你的主力面前。

所以该计划的关键就是想办法把英军的分舰队给勾引出来，而"多格尔沙洲海战"就提供了现成的办法。

自从开战以来，贝蒂舰队就像个跟屁虫一样一直在追着希佩尔舰队不放，所以只要让希佩尔充当诱饵，再次带着他的舰队在海面上出现，贝蒂就必然会有所行动。而由于上次未能全歼德军，说不定这次他们还会多带几艘重量级的军舰出来。

如此一来，鱼儿便上钩了，接下来就是收网。

收网的关键是速度，德军主力不能等到希佩尔钓上"大鱼"后才出动，因为那样会给英军主力留出太多的反应时间，导致以多打少的时间窗口关闭。

所以舍尔是这么计划的：

整支公海舰队（德国海军主力舰队的名称）会跟着希佩尔舰队一起出发，不过会一直保持在他身后80公里的地方。这个距离既离希佩尔舰队不远，又超出了视距范围，不会被"大鱼"发现。

一旦贝蒂舰队咬钩，希佩尔就要尽力拖住对方，并将贝蒂舰队往大部队的方向引。等贝蒂舰队进入包围圈，公海舰队就会如同天神下凡般突然出现在他们的面前,以多打少把他们一口吃掉。

在当时,无论是战列舰还是战列巡洋舰,都是价格昂贵且数量有限的"金疙瘩",只要能够一战击沉对方几艘"金疙瘩",就足以改变双方在海上的力量对比。

舍尔赶紧把他的锦囊妙计拍电报汇报给了柏林,威廉二世看到电报后精神为之一振,二话不说,准奏!

经过几个月的筹备,1916年5月31日凌晨1点,舍尔的计划正式启动。

首先出港的是希佩尔(此时已升为中将)率领的诱饵舰队(以5艘战列巡洋舰为核心,下文简称"希佩尔分队"),这支分舰队将在太阳升起后开到挪威海岸以南,在那里招摇过市,找机会欺负一下路过的英国渔船商船什么的,以此吸引皇家海军这条"大鱼"。

就在希佩尔舰队出发一个多小时后,舍尔亲自率领的公海舰队主力也鱼贯而出。他们会一直和希佩尔保持着距离,默默地等待着前方战报。

参与此次行动的德军各类舰艇总数达到了99艘。

整个计划看起来天衣无缝,接下来只需要按步骤进行,重创英国海军就只在弹指之间。然而这个世界上没有什么万无一失的计划,唯一可以确定的是永远会有意外发生,比如说英国人早早就截获了舍尔拍给柏林的电报……

梭 哈

德国人无论科技水平还是战斗素养都非常强悍,但不知是因为种族天赋还是因为懒得投资，他们的情报能力一直烂出天际，自己的密电被截获了还浑然不觉。

不过英国人只破译出了部分内容，他们只知道德国海军在这两天要搞事，但不知道他们具体打算怎么搞。当然，不管德国出动几艘军舰，这都是一个千载难逢的截杀机会，毕竟这帮怂货能鼓起勇气出来一趟可不容易。

于是早在德军出海的前一天，英国皇家海军司令杰利科就接到了来自海军部的命令，要求他率领皇家海军主力出港迎敌。

接到命令的杰利科感受到了前所未有的压力，一直以来他的战略都是利用英国海军的纸面优势对德国进行"远程封锁"，守好北大门就行，并不主动求战。

这个战略的关键就是求稳。作为强势一方稳字当头倒也合理，毕竟主力战舰都挺贵的，万一梭哈梭没了，这国运也就到头了。

只是这不符合英国"吃瓜群众"的期待，英国海军的传统是纳尔逊那样的一往无前一战定乾坤。对英国人来说，找机会和对手决战才是正道，老这么互相"你过来呀"算个什么事？

如今海军部的命令已经发到手上，杰利科稳是稳不下去了。不管他愿不愿意，纳尔逊的荣光都在向他招手，这一仗要是打好了，伦敦的大雕像马上就能安排上。

在实际操作中，由于不知道德军的具体计划，为了稳妥起见，只能按最严重的可能性来进行应对，于是杰利科命令皇家海军全军出击。

5月30日晚，就在德军出发前几个小时，英国皇家海军的151艘各类舰艇分别从3个港口出发，多头并进。

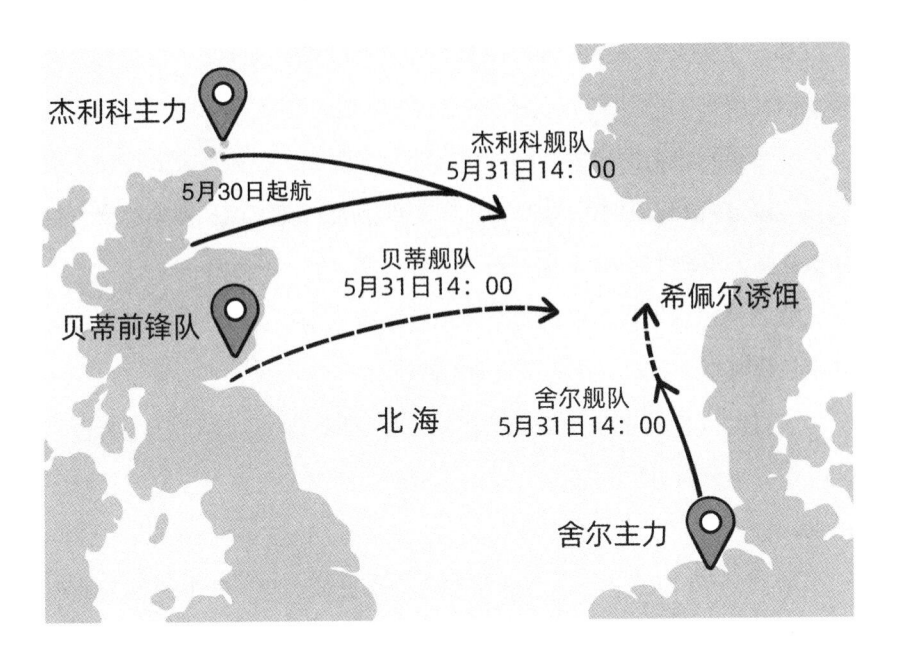

英德舰队出发路线示意图

按老规矩,在舰队前方担任前锋的还是由贝蒂率领的战巡编队(以6艘战列巡洋舰为主,以下简称"贝蒂分队")。为了保险起见,这次给贝蒂增加了4条"大鱼":4艘刚刚完工的"伊丽莎白女王"级战列舰,它们编组为第五战列舰分队(下文简称"女王分队"),就跟在贝蒂舰队后面,随时听候贝蒂的差遣。

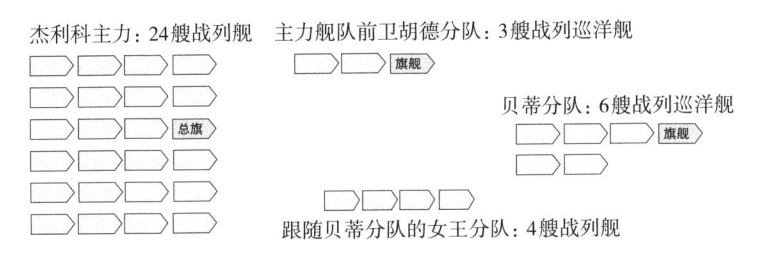

英国舰队编队示意图

那个年代没有卫星和雷达，大家对战场形势的判断基本都是连蒙带猜，信息获取主要靠散布在各个区域负责盯梢的潜艇。

由于英军出击的时候并没有整合成一支大舰队，而是分散行动，埋伏在英国港口附近的德国潜艇无法判断英国人到底出动了多少军舰，只知道英国人出动了。

收到潜艇的汇报后，舍尔半蒙半猜地得出结论：这只是英军的例行巡逻，问题不大，咱接着按原计划走就行。

实际情况绝对不是什么"问题不大"，而是"问题很大"，因为舍尔的计划只是把对方的几艘主力战舰引出来，而不是把整支皇家海军给引出来……

5月31日中午11点，大洋上的皇家海军开始会合，其中的24艘战列舰排成了6路纵队（每队4艘），他们打算先开到贝蒂分队后方90多公里的位置再做打算。

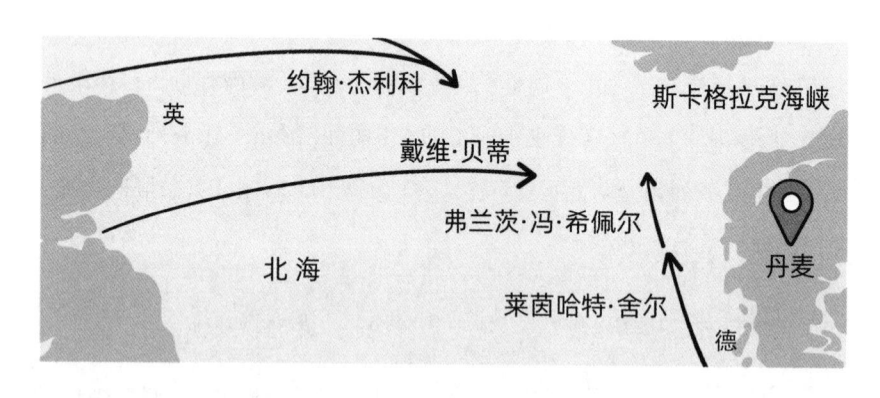

英德战前形势图

此时世界上的两大海军几乎是以同样的姿势举起了拳头，只是因为都不知道对方的葫芦里装着什么药，所以心态上还是比较谨慎的，主力舰队和前锋舰队都保持着较远的距离。

到了中午12点多的时候,一场灭顶之灾突然向懵懵懂懂的德军袭来:英军此时收到了关于德军主力舰队动向的情报。

现在英国人不仅预先知道了你要搞事,还知道了你主力舰队的动向,那么你实际上就成了一只裸奔的待宰羔羊。

在这样的情况下,英国人会怎么做呢?

既然知道德军主力已经倾巢而出,那么此时英国海军最合理的操作就是主力舰队立刻与前锋舰队合兵一处,然后开启最终决战,一举歼灭德国公海舰队。

英国人如果真这么操作的话,那么等待希佩尔那支"诱饵舰队"的就不是什么"几艘英国主力战舰"了,而是一次齐射就能让他们上天的整支英国皇家海军。

舍尔谋划猛如虎,希佩尔一命要呜呼。

"千里姻缘"

神奇的是,得到情报后的英军司令杰利科不仅没有下令舰队合并,反而让主力舰队减速,拉开与贝蒂分舰队的距离,让它单枪匹马冲在前面。

而贝蒂本人也丝毫不慌,自信满满地率领着麾下战舰加速前进。

这是怎么回事呢?英国人脑子短路了吗?

其实杰利科和贝蒂的决策都没什么问题,问题出在情报本身。一向不争气的德国情报部门这次终于扳回一局,把英国的"007"们给耍了。

当然,德国情报部门能有这样的发挥,主要还是依靠舰队司令舍尔的算无遗策:他早就料到英国人可能会刺探主力舰队的动向,所以他出

283

港的时候就特地在港口放了一个假冒的旗舰电台,假装旗舰还在港内发电报,而真正的旗舰则保持无线电静默,偷偷出发。

喜欢窃听电报的英国情报部门果然中计,于是他们传递给皇家海军的情报是这样的:德军旗舰还在港内,主力并未出港。

收到这个情报后,杰利科悬着的心总算是放了下来。在他看来,德军既然没派主力,那么他们搞的这件事自然就不会是什么大动作,顶多就是派希佩尔的小舰队出来偷鸡,有贝蒂领导的前锋舰队就足够了,自己应该率领主力远离战场,隐藏实力(避免被对方搞清楚己方主力战舰的具体数量)。

不过贝蒂等这个机会已经等了很久,他一直对一年前的那场"多格尔沙洲海战"耿耿于怀。

在那场战斗中,贝蒂开局占尽优势,他的旗舰"狮"号冲锋在前,重伤希佩尔旗舰和末舰。

但关键时候"狮"号被希佩尔舰队的齐射击穿水线,海水涌入动力舱,动力系统和发电系统严重受损,无线电不通,导致该舰不仅航速大减,而且还无法向舰队发出清晰的指令,只能靠旗语勉强传达一下信号。

战场本来就是一个意外频发的地方,实际作战讲究的是临机决断,现在老大被打成了哑巴和瘫痪,按理说其他军舰就应该赶紧自己想办法去继续战斗。

在这个关键时刻,其他军舰的舰长首先想到的都是"千万别自作主张,免得回去背锅"。

旗语命令不够清晰?不要紧,不清晰咱就琢磨,什么时候琢磨清楚了什么时候再行动,这是最稳妥的,然后他们就琢磨错了。贝蒂的旗语是让他们追击所有的德舰,他们的理解是只围攻已经重伤掉队的老式装甲巡洋舰"布吕歇尔"号。于是英国人就这样眼睁睁放走了希佩尔的主力，贝蒂脸都气歪了。

当时的英国海军在世界第一的位置上待得太久，已经患上了"大企业病"，系统里一个个都是"不求有功但求无过"的高手，丘吉尔甚至直接这样评价这支军队："一旦打起仗来，只会管理军舰的人远远多于善于指挥战争的人。"[1]说白了就是，打卡上班的专业人士很多，挺身而出的奋勇之士很少；平时工作看不出任何毛病，一到关键时候就谁也指望不上。

好在今天的行动还有贝蒂这样的猛人去为他们打头阵，这位"平民中将"所拥有的进取心绝非那些贵族军官能比，他正憋着一口气要弥补一年前的遗憾。

当然，压力其实也不是很大，因为贝蒂知道自己身后还跟着皇家海军的全部主力，自己需要面对的，只是一支小型的德国分舰队而已，怎么看都将是一场轻松的战斗。

德国那边的希佩尔也是这么想的，他也认为自己将要面对的只是一支英国的小型分舰队，而自己的身后则跟着公海舰队的全部主力。

于是这两支各自海军的先头部队就开始了愉快的双向奔赴。不过他们首先要面对一个问题：大海太大了。

一战时期的海战要打起来，其实是需要一些缘分的，茫茫的大海一望无际，双方舰队因为看不到对方而互相错过的事情时有发生。

下午两点多的时候，贝蒂和希佩尔其实已经开到同一片海域，但是由于相距较远，谁也没看见谁。再这么开下去，双方很可能就会就此别过，两国海军也就出门逛了个寂寞。

正当双方准备擦肩而过的时候，一艘丹麦靓仔大摇大摆地从两支舰队之间的区域路过。这是一艘货轮，开足马力的它从烟囱中喷出了高耸

---

[1] 陈朴，《巡航者》[N]，内蒙古人民出版社，2003年．

入云的黑烟。

这根烟柱过分醒目，很快就引起了贝蒂和希佩尔的注意，于是双方都派出了侦察船前去一探究竟。下午2点20分，英德侦察船同时发现了对方，于是各自舰队中担任前哨的轻型巡洋舰立马开始交火，一场海战就此打响。因交战区域临近丹麦所在的日德兰半岛，所以此战史称"日德兰海战"。

冤家路窄

希佩尔很快得到了前哨部队与英舰交火的消息，一开始他只知道是自己的轻巡碰上了对方的轻巡，至于对方轻巡后面跟着什么，他并不清楚。

希佩尔的心情既兴奋又复杂，兴奋的是英国人终于上钩了，复杂的是如果英军总共就来了这么几艘轻型巡洋舰，那么这个庞大的钓鱼行动就算是白费了。这点肉还不够煤费的，怎么着也得钓上几艘战列巡洋舰才行啊。

于是希佩尔就怀着忐忑的心情开往交火地点，1个小时后，他终于看到了海平面背后的烟云，那是正在升出海面的英国战列巡洋舰编队。

大鱼上钩了！

英军阵中领头的是贝蒂的旗舰"狮"号战列巡洋舰，这艘战舰化成灰希佩尔都认识，正是它在一年多前差点送自己喂了鱼。

而英军的贝蒂当然也看到了一年多前从自己手中侥幸逃脱的希佩尔舰队。

仇人相见分外眼红，原来是你小子！

不过再怎么眼红，希佩尔的头脑还是很清醒的：自己的任务是当诱饵。于是他立马下令舰队调转船头，朝身后公海舰队主力方向驶去。

在贝蒂看来，德国海军这个举动真是"士别三日，不用刮目相看"，这不还是那个怂样吗？

其实就纸面实力来说，贝蒂分队并不比希佩尔分队强多少，仅是多一艘战列巡洋舰而已（6比5），硬要追上去决战的话，鹿死谁手还未可知。不过贝蒂是英国海军传奇纳尔逊的铁杆粉丝，恪守着英国海军最传统的信条——皇家海军，逢敌必战。

此时贝蒂的心里只有一个想法：决不能再让德国人跑了。

另外别忘了他还留有一只后手：前文提到过这次贝蒂舰队后面还多了4艘英国最新式的"伊丽莎白女王"级战列舰。

该型战舰拥有当时世界上最粗的381毫米主炮和英国海军里最厚的装甲，而且率先装了全燃油锅炉，所以速度也是战列舰里最快的。

这只"后手"现在就跟在贝蒂身后十几公里的地方，于是贝蒂小算盘一打：就算自己在战斗中"阴沟翻船"也不要紧，等后面的四艘"女王"级追上来，德国人还是在劫难逃。

既然是稳赢的局，那就先上去和希佩尔"遛遛"，毕竟6打5，优势在我。

希佩尔这边眼瞅着贝蒂舰队已经追了上来，也就干脆不跑了，他命令舰队放慢航速，摆出战斗队形准备决战。下午3点48分，这场英德战巡编队间的战斗正式打响，双方一字排开，各舰各自寻找目标捉对厮杀。

在贝蒂看来，现在舞台已经搭好，灯光师已经就位，自己终于可以闪亮登场；接下来就是展示我大英海军的顶级操作，让德军这个暴发户看看什么叫作"百年海军"。

然而，大炮响起来后，贝蒂才发现，自己手下这些炮手的实战射击水平不能说是糟糕,简直就是离谱,他们甚至可以瞄着这艘船打到另一艘船的身边,还把队友炮击的水花当成自己的炮弹落点来进行瞄准校正。

英军的分工也非常混乱,具体谁负责哪艘敌舰都没安排明白,结果有的德舰被两艘英舰招呼,有的德舰则没有英舰招呼。

一通炮击过后,德军这边只是扬起了一串串水花,身上一点烟火都没沾着,不知道的还以为英国人在炸鱼。

与之形成鲜明对比的是,德国海军这个"暴发户"则表现出了极高的专业水平,他们的水兵分工明确,命中精准,仅几轮齐射后就开始屡屡命中英舰。

看着自己人开起火来炮炮打水花,对面德军开起火来则拳拳到肉,贝蒂感到有些遭不住,再这么下去怕是要吃大亏。堂堂皇家海军少将当然不希望以这种方式"青史留名",于是贝蒂立刻下令让舰队调整方向,拉开与德舰的距离,避其锋芒。

人往往拼的就是一口气,你一露怯,厄运就来了。调整完方向的贝蒂还没来得及走几步,他所在的旗舰"狮"号就被希佩尔的旗舰"吕佐夫"号一炮掀翻了一座炮塔的天灵盖,里面顿时血肉横飞,火光冲天。

"狮"号战列巡洋舰上有4座炮塔(每座炮塔2门主炮),被打掉一座虽然损失惨重,但也不至于丧失战力,剩下的3座接着干就行。

事情并没有那么简单,这一炮不仅让贝蒂失去了一座炮塔,还开启了他原地起飞的倒计时,字面意义上的"原地起飞"。

这是因为当时英舰炮塔的设计和水兵的工作方式存在很大的问题。

该舰炮塔的底部直通弹药库,通道上只有一道需要手动关闭的防火门来阻隔可能的火灾。按照规定的操作流程,水兵每向炮塔装载一枚炮弹,就要手动开关一次防火门,以保证防火门在大多数时候都是紧闭的状态。

我们只要想象一下就能体会到,真要严格按照这个章程来干活的话,

第十一章 决战日德兰

那是相当麻烦的。来来回回地开关防火门累死个人,而且也影响装弹速度,决战时刻上头又只会不停催促炮塔连续开炮。既然如此,反正装炮弹的工作场所在甲板下面也没人盯着,不如就让防火门一直开着吧……

身为打工人,我非常理解这些水兵的想法。不过现在是真的中弹了,然后就真的起火了……很快,爆炸产生的冲击波热焰就冲过城门洞开的弹药通道,直奔弹药库而去,弹药库瞬间置身火海,即将殉爆。

更糟的是,由于当时的局面过于混乱,包括贝蒂在内的大多数人都对这个险情一无所知。就在这千钧一发之际,此时已经被炸断双腿的炮塔指挥官哈维拼尽最后一口气发出了指令:立刻打开通海闸门向炮塔灌入海水!

随着大量海水的注入,总算避免了殉爆,哈维则重伤不治,炮塔内部70名官兵仅2人幸存。

不过英舰队的另一艘战舰"不倦"号就没那么幸运了。这艘排在队列末尾的英国战舰被德军同样排在队列末尾的"冯德坦恩"号在1分钟内连续命中3炮,而且同样是被击中炮塔,炮塔工作人员图方便的工作作风也和"狮"号一模一样,结果也同样遭遇弹药库起火的险情。不同的是,他们没有"哈维"。

最终这艘还未能命中对手一炮的战舰因弹药库爆炸而发生殉爆,场面如同一座海底火山喷发,1.8万吨的船体瞬间被炸成碎片抛向空中,1017名舰员仅2人幸存。

这一下局势就变成了5V5,贝蒂大惊失色。

还没等他从"不倦"号灰飞烟灭的场景中回过神来,舰队里的另外两艘战舰"大公主"号和"虎"号也跟着相继起火,纷纷喊起了救命。

贝蒂怎么也想不到,堂堂皇家海军打起硬仗来竟然拉胯成这样,愣是把一场势均力敌的对决打成了德军单方面打靶。

另一边的希佩尔则是大喜过望：看起来整支公海舰队的任务我一人就能给他包圆了。

于是他一边得意地扬起嘴角，一边指挥舰队加大打击力度，然后打着打着他的笑容就逐渐凝固了起来。

英舰的身后突然冒出来了4个大家伙……

神兵天降

此时在战场上"神兵天降"的正是之前一直跟在贝蒂身后十几公里处的女王分队。看到狡猾的"英贼"居然还留了这么一手，希佩尔的心情是又惊又喜。惊的是自己今天可能就要交代在这了，喜的是这次居然钓到了这么大一条鱼——6艘战列巡洋舰和4艘战列舰。一旦后边的大部队围上来把它们吃掉，英德的海上力量对比就将彻底扭转，那自己可就死得太值了。

当然，话虽这么说，能跑的话还是尽量跑，毕竟自己这几艘战列巡洋舰也挺贵的。

不过等你看见战列舰的时候，战列舰的巨炮也看见了你，这时候就不是你想跑就能跑得了的了。

看到岌岌可危的贝蒂分队，女王分队还在极限射程就拉响了它们的381毫米巨炮。很快，拥有最先进火控系统的分队旗舰"巴勒姆"号就在18公里外一发入魂，砸中了德舰"冯德坦恩"号的屁股，创造了一战海战中最远的命中纪录。

屁股被砸出大窟窿的"冯德坦恩"号果断回击。

虽然德国人炮术精湛，同样远距离命中还以颜色，但德舰的主炮口径只有280毫米，打在"女王"级战列舰厚重的装甲上就像是在挠痒痒。德国人的心头顿时涌上一股遭遇降维打击的绝望感，种种迹象表明，他们这一次是完蛋了。

这边贝蒂看到本方的强援赶到，终于松了口气。作为世界第一海军的前锋，"0∶1"的结果当然是不能接受的，他收拾收拾心情，再次意气风发地站到了官兵面前，吹响了反击的号角。

为"不倦"号报仇！

然后"轰"的一声巨响，贝蒂又一次在自己的舰队里看到了"海底火山喷发"的景象，这一次起飞的是英国最大的战列巡洋舰之一"玛丽女王"号（排水量2.7万吨）。

"比分"瞬间变成"0∶2"。

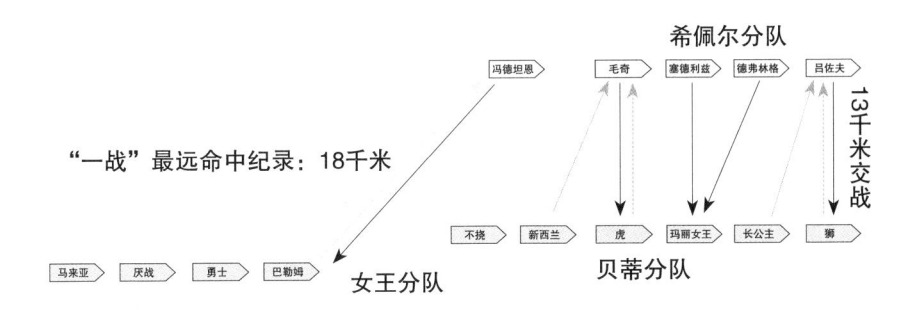

"女王分队"加入战局后的战场形势图

不得不承认，德国海军的战场表现非常专业，在遭到对方绝对优势火力围攻的时候，依然可以沉稳地还击。

而且德国人脑子很清醒，在发现自己肯定干不过那4艘"女王"级战列舰后，他们就干脆集中火力攻打贝蒂舰队。一边顶着对方战列舰的巨炮轰击，一边围攻眼前的战列巡洋舰，就算跑不掉也要和它们来一把"极限一换一"，拉几个垫背的。

"玛丽女王"号正是在这样的情况下被希佩尔分队的二号舰"德弗林格"号连续命中,又是炮塔起火引爆弹药库,全舰1274名舰员仅8人生还。

作为舰队指挥官,贝蒂这一天下来可谓"战功卓著":对面一个人头没拿着,自己还连续赔掉两艘大家伙,打出了英国海军有史以来最大的单日吨位损失。

不过贝蒂倒是很平静,他歪戴着海军帽,向同僚们调侃了一句:"There is something wrong with our bloody ships today(我们这群该死的战舰今天出了点问题)?"

把锅甩给硬件设施后,贝蒂并不打算就此告辞,崇拜纳尔逊的他不允许自己成为一个"反向纳尔逊",于是他又向舰队下达了最新的命令:更近接敌!

紧接着这4艘伤痕累累的英国战列巡洋舰就继续开足马力向德军杀去。

仗打到这个地步,德军的压力也越来越大。眼前这些英国佬虽然炮打得不怎么样,但打起来不要命,都沉了两艘了还往前冲,搞得希佩尔很难脱身。

同时远处那4艘伊丽莎白女王级战列舰又太过强悍,32门381毫米主炮连续在德舰跟前掀起冲天水柱,搞得希佩尔的心都提到了嗓子眼,再这样下去他的舰队早晚会被一波齐射带走。

绝境中的德国人也没有太好的办法,他们只能派驱逐舰冲到英舰跟前放鱼雷,干扰一下英军的前进路线,赢得一些喘息之机。不过也就拖延了20分钟左右,双方驱逐舰拿鱼雷互射一通,"把蛋都下完后",英军又重新开始了对德军的追击。

被耽搁的贝蒂并不担心自己会跟丢希佩尔,因为有一艘英军轻巡洋舰未受到鱼雷攻击的影响，一直紧跟在对手后面盯梢，不停地向贝蒂报告德舰的最新位置。

然而该舰的瞭望员盯着盯着，就突然在望远镜的视野里看到了一幅令他毛骨悚然的画面：前方的海平面下缓缓地升起了一片黑烟笼罩的桅杆，仿佛一片黑色森林迅速从海底长出。

瞭望员下意识地数了数这些桅杆的数量，1、2、3、4、5……

整整22艘战列舰！

同时还跟着一大票轻巡洋舰、驱逐舰……

此时的贝蒂还在猛追猛赶，眼瞅着就要和友军完成对希佩尔舰队的合围，结果德军官兵不仅没有慌张，反而全队上下一片欢腾。

此景让贝蒂有些疑惑，不过很快他就不疑惑了，因为他看到整支德国海军展开在自己的面前。

贝蒂的抉择

绝对的力量永远是最好的镇静剂。

看着迎面而来的22艘战列舰，本已杀红了眼的贝蒂瞬间冷静下来，他只用了2分钟就做出了一个违背纳尔逊的决定，下令全队掉头，跑！

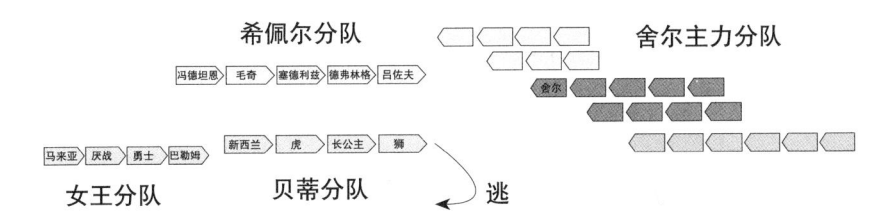

德军主力舰队进入战场后的战场形势图

而跟在贝蒂身后11公里处的女王分队则正杀得兴起,并没有马上领会贝蒂的意图,依然懵懵懂懂地全速往前冲。等他们发现情况不对想掉头时已经晚了,这4艘战列舰身形巨大,半天转不过弯来,没多久就被迫进入了公海舰队的射程,被200多门巨炮瞄准。

随着一连串巨响,英舰周围掀起无数水柱,每分钟都有几十发重型炮弹砸到它们身边。很快这些战列舰就相继中弹,不过皮糙肉厚掉血不多,于是它们就一边挨打一边跑路。

而贝蒂虽然跑得早,但处境也不轻松,因为希佩尔可没打算放过这个老对手,此时的他已经从之前的逃跑者无缝切换成追击者,掉个头就开始追击贝蒂。

经过一个下午的较量,贝蒂很清楚自己手里这几张牌不是希佩尔舰队的对手,他们活命的唯一机会就是在希佩尔追上自己之前,与司令杰利科的主力舰队会师。所以此时的贝蒂除了埋头狂奔之外,别无选择。

双方就这样你追我赶地在海上"飙船",一直飙到下午5点35分。这个时候贝蒂舰队离杰利科的大舰队还有一段距离,但贝蒂却突然发出了一个令所有人意外的命令:舰队减速,不跑了。

他这是跑累了放弃了吗?

当然不是,就在刚刚逃跑的这段时间里,贝蒂通盘考虑了一下全局,算了笔大账。

在当时的情况下,贝蒂只要继续跑下去,很快就可以和主力会师,这样的话不仅贝蒂分队安全了,还能干掉咬在后面的希佩尔分队。

但同时贝蒂也意识到,现在德国海军的全部家当都漂在海上,这是一个千载难逢的机会,英国人将有机会一鼓作气地歼灭整支德国海军,梦回特拉法尔加。

一百年前的特拉法尔加海战,是英国海洋霸权的起点,在这个背景下，贝蒂也好，希佩尔也罢，都不重要了，重要的是要让德国海军开进皇家海军的包围圈。而要实现这个目标，就不能让希佩尔过早地发现存在于海面上的皇家海军大舰队，否则他的提前预警就会让德军主力跑掉。

回顾这半天的激战，贝蒂在指挥上犯过很多错误，但现在，他要用自己最后的力量为皇家海军赢下一个未来。

舰队减速后，贝蒂随即指挥各舰调转船头，横着拦在了希佩尔舰队前进的方向上，这将迫使德舰做出同样的方向调整并进入战斗状态。

如此一来，德国人便没有机会提前发现正疾驰而来的皇家海军主力了。

希佩尔杀到后，果然按照贝蒂的预想展开了战斗队形，与老对手再次开始对决。此时双方的军舰都已经遍体鳞伤，它们一边对射一边进水，侧倾的侧倾，起火的起火，还能打得响的炮塔也越来越少，不过双方都觉得自己胜利在望没必要撤退。

德国海军司令舍尔也没闲着，他率领的主力舰队此时正追着女王分队揍，也在往这个方向开过来。

为了实时了解战场情况，舍尔一直在接收希佩尔的战场反馈电报。只是开到一半的时候，希佩尔的电报突然没了声，这是因为希佩尔在前方和贝蒂厮打得太激烈，无线电装置被打坏了。

失去了对前方战场的感知后，再继续前进下去其实是有些冒险的。不过舍尔实在无法放弃全歼女王分队和贝蒂战巡分队的诱惑，遂继续率队朝战场前进。

在这个决策的过程中，舍尔忽略了一个细节：之前通过和希佩尔的联络，他已经很清楚地了解到贝蒂舰队突然放弃逃跑的举动。他就不仔细想一想，贝蒂在明知希佩尔身后还跟着公海舰队主力的情况下，为什么就突然不跑了？

绝望之墙

傍晚6点，贝蒂和希佩尔舰队一路激战正酣。

打着打着，希佩尔忽然感觉不太对，他发现英国人的火力好像比之前强了，而且很快他还接到了一个报告：己方有几艘在前方外围激战的轻巡洋舰碰到了劲敌，且被其重伤。

这是怎么回事？按理说贝蒂的这几艘破船没这实力啊。

于是希佩尔赶紧仔细观察了一下战场局势，结果令他大吃一惊：北边海面上又多出了3艘英国战列巡洋舰！

可惜希佩尔旗舰"吕佐夫"号的无线电通信室已被打坏，他暂时只能通过信号灯来进行指挥，未能将情报及时通报给舍尔。

这3艘战列巡洋舰正是皇家海军大舰队的先头部队，由胡德少将率领的"无敌"号、"不屈"号以及"不挠"号。值得一提的是，它们就是之前在阿根廷海域围杀德国斯佩舰队的"元凶"。

等希佩尔发现它们时，它们其实已经来了快半个小时了……

这一下希佩尔有点慌了。他倒不是害怕这3艘战巡，这不过是给他身后的主力舰队多送三道菜而已。他真正紧张的，是这3艘战巡后面会不会还跟着什么。

于是希佩尔赶紧派出速度快的轻型舰船前去侦察，如果这些侦察船能马上发现英军主力，那么希佩尔仍有时间向后面的舍尔通风报信。

然而就在这些侦察船刚刚出发的时候，胡德分队麾下的4艘驱逐舰向希佩尔分队发起了自杀式冲锋，以一沉一重伤的代价挡住了希佩尔的侦察部队，德军也就此失去了最后的预警机会。

15分钟后，杰利科率领的皇家海军主力抵达战场。

当时的战场形势图如下：

第十一章 决战日德兰

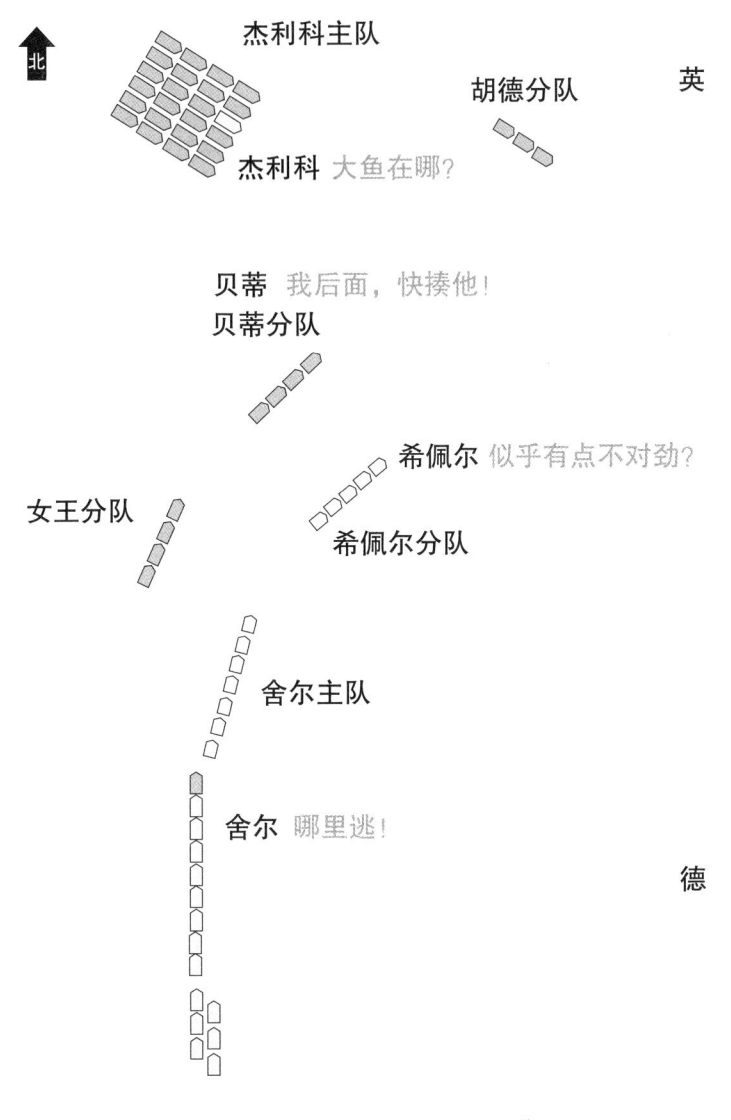

杰利科主队
胡德分队
英
杰利科 大鱼在哪?

贝蒂 我后面,快揍他!
贝蒂分队

希佩尔 似乎有点不对劲?
女王分队
希佩尔分队

舍尔主队

舍尔 哪里逃!

德

英军主力舰队进入战场后的战场形势图

傍晚6点16分,皇家海军的战列舰开始从搜索队形转换为战斗队形,24艘战列舰有条不紊地展开成了一条单列纵队,保证所有的主炮都能指向侧舷的敌方。

297

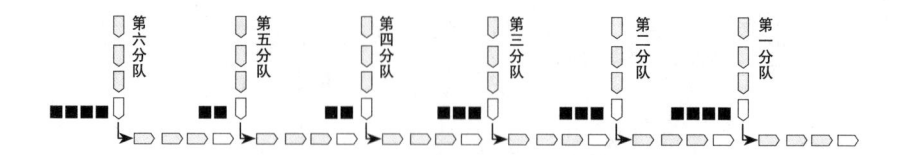

英国主力舰队变换战斗队形示意图

一直被舍尔追杀的女王分队此时也开到了战场，他们心领神会地直接开入皇家海军战列线中，于是皇家海军战列线里的战列舰总数就达到了27艘（女王分队的"厌战"号因舵机失灵原地打转，后被德军围攻，重伤退出战场）。

这27艘战列舰一字排开，绵延10余公里，组成了人类历史上最长的战列线，在德国舰队前方竖起了一道"绝望之墙"。

很快，正追着女王分队打的德军主力也以战斗队形"拍马赶到"，其间还顺手炮击了两艘因追击德国轻型巡洋舰而脱离大部队的英国老式装甲巡洋舰（排水量1.2万吨），造成其一沉一重伤（重伤舰在后来拖回家的过程中沉没）。

至此，双方预热结束，这一2万平方米的海域里一下子就聚集了包括49艘战列舰和12艘战列巡洋舰在内的200余艘各类舰艇，总吨位近190万吨，兵力超10万人。

欧洲人在这一刻站上了他们在海权舞台上的最后一个巅峰。

沸腾之海

由于傍晚天色昏暗，刚刚杀到战场的舍尔还看不清远处的情况。他只是感觉到自己的舰队突然间驶入了一场夏日的雷暴狂潮中，天边响起的滚雷如潮水般朝自己涌来，与本方舰队的巨炮轰鸣交相呼应。

这是什么情况？

随着舰队进一步前行，舍尔看到在远方昏暗的天幕下，整条海平线上此起彼伏地闪起了点点亮光，如同一条铺陈在海面上的闪烁星河，一望无际，璀璨夺目。

而伴随着这些"星光"的，正是从刚才开始就一直笼罩在众人耳边的滚滚雷鸣。紧接着几秒钟后，一道道巨大的水柱在舍尔面前掀起，然后如倾盆大雨般砸到战舰的甲板上。

现在即使是初出茅庐的水兵也知道是怎么回事了：这是跟整支皇家海军撞上了啊。

确认真相的舍尔一时间头皮发麻：原计划是钓条大鱼，结果钓上来个龙王。

这个时候已经没什么选择了，各舰指挥官声嘶力竭地发出命令：开炮！

双方舰队都拼尽全力向对方喷射出火舌，500多门巨炮瞬间撕开了北海的天空。海面上掀起一层层遮天蔽日的水柱，各型军舰卷着火苗和浓烟于战列舰阵前来回穿插。整片海洋仿佛煮沸一般，在两百多只钢铁巨兽的咆哮中上下翻腾，空气里弥漫着的咸腥水雾和刺鼻硝烟砸向每一个人的脸颊。

德军阵中的4艘排头兵"国王级"战列舰首先遭到重击，尤其是排在最前面的"国王"号，更是几分钟内被连续命中7发重型炮弹，全舰瞬间陷入一片火海。不过凭借那个时代最厚的重甲，它还是扛住了英军的这一波齐射，并未遭到致命损伤。但这个场面已经足以让德国人大惊失色。

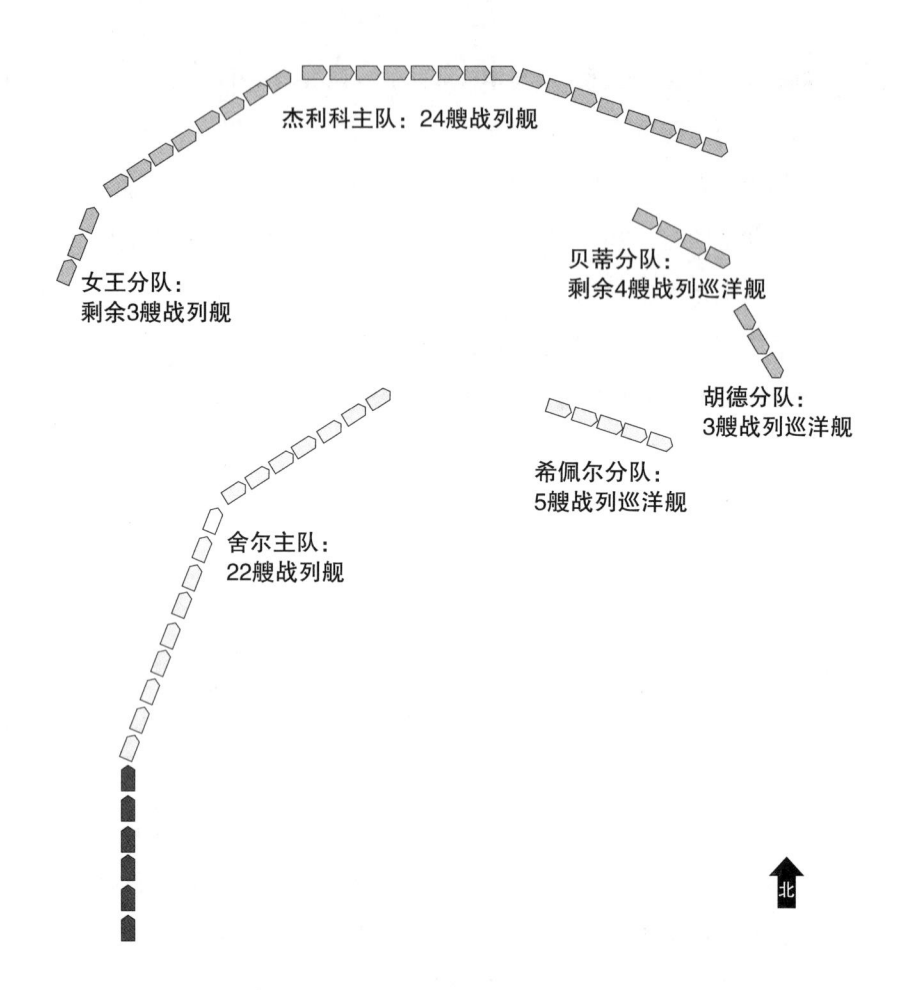

英德主力舰队决战形势图

舍尔谋划数月，本来是为了给自己与英国人的海权斗争开一个好头，谁知道现在英国人居然直接写起大结局来了，于是此时的舍尔不得不面临一个灵魂拷问：这可咋整？

优秀的指挥官必须学会快速接受现实，看着自己向德皇吹的牛毁于一旦，舍尔倒是一点也没犹豫，他立刻向全军下达了指令：敌前转向！于是各舰纷纷原地掉头，跑了。

第十一章　决战日德兰

此时冲在队伍最前面的希佩尔也迅速调整方向，率领自己的战巡编队跑路，贝蒂却不打算让这个老冤家全身而退，他对对手最大的"尊重"就是赶尽杀绝。

为了整合战力，此时英军已经将胡德少将率领的3艘战巡划给贝蒂统一管理，于是贝蒂现在就拥有了7艘战巡。而且那3艘战巡是刚刚才加入战局的，还没受什么伤，状态特别好。

这下真的是"优势在我"了，于是贝蒂直奔希佩尔而去。其中胡德少将的座舰"无敌"号更是勇往直前一马当先，一口气就冲到离希佩尔分队几千米处，开始贴身肉搏。

近距离开炮的命中率很高，所以贴身肉搏拼的就是射速，而英军流行的这种"不关防火门式装弹法"自然是打得很快的。于是离得最近的希佩尔旗舰"吕佐夫"号根本无力招架，很快被胡德分队连续命中，船头被打出一串大窟窿，导致船体大量进水。该舰本来就伤痕累累，现在更是全船失去平衡，航速骤降三分之一。

希佩尔明白自己是跑不掉了，他淡定地指挥"吕佐夫"号开炮反击，看看能不能在临死前再拉个垫背的。希佩尔的队友并没有自顾自地逃命，他们一看老大被打到半瘫，便立刻拍马来救。

最终"吕佐夫"号和姐妹舰"德弗林格"号携手爆发潜能，在对方的火力压制下连续反击命中"无敌"号，而且又是打中炮塔。

毫不意外的，懒得关弹药库防火门的"无敌"号也和前两艘沉没的英国战巡一样因弹药库火灾导致全船殉爆，如同一场绚丽的烟花，照亮了黄昏的海面。

"无敌"号全舰包括胡德少将在内的1034人绝大部分阵亡，仅6人生还。胡德少将是日德兰海战中阵亡的最高将领。希佩尔这一下算是把斯佩舰队的仇给报了，而贝蒂则刷新了自己在两个半小时前创造的英国海军单日吨位损失最大纪录。

不过"吕佐夫"号因为受伤过重已无力再战,希佩尔只好让其自生自灭,自己换乘到队内受伤较轻的"毛奇"号战巡上继续战斗(撤退)。

当然,无论希佩尔再怎么神勇,也改变不了德军处于绝对劣势的形势。对德国人来说,现在真正要命的问题是能不能把主力舰队给安全带回去。

此时杰利科的战列舰编队已经从战斗队形变换为搜索队形,朝逃跑的公海舰队追杀过来。而舍尔则在撤退的过程中发现了一个问题——他们在匆忙中选择的撤退方向并不理想(没有对准母港,容易半途被拦截),所以舍尔还想带队再调整一下航行方向。

还有机会吗?机会还是有的。因为德军在之前掉头时释放了大量的烟幕弹,这个时候的战场能见度很低,双方暂时处于谁也看不清谁的状态。舍尔决定赌一把,抓住这个机会带队大幅转向,朝更有利的方向驶去。

然后好死不死,又一次迎头撞上了正在四处索敌的皇家海军主力……

英军司令杰利科定睛一看,这刚刚才逃跑的德国人怎么又转身杀回来了?他对德军这种"不死不休的勇气"非常敬佩,然后下达了全军开炮的命令。

舍尔会不会故技重演再来一次"敌前转向"呢?他确实想,但条件已经不允许了。

这里需要解释一下,"敌前转向"这个操作虽然看起来很风骚,但实际上风险很大。因为战列舰原地掉头的速度很慢,而且在整个过程中,它既没有办法开炮,也没有办法躲避炮弹,就是一个没有反击能力的大型固定靶。

第十一章 决战日德兰

舍尔的第一次"敌前转向"之所以能奏效，有两方面的原因。

一方面是这个操作很突然，英国人当时怎么也想不到德军会在气势汹汹的冲锋过程中突然认怂。难道堂堂公海舰队千里迢迢开过来就是为了冲到自己面前说一声再见？于是英国人一时错愕，未能抓住这个机会。

另一方面是当时离英舰较远，火力压力没那么大。

这一次情况就不同了，英国人知道你随时会原地掉头，早就做好了准备；而且由于战场能见度比较低，这次冲得比较近……

对德军来说，现在继续往前冲可以壮烈地全军覆没，故技重演原地掉头则可以窝囊地损失惨重，反正横竖都是个死。不过舍尔并没有放弃，他的大脑在嗡嗡作响之下飞速运转，很快就想到了一个办法，只是这个办法有些残忍……

第十二章

霸权旁落

第十二章　霸权旁落

绝　境

误入英军火力网的德舰开始陆续中弹，队伍顿时乱作一团，公海舰队的一只脚已经踏进了鬼门关。而战巡分队指挥官希佩尔就比较淡定了，因为他早就在鬼门关的门口横跳了一整天，现在对这种场面已经见怪不怪了。

希佩尔自豪地看着自己的分舰队，这一天下来大家都不容易，本来只是被安排当诱饵，结果一仗下来挨的揍比谁都多。现在就等舰队司令下达撤退命令了，在这最后的时刻，希佩尔冷静地清点了一下自己麾下的这5艘战列巡洋舰：

"吕佐夫"号头部进水几千吨，头重脚轻船尾都翘起来了，现在只能撅着屁股慢慢漂；

"德弗林格"号也是一片狼藉，身上满是弹孔，主炮只剩一半能打；

"塞德利茨"号的主炮同样被炸毁了一半，再加上之前还中了一发鱼雷，现在和"吕佐夫"一样船头进水头重脚轻；

"冯·德·坦恩"号的屁股则是老早就被开了个大洞，现在也有近千吨海水在里面晃荡，4座炮塔有2座完全被毁，剩下的2座还时不时出现机械故障。

只有自己乘坐的"毛奇"号受伤相对轻微一些。

现在除了"吕佐夫"号受损特别严重只能自生自灭以外，其他四艘基本都还能跑，只要舰队司令一声令下，哥几个还是很有希望逃出去的。

然后希佩尔就接到了舰队司令舍尔的命令——"命你队不计后果，向敌舰冲锋，掩护主力撤退"。

舍尔的脱身之策就是卖掉希佩尔，让他率领战巡分队冲到皇家海军跟前去吸引火力，换取主力舰队掉头的时间。

这个办法虽然残忍，但也是无奈之举，战列舰体型庞大且动作缓慢，德军的整个主力舰队要完成原地掉头的动作，大概需要十分钟。

在这十分钟里，这些德舰就是任人宰割的固定靶。如果任凭皇家海军30余艘主力舰的300多门巨炮肆意蹂躏，那几乎没有任何德舰能够全身而退。在这个过程中哪怕是只损失几艘主力，整支舰队就会因兵力劣势而逃不出包围圈。

但只要把希佩尔"卖掉"就不一样了，他一冲上去对着英舰重炮骑脸，英军就必然会把注意力先集中到他的那几艘战列巡洋舰身上。

皇家海军的巨炮虽然厉害，但要击沉这几艘皮糙肉厚又跑得快的2万吨级战列巡洋舰，怎么着也得打个十几分钟。而这十几分钟就是德军主力趁机掉头的时间窗口。

希佩尔接到命令后心领神会，立刻在"毛奇"号上升起了自己的中将旗，然后便率领麾下这4艘还跑得起来的战列巡洋舰开足马力，向人类历史上最庞大的巨炮火力网发起了自杀式冲锋。

这支战巡分队一口气就冲到英军阵前7000多米的地方。英国人看到这几只突然冲到跟前的钢铁巨兽，一时间也非常惊讶：这群德国人就差把"来打我呀"四个字写在脸上了。

于是皇家海军决定满足他们的愿望，将全部火力都倾泻到了这支德军分舰队身上。上百门巨炮的怒吼一下子就把这4艘战列巡洋舰打成了4个火球。

第十二章 霸权旁落

刚冲过去的时候希佩尔分队还能象征性地边冲边开几炮，仅仅几分钟后，他们的炮塔就几乎全部被炸毁，事实上甲板上能掀翻的东西都被英军的炮火掀了个底朝天。

无穷无尽的爆炸声几乎要震碎希佩尔的耳膜，在重重水柱的包裹下，他也不知道沉没或殉爆会在哪一秒到来；如今目光所及之处满是火光和浓烟，时不时还会有爆炸掀起的钢铁碎块飞过眼前。

这支战巡分队举着一堆打不响的废炮，嚣张而又决绝地在英军阵前浪来浪去。

舍尔没有辜负希佩尔的牺牲精神，他抓住战友拼出来的这十分钟完成了主力舰队的敌前大转向，然后开足马力撤离战场，这下德国压舱底的22艘战列舰总算是全都保住了。

当然，在自己逃出生天的同时，舍尔也没有忘记在前方挨揍的老伙计。他看见希佩尔分队居然还没沉，便立刻派驱逐舰编队冲过去对英舰发射鱼雷，争取把希佩尔捞出来。

这些驱逐舰非常勇敢，他们杀到英舰跟前抵近射击，结果一发不中，自己还沉了2艘。

不过这些鱼雷迫使英舰做出了躲闪的动作，暂时放松了对希佩尔分队的火力打击；后来德军队列末尾的几艘战列舰又过来帮衬了一下，希佩尔总算是获得了一丝喘息之机。确认主力舰队安全撤退之后，他便抓住这个空当溜之大吉了。

虽说是大难不死，但损失也非常惨重。希佩尔分队的4艘战舰都被打成了马蜂窝，甲板到处透光，船舱到处漏水，炮塔也几乎全部报废，全舰基本上已经没有能正常运转的设备。

它们的这个状态已经不能称之为"军舰"了，充其量只能算是一群在水上漂浮的铁壳子。

309

其中,"塞德利茨"号因为船头进水太过严重,一加速前进就会"呛水",并造成船头下沉,只能以15节以下的龟速缓慢爬行,能不能到家就听天由命了。

英军这边躲完鱼雷后,已经看不见德舰的踪影,这倒不是因为德国人跑得快,而是因为当时战场烟雾太多且夜幕已经开始降临,能见度降到了不足几公里。在这样的条件下,英军的索敌行动就非常困难了。

晚上8点半以后,海面上已经漆黑一片,皇家海军司令杰利科明白,如果再这么漫无目的地搜索下去,找到德军主力的概率就跟中彩票差不多。

他必须想办法在黑暗中占据主动,而要想在这种两眼一抹黑的情况下占据主动,最关键的就是两个字:预判。

英国作为百年海军强国,专业水平毋庸置疑。总司令杰利科就是一个一流的航海专家,他在黑暗中冷静分析了德军的撤退方向和航行速度,并很快得出结论:

舍尔当前的位置大致是在和自己平行的西侧,大陆的位置则在自己的东侧(日德兰半岛)和南侧(德国本土)。至于舍尔要回的母港,就坐落在东南角的海湾里(威廉港)。

舍尔要回家,理论上有三条路:

第一条是先往东开到日德兰半岛沿岸,再往南开到母港。日德兰半岛沿岸的合恩礁附近有水雷,这些水雷是德国人自己布的,留了一条只有他们自己知道的安全通道。公海舰队只要开到合恩礁,开进这条安全通道就算是"上岸"了。

第二条是先往南开到大陆沿岸,再往东开到母港。

第三条是往东南方向开,直接开到东南角的母港。

如果直接往东南方向开,会经过一片没有安全通道的水雷区域,所以实际上只有前两条路可选。

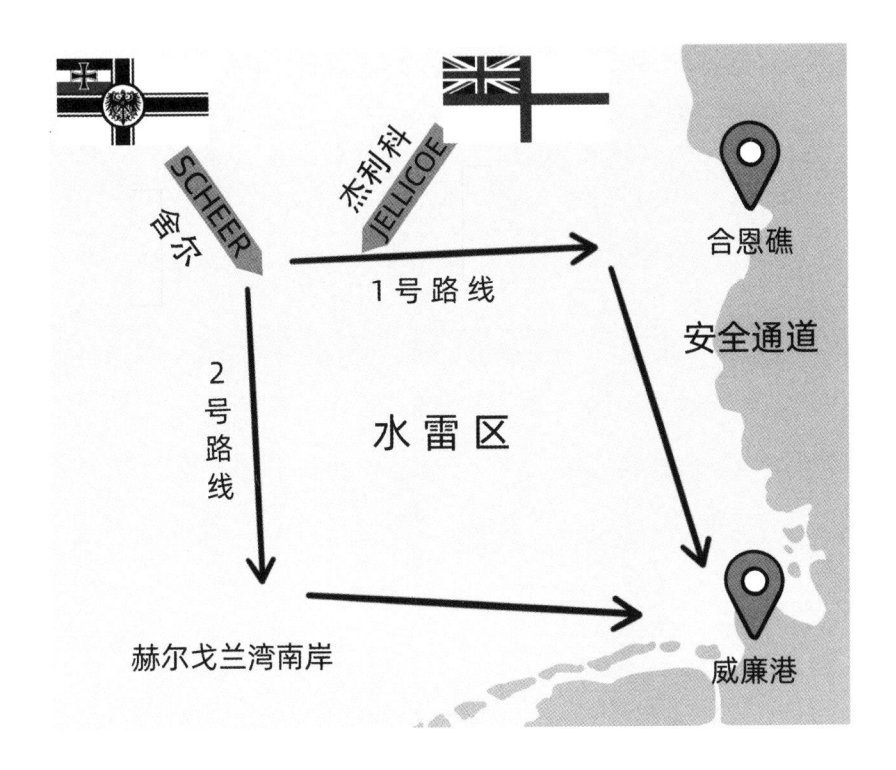

德国舰队撤退路线示意图

那么舍尔会选哪条路呢?

豪 赌

要判断对手的想法,就要站在对手的角度去考虑问题。

现在皇家海军就处在公海舰队东面的位置上,如果舍尔选择马上向东转向,就很可能会再一次撞上皇家海军。所以他很可能会继续往南走，等他自己觉得已经甩开英军后再调头往东。

基于这个判断，杰利科再次让皇家海军主力舰全部排成了一条的单纵列，这一次还把贝蒂的6艘战列巡洋舰也一起整合了进来。

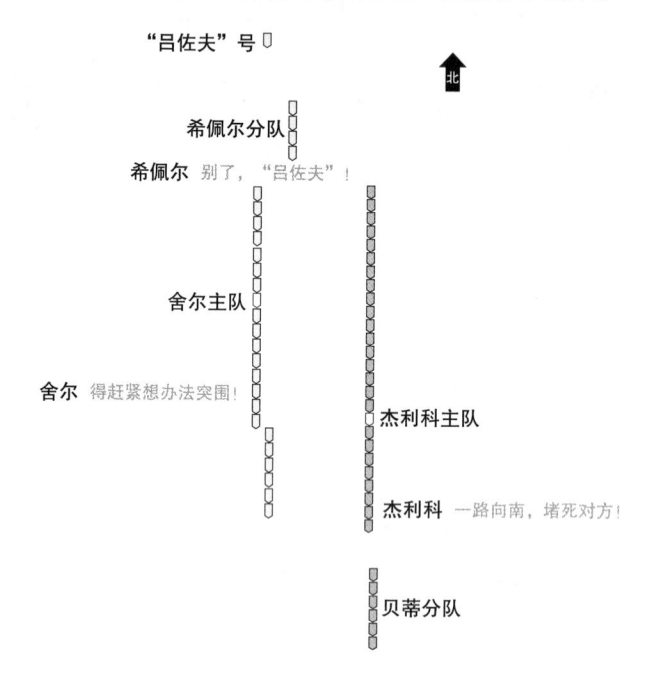

```
                    "吕佐夫"号
                                        ↑
              希佩尔分队                  北
       希佩尔  别了，"吕佐夫"！


              舍尔主队


       舍尔  得赶紧想办法突围！
                                     杰利科主队


                                 杰利科 一路向南，堵死对方！



                            贝蒂分队
```

英德舰队阵型示意图

这条阵列线由北向南延伸，以17节的速度保持向南航行，它们就如同一道篱笆，拦在了舍尔舰队东进的必经之路上。大家照这个速度开到南边大陆沿岸的时候，太阳也差不多该出来了，到时候皇家海军就可以轻松地在阳光的照耀下找到公海舰队。

我们今天站在上帝视角来看，杰利科对局势的判断可以说是非常精准，当时的公海舰队确实就在皇家海军西侧十来公里的地方，而且航行方向和皇家海军几乎平行，都是在往南走，航速也和皇家海军十分接近，都是16节。

看起来一切都逃不出杰利科的手掌心。

而此时正在率队逃命的舍尔也逐渐发现了自己的困境：虽然在夜幕的掩护下，公海舰队暂时获得了平静与安全，但这并不能改变德国人有家难回的窘况。

舍尔也知道最近的逃生之路是马上往东开到合恩礁附近，然后进入雷区的安全通道。但此时英军就在附近，贸然东进很可能会和上次一样撞上英军，而这一次不会再有希佩尔分队去挡枪了，因为它们现在都已经是废铁形态，能勉强跟上大部队就不错了。

所以，正如杰利科预计的那样，先往南走才是最稳妥的。

然而战场上从来就没有真正意义上的"稳妥"，对德军来说，往南看似稳妥，但并没有真正解决问题，它只是把问题推迟到第二天早上，寄希望于英国人不会一直追过来；往东虽然凶险，但毕竟现在是晚上，干什么事都有个夜幕掩护，赌一把没准就冲过去了。

那么，赌吗？

说到赌一把，舍尔就不困了，事实上这一天下来他一直在赌。

早在凌晨接到有英舰出动的报告时，舍尔就赌了一把英军只是例行巡逻，自己无须改变计划。

结果人家是全军出击。

下午追击英军的女王分队和贝蒂分队追到一半，和前方战场的联络突然中断时，舍尔又赌了一把前方战场情况不会有大的变化，可以放心继续追。

结果追到的时候，皇家海军的27艘主力舰已经在列队等着他了。

傍晚撤退的时候想调整航行方向，舍尔再赌了一把英军会因为战场能见度差而发现不了自己。

结果刚转完舵就迎面撞上了正在到处寻找他们的皇家海军主力。

如果说日德兰战场是一个赌场，那么舍尔就是一盏"赌场明灯"，押了一天一夜愣是没有一次押对。现在他所有的底牌都打完了，再赌下去就是押上整个德国的国运了。

按理说手气不顺就应该及时收手，然而赌棍的逻辑从来都是"已经输了那么多把了，我就不信下一把还会输"。于是舍尔一不做二不休，再次坐到了赌桌前。

晚上9点多的时候，随着舍尔一声令下，本来一直往南开的公海舰队突然调转船头，开足马力向东突进。一路上舍尔一直紧张地注视着前方，一个多小时后，皇家海军映入眼帘……

舍尔只想骂人，但是现在说什么都没用了。大家都是夜间行军，等看到对方的时候距离已经非常接近，转向或刹车都已没有可能，只能硬着头皮继续冲。

公海舰队拉响了舰炮，咆哮着冲向皇家海军，巨大的火光瞬间点亮夜空。正列队前行的英舰猝不及防，阵型被冲得七零八落，眼睁睁地看着德意志的巨舰踩踏而过。

为啥英军突然这么不经打呢？

因为舍尔正好从皇家海军主力舰队的尾部穿过，碰到的是处在外围的弱小的驱逐舰编队，也算是走了狗屎运。

但这并不意味着德军就安全了，实际上他们这个时候已经走到了毁灭的边缘，因为他们在英国人的眼皮底下彻底暴露了位置。皇家海军现在只要一个回头就能把德国海军全部吃掉。

就在这个节骨眼上，整个日德兰海战中最诡异的一幕发生了。

一直在苦苦搜索德军的皇家海军，却在德军真正出现的时候无动于衷，仿佛什么事都没发生一样继续大摇大摆地往前开。

第十二章 霸权旁落

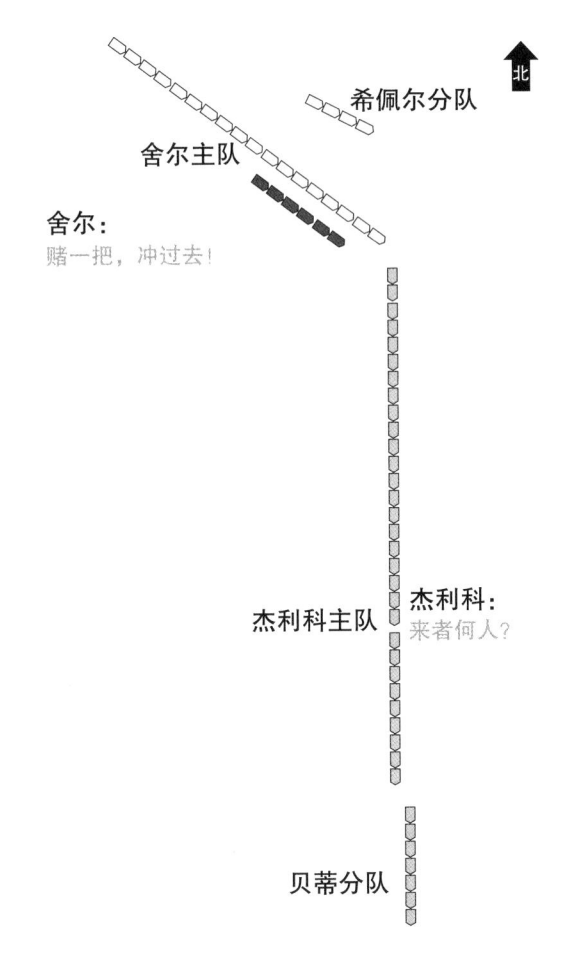

德军突围时的战场形势图

难道英国人都睡着了吗？并没有，事实上所有英国官兵都看到了海上亮起的火光，包括舰队司令杰利科。

那么，英国人为什么不掉头进攻呢？

首先，英舰的战列线拉得很长（10公里左右），杰利科站在队列的中部回望遥远的队列尾端，虽然看到了火光，但无法判断战斗的规模。

对杰利科来说，如果火光下面仅仅是轻型舰只之间的小规模战斗，当然就没必要全队回头。因为一旦回头，而最终抓到的又并非主力，就会耽误对敌方真正主力的追击。这个险杰利科冒不起。

再说，谁知道会不会又是舍尔专门派出来欺骗英军的"诱饵舰队"呢？

那么问题来了，难道堂堂皇家海军司令在做决策的时候只能靠猜？

那倒不是，杰利科虽然离得远，但主力队列末尾的那几艘战列舰离得近啊。那些战列舰上的指挥官对这场战斗看得比杰利科更清楚，只要他们及时把真实情况向上报告，抑或自己临机决断冲过去迎敌，舍尔便插翅难逃了。

然而这些指挥官眼一睁一闭，舍尔就过去了。

大佬们，你们这是通敌了吧？！

其实这些舰长对大英帝国的忠心还是值得信赖的，他们的这个操作在我们看来匪夷所思，对他们来说却非常合理。

皇家海军是一个巨大的组织，这个组织在世界第一的位置上已经待了一百年。长期高高在上的生活让这里面充斥着大量打卡上班的老油条和擅长甩锅的官僚。

在当时的情况下，整支皇家海军都看到了交战区域的火光，包括总司令。既然如此，大家安心听总司令的命令就好了，是不是德军主力让他自己去判断，其他人又何必节外生枝给自己找麻烦呢？

如果因为你的报告改变了总司令的决策，那么决策对了，功劳是总司令的，错了，锅就是你的。

关键时候大家的小算盘都打得飞起，最终结果就是在这个歼灭德军的最后时间窗口里，总司令杰利科没有收到任何详细的战场报告，以至于他觉得远方的火光并不是什么大事，干脆回屋睡觉去了，毕竟"明天早上还有一场大战等着我"。

其实这也是杰利科在整个日德兰海战中处境的缩影。

第十二章 霸权旁落

在这场战役里,他自始至终得到的情报都非常有限,属下大都是多一事不如少一事的"摸鱼达人",极少向他主动汇报战况。国内情报部门的情报也非常滞后,因为每份情报都要走完一整套复核和审批流程才能发出,等发到杰利科手上的时候黄花菜都凉了。

于是背靠全球最大海军的杰利科,在战场上却只能孤独地依靠自己的计算和分析来做出决策,出现疏漏也在所难免。

就这样,在大英官僚体系的配合下,"赌棍"舍尔有惊无险地带队穿过了皇家海军队列的屁股,中间只碰到了一些小插曲:

零点左右,和大部队走散的英舰"黑王子"号万吨级装甲巡洋舰在黑夜中隐约看见一队模糊的黑影。该舰舰长打算确认一下对方的身份,而他"确认"的方式是开到距离对方1公里处发信号盘问是敌是友……

结果对方的探照灯一打,英国人才发现面前正是德军主力。这下羊入虎口,他们还没来得及向上级报告就被德舰的一波齐射撕成碎片,全舰857人无一幸存。

后来还有一支英国驱逐舰编队也撞上了德军主力。这一次英国人很聪明,他们放了鱼雷转身就跑,德军的一艘老式前无畏舰"波美拉尼亚"号不幸中雷被炸成两截。

由于担心英舰回去报信引来皇家海军主力,德军并没有停下来营救"波美拉尼亚"号,而是撒腿就跑,导致该舰上的844人全部阵亡。

尽管各种小摩擦不断,但双方的主力舰队终究是没有再碰上。一夜惊魂之后,舍尔终于开到了合恩礁,进入了雷区的安全通道。

而杰利科大约凌晨四点钟才收到关于德军位置的确切情报,他立刻掉头往回追,但为时已晚,最终只能在合恩礁的雷区外眼睁睁地看着德军远去。

海权博弈史

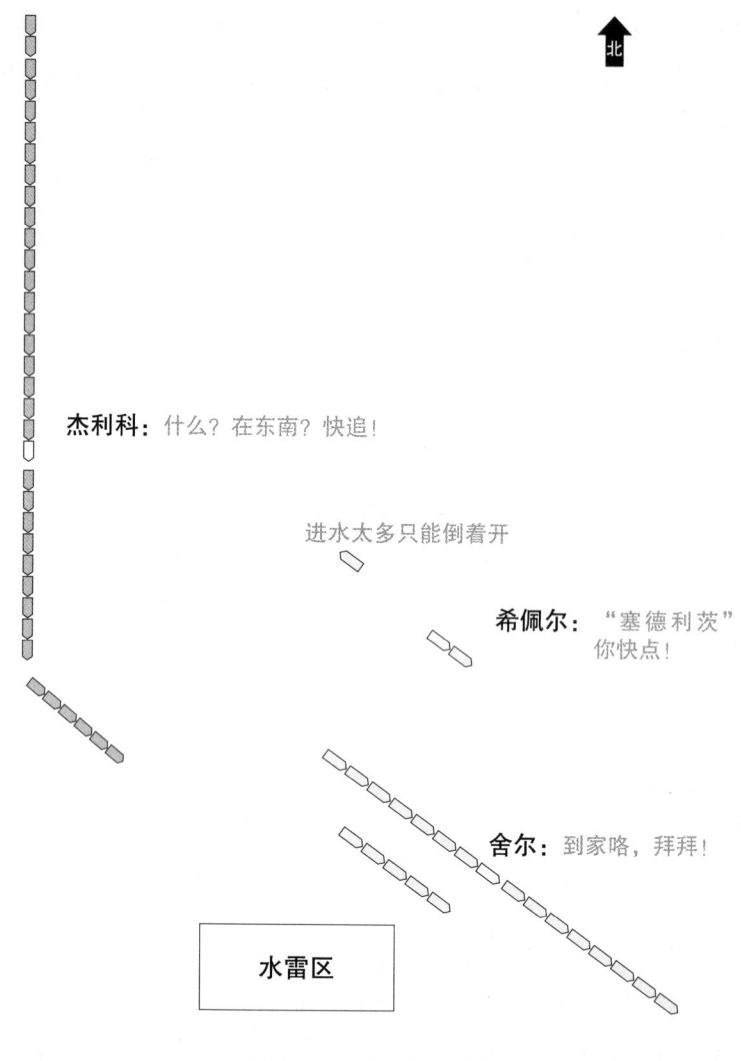

杰利科：什么？在东南？快追！

进水太多只能倒着开

希佩尔："塞德利茨"你快点！

舍尔：到家咯，拜拜！

水雷区

德军突围成功后战场形势图

人类历史上最大规模的巨舰大炮之战，就这样虎头蛇尾地落下了帷幕。

德军在优势敌人的包围下以较小的代价逃出生天，创造了海战史上的奇迹。他们最大的遗憾是"吕佐夫"号这艘最新式的战列巡洋舰由于受伤过重而无法拖回，德军只好在人员疏散后用鱼雷将其"自裁"于海上。

英国人则对这场战争的结果感到非常郁闷，一百多年前纳尔逊率领皇家海军以弱胜强，一战摧毁法西联军，如今皇家海军却在占尽优势的情况下让对手全身而退，自己还被打得鼻青脸肿，说是丢人现眼也不为过。

在这场战役里，英国沉没3艘主力战列巡洋舰，3艘老式装甲巡洋舰，8艘驱逐舰，损失总吨位高达11万吨，阵亡6094人。

相对而言，德国的损失要小不少，他们只沉没了1艘主力战列巡洋舰，1艘老式前无畏舰，4艘轻巡洋舰和5艘驱逐舰，总吨位6万吨，阵亡2551人。

战斗中为保护主力而舍身"堵枪眼"的希佩尔成了德军的头号功臣，他本人也获得嘉奖，在名字里面加了个"冯"（弗兰茨·瑞特·冯·希佩尔），从此成为贵族。

出于国家脸面的考量，两国都对外宣称自己获得了胜利，杰利科也在该年年底被调去内阁当部长，皇家海军司令的位置则由戴维·贝蒂来接任。

随着时间的推移，英国人逐渐发现，其实结果也没有他们想象的那么糟，虽然这一仗放跑了德军主力，但皇家海军的优势地位并没有任何改变，整个北海仍在英军的封锁之下。

德国人虽然可以庆贺自己漂亮地对皇家海军来了一记虎口拔牙，但拔完牙后，自己还是被封锁在港口里。而且所有人都知道这一仗赢得有多么侥幸，大家其实是捡了条命回来。皇家海军27艘战列舰组成的那堵绝望之墙，从此成了德国海军心中挥之不去的梦魇，之后他们也再难做出有效的出击行动了。

声势浩大的日德兰海战并没有直接给一战的形势带来太大改变，但它产生了一个重要的间接影响——刺激德国去打开一个颠覆世界的潘多拉魔盒。

巨兽出笼

一战开始以来，德国就一直在为英军的海面封锁而感到郁闷。德国因封锁而无法与美国交易，这相当于让美国这样的工业大国成为协约国的专属后勤工厂，资源的天平歪到姥姥家了。

对德国来说，想要把这个资源的天平扳回来，有两条路子：

一条是比较直接的，既然你英国海军封锁我，那我就打败英国海军，粉碎你的封锁。按照这个思路，走到最后就是我们看到的日德兰海战。

还有一条思路是逆向思维，要平衡资源的天平，不一定是我和你一样获得交易权利，也可以是剥夺你的交易权利，让你和我一样无法交易，这也是一种平衡。

问题是德国海军并没有能力封锁海面，如何才能剥夺英国的交易权利呢？

德国的答案是用潜艇偷袭商船，一直到所有的商船都不敢运货为止。

所以，德国从一战开始就对大西洋的商船展开了无限制潜艇战，也就是说，所有靠近英国的商船都可能成为德军潜艇袭击的目标。这种不经警告见船就射的打法难免会伤及无辜势力，比如说美国。

终于，1915年5月7日，德国捅出了个大娄子。在这一天，一艘从美国开来的名叫"卢西塔尼亚"号的英国邮轮正驶入爱尔兰海，结果被蹲在这里的德国潜艇用鱼雷一发击中,沉入海底。船上1900多名平民死了1100多个,其中包括了115个美国人。

德军给出的攻击理由是"据他们的情报,这艘邮轮里运有送给英军的军事物资"。美国人闻讯后暴跳如雷,立刻向德国提出了严厉的抗议。

要知道美国在当时是一个完全中立的国家,它在卖货的时候并没有偏袒任何一方。虽然现实是美国成了协约国的专属后勤工厂,但这不是美国的错,它也想把货卖给德国,只是货运不过去而已,为此美国其至还一直抗议英国对德国的封锁(毕竟耽误挣钱)。

对当时的德国来说,美国是一个有钱有粮有工业而且对德国态度还不错的国家。无论从哪个角度看,都不应该因为一条不怎么确切的情报就把一艘从美国出发,载有美国人的邮轮炸得个底朝天。

这其实也从一个侧面体现出了欧洲人的傲慢。在他们眼里,美国人"不过是有几个破钱而已",并不是什么值得尊重的对象。怀疑就怀疑了,打就打了,怎么着吧?

当然,事毕竟是个大事,一家伙干掉1000多个平民的"壮举"是任何一个现代国家都无法容忍的。在各国舆论的巨大压力下,德国官方还是道了个歉,并承诺停止这种无限制潜艇战,算是"给了美国一个面子"。

美国倒也能忍,德国认错了,这事也就过去了,它骂骂咧咧地又回去安心赚自己的钱去了。

然而日德兰海战后,一切都变了。这场战役让德国彻底失去了从海面上突破英军封锁的信心,从此只能眼睁睁地看着一艘艘商船抵达英国,而自己的港口却空空如也。到1916年下半年,德国国内的物资已经紧缺到开始进行全民粮食配给。

在这种强烈的对比下,德国人的心态彻底崩溃了,最终他们决定豁出去，重启"无限制潜艇战"封锁英国，要饿大家一起饿！

在一些德国军官看来，只要坚持这个策略干6个月，就足以让英国经济崩溃，所以完全值得一赌。没错，这里面喊得最大声的就是舍尔。

正所谓不怕英国战舰多，就怕舍尔上赌桌。

1917年1月31日，德国公开宣布恢复无限制潜艇战，而且这次的攻击范围比之前更大。德国把丑话说在前头，不管是交战国还是中立国的商船，只要是去英国的，一律不经警告直接击沉。

如果一纸公告就能吓退所有的商船，那自然是最好的，当然这是不可能的。正所谓亏本的买卖没人做，杀头的生意抢着做，只要有钱赚，再大的风险也会有人去冒，德国的恫吓并没有吓退头铁的生意人，他们依然驾驶商船继续发货，然后一艘艘被送入海底。

后来经过统计，仅1917年这一年里，德国潜艇击沉的商船就多达2500艘。这样的举动当然沉重打击了美欧贸易，让美国怒不可遏。而压垮美国心态的最后一根稻草是1917年2月3日，德军居然把一艘美国军舰也击沉了。

埋头挣钱的美国莫名其妙地挨了一记老拳，它茫然地望向那片烽火覆盖的大陆：我招谁惹谁了？

可以说，这起事件给美国好好上了一课。

表面上看，美国在一战时期大发横财靠的是你情我愿的公平交易，所以美国认为自己之所以成功，完全是因为自己工作努力，造出来的东西征服了市场而已。

但从本质上来说，他们发的这个财其实是其他国家的"国难财"。美国人工作努力确实不假，但他们也不再往深了想想：在欧洲混战的时候去卖货，赚的都是些什么人的钱？

是英法这种吃人不吐骨头的魔王们的钱。

这些国家的行事风格向来是能抢劫就绝不赎买，现在它们看中你的东西，为什么不开着军舰过来直接拿走？现在它们凭本事打给你的借条，为什么将来还要真的去还？难道是因为你的东西物美价廉，他们欧洲人诚实守信吗？

美国之所以能在战争时期有恃无恐地去发"国难财"，从这些魔王的口袋里捞钱，靠的不是什么物美价廉和契约精神，而是靠西奥多·罗斯福总统在1907年打造出来的那支强大海军。

正是因为有了这么一支世界前三的海军，那些手上沾满鲜血的欧洲列强才不敢对这片富饶之地造次，它们现在缺的货只能乖乖地买，现在欠的钱将来也会乖乖地还。

当时的世界上不存在无缘无故的公平交易，任何大规模的自由市场都只能建立在舰炮的射程之内。想要在这颗星球上真正掌握自己的命运，你就不可能永远作壁上观。否则，在你埋头挣钱的时候，随时会有人随便找个理由就给你一拳，这就是现实。

如今德国连绵不绝的鱼雷终于把美国从岁月静好的迷梦中炸醒，1917年4月6日，美国对德宣战。

最后的反击

德国人一直认为美国的实力大概和丹麦、荷兰之流差不多，在谈及美国的战争威胁时，德国高级军官的原话是："美国在军事上等于零。"

结果美国一下子来了200万人。

就在英德拼命争当欧洲第一工业强国的时候，美国已经不声不响地坐上了世界第一工业强国的宝座。

1917年底，美军"纽约"号、"怀俄明"号、"佛罗里达"号和"特拉华"号战列舰编队抵达英国斯卡帕湾，与皇家海军组成联合舰队，后续还有更多舰只抵达，这使得德国海军彻底陷入绝望。

陆地战场也随着美军的加入而彻底失去平衡，德国的失败只是时间问题了。

1918年，协约国联军发动了夏季攻势，在9月底强攻突破了兴登堡防线，把德军从法国国土上赶走，并将战火烧到了德国境内。一时间德国形势岌岌可危。

在这之前的1918年8月，舍尔升职去中央当了海军部长，同时也把海军司令的位置让给了希佩尔。

希佩尔是英雄，每次行动都是"送死先锋"，他坐上这个位置自然是众望所归。但此时的德国已经穷途末路，这个位置其实是一个烫手的山芋。

果不其然，希佩尔上任还不到两个月，屁股还没坐热就接到了舍尔从海军部发来的命令："命你率全军出击，与英美联合舰队决一死战，如失败就自沉。"

希佩尔都当上总司令了，"送死先锋"的工作性质还是一点都没变，他的这个司令宝座怕是要一屁股坐到海底去了。

舍尔可真是个"好兄弟"啊。

不过接到命令后的希佩尔非常坦然，甚至还有一丝欣慰，在他心目中，这大概就是德意志海军和自己最好的归宿了。

然而水兵们并不是这么想的。对普通士兵来说，为了保卫国家去拼命没话说，但毫无意义的送死谁都不乐意，回家老婆孩子热炕头不香吗？

1918年10月25日，消息走漏了，基尔港的8万名水兵拒绝起锚，并把军舰抛锚熄火。

水兵闹罢工,这个任务自然也就无疾而终了。事后虽然德国政府抓捕和处决了大批闹事分子,但并没有扑灭起义的火苗。很快基尔港的起义浪潮就蔓延到德国全境,并诱发了德国十一月革命。舍尔和希佩尔这对德国海军的"卧龙凤雏"也因镇压起义不力而双双下岗,面面相觑。

到11月8日的时候,革命者已经占领了德国议会,并开始为"议会共和"做最后的准备。一天后,威廉二世被迫退位,逃往荷兰,从此再也没回来,德意志第二帝国正式灭亡。又过了两天,德国正式宣布投降,第一次世界大战结束。

这个时候的协约国联军其实只攻到德国的边境区域,最后的决战尚未开始,谁也想不到德国自己就突然哑火了。

在海军方面,希佩尔下课后,接替他担任公海舰队司令的是路德维希·冯·鲁伊特。

如果说英德的海洋战场是一个舞台,那么这个刚上任的鲁伊特充其量只能算是个临时演员。他的上任只是走个过场,把这座刚刚演完一场大戏的舞台打扫一下。然而鲁伊特硬是凭借一己之力,在大戏落幕的最后一刻站到了舞台中央。

在20世纪初,一个国家的军队里最值钱的装备就是海军的主力战舰。德国投降后,各国都对德军的战舰垂涎三尺。

英国近水楼台先得月,在德国投降后第一时间把公海舰队里最值钱的家伙什连人带船一起押到了自己的地盘。这里面包括11艘最新的战列舰、5艘战列巡洋舰、8艘巡洋舰、50艘驱逐舰和整支潜艇部队。

德舰上的德军无可奈何地降下德国旗帜,然后开着自己的战舰跟随英舰前往斯卡帕湾。而鲁伊特作为舰队司令,自然也在舰上和舰队共进退。

虽然英国把这些战舰都攥在了手里，但当时的列强还没有就这些战舰的处理方式达成共识。所以英军也一直没有登舰正式收编这些战舰，直到1919年初召开的巴黎和会上，这些战舰具体怎么分仍然没有一个明确的说法。

于是这些军舰上的德军官兵只能在司令鲁伊特的带领下，边吹着冷风边等待着最终的裁决。

巴黎和会的谈判非常激烈，其中最尖锐的矛盾集中在德国的投降条件上。

德国认为自己并没有被打败，只是自己不想打了而已，于是提出了很高的投降条件。但协约国阵营认为没必要跟败军之将浪费口舌，一门心思要求德国接受苛刻的条件。

双方僵持不下，协约国干脆给了德国一个最后通牒：如果6月21日之前不按要求投降，那就接着打。

在协约国的重压下，德国被迫认怂，接受了苛刻的停战条件。在这整个过程中没有一个人想到把这个结果通知给还在斯卡帕湾喝西北风的德军官兵。

德军虽然选择了投降，但人家也是有底线的。他们之所以愿意老老实实地把军舰开到英国，是因为战争已经结束了，这些军舰就算被夺走，也不会用来攻击德国。

如果又要开战的话那就是另外一回事了，在战争状态下把这些军舰送给英国无异于资敌。

鲁伊特当然不能忍受这样的屈辱，他决定不惜一切代价进行反击，阻止英军收编这些被扣押的德军舰船。决心虽然坚决，但现实非常"骨感"。真正开始行动的时候，鲁伊特才发现，"反击英军"这件事根本就没有可操作性。

第十二章 霸权旁落

作为一支被扣押的舰队,这些舰上跟战斗有关的设备自然早已被阉割得七七八八。

首先,它们几乎没有什么剩余的煤,跑不了几步就会趴窝;

其次,没有弹药,甚至连炮栓都被卸了;

更糟的是,人员配置也被精减到了极限,一艘船上也就两百来人。

就这还反击?拿头反?

经过一番深思熟虑,鲁伊特终于想到了一个办法。

1919年的6月21日,英国舰队按计划出海训练,这正是鲁伊特期待已久的行动时机。具体的行动安排早在几天前就已经布置好了,此时的鲁伊特只是平静地向整支舰队发出了一道密令:"彩虹行动开始。"

各舰上的德国水手们立刻心领神会,他们在自己的战舰上升起了早前被迫降下的德国旗帜,然后打开了所有的通海阀,海水瞬间汹涌而入。

这就是鲁伊特的办法:集体自沉。

看着这些德舰一边升起旗帜一边东倒西歪地沉没,港内的英军惊呼大事不好,他们连忙划小船过来阻止资产流失,双方爆发了激烈冲突。英军在冲突中开枪击毙了德国海军少校舒曼和8名德国官兵,这些人也成了一战中最后一批阵亡的官兵。

最终公海舰队的16艘主力战舰除1艘被英军紧急拖到岸边搁浅外,其余的全部沉入冰冷的海底,一起沉没的还有几十艘轻型舰船,自沉总吨位高达40万吨。

德国人这场跨世纪的海军大梦就此灰飞烟灭。英国人闻讯后则捶胸顿足,好不容易抢来的"金疙瘩"就这么没了。

鲁伊特少将后来被释放回国后,他在国内得到了英雄般的欢迎,被誉为"保全德国海军荣誉和尊严的民族英雄"。这位老哥半天内沉掉40

万吨战舰的"战绩"可谓前无古人后无来者。

没钱汉子难

英国为维持欧洲均势奋斗了几百年，一直保持着自己在欧洲的超然地位，并最终统御七海，成为日不落帝国。

拜这个"欧洲均势"所赐，欧洲的内斗和混乱一刻也没有消停，第一次世界大战更是把这片大陆从大航海时代积攒起来的优势轰成了渣渣。

此时的英国仍然认为只要干掉了德国，就消除了自己最大的威胁；只要遏制了欧洲统一，就依然可以保证自己站在世界之巅。

早在1916年刚刚打完日德兰海战的时候，英国就开始针对海战中暴露出来的问题，对军舰技术进行改进和升级，并在此基础上开启了新一轮造舰计划，继续做着统御七海的美梦。

就在这时，有两个欧洲以外的国家也开始做起了同样的美梦，它们就是美国和日本。

美国海军在参战前一直维持着稳定年产2艘战列舰的节奏，慢慢也积攒起了不少家底。一战参战后，财力和工业实力雄厚的美国突然发力，推出了规模庞大的装备406毫米（16英寸）主炮军舰的造舰计划：

他们先是开工4艘3万吨级的"科罗拉多"级战列舰，然后又开工了6艘更强大的4万吨级"南达科他"级战列舰和6艘4万吨级"莱克星顿"级战列巡洋舰。这16艘主炮口径都达到406毫米。无论是吨位还是主炮口径均碾压英国皇家海军现有的战舰。

日本在日德兰海战后也推出了由8艘战列舰和8艘战列巡洋舰组成

的"八八舰队"计划。

其中12艘全部装备410毫米以上级别主炮，后4艘甚至达到460毫米，吨位也达到4万吨，甚至更高。

"八八舰队"计划的首舰"长门"号战列舰于1917年开工，它比英国的王牌伊丽莎白女王级战列舰口径更大，航速更快。后续舰更是一个比一个大。

美国现在不仅要在海军建设上赶英超日，还对全球海洋秩序动起了心思。

早在一战快结束的时候，美国总统威尔逊就提出了14条和平纲领，其中第二条明确要求以后各国无论在和平还是战时都不能私自封锁除自己领海以外的海域。显然，美国对一战时没能赚到德国的钱一直耿耿于怀。

而在英国看来，美国此举简直就是"司马昭之心路人皆知"，这是企图要分享我的海洋啊！

为了对付这个"图谋不轨"的乡巴佬，英国就针对美国的造舰计划升级了自己的计划。而美日两国一看英国在升级，自己也赶紧升级……

在那个年代，所谓升级战舰技术其实就是加更厚的装甲、更粗的炮管、更多的锅炉。终于，经过反复内卷，各国军舰的纸面设计已经达到了排水量接近5万吨。

美国在技术升级上受限于巴拿马运河的宽度和自身炮管技术的落后，单舰的各项指标都略微落后于英国升级后的计划。不过美国也有自己的办法——堆量。1919年，美国更新了造舰计划，在原来的基础上又增加了28艘战列舰和战列巡洋舰，以及140多艘辅助舰只。

质量不行我就用数量怼死你，工业大国就是这么蛮不讲理。

1920年，三国海军百舰齐发，各自的造船厂都吹响了冲锋的号角，开启了这场人类有史以来最大规模的造舰竞赛。

然后就经济危机了……

这些造船厂刚开了个头，各国的经济指标就急转直下。这其实一点也不意外，大佬们才刚刚拼完国力打完一场世界大战，兜里怎么可能还有闲钱去培育这些吞金巨兽？

日本首当其冲，这个国家的经济结构十分依赖国际市场，打仗的时候欧洲列强是战时经济，可以不计成本到处买买买，日本也就跟着好好蹭了一把。现在仗打完了，列强家里也没有余粮了，一个个都开始勒紧裤带还债，日本货自然也就没人买了。

1921年，日本海军预算占日本财政总支出的32%，再加上陆军的支出，日本一半以上财政都砸到了军备上面，穷兵黩武到了极点。

财力有限的日本最终不堪重负，被迫紧缩银根，宏伟的造舰计划也就只能停留在纸面上了。

英国的日子也好不到哪儿去，英国在战争中烧掉了大量的财富，英镑购买力暴跌至战前的三成。更糟的是，英国在国际贸易中的市场份额还被美日两国趁乱抢去了不少。

这下日不落帝国是真的缺钱了，造舰计划便成了无米之炊。

英国造舰一缺钱，就会想到去找对手聊一下"理性消费"的事，一战前英国就曾经跟德国聊过，结果被人家轰了出去。不过大英帝国有一点好，就是脸皮厚。上次被打脸，不妨碍这次再试试。

1920年3月，英国海军大臣维斯考特·朗表示，希望通过公开协商的方式确保美英两国维持同等力量的海军。这标志着英国正式放弃了自己海上霸主的地位，开始认清现实退而求其次。

那么，美国会给面子吗？

按理说没必要，因为当时美国的国力已经明显超过英国，经济状况

第十二章 霸权旁落

相对来说也没英国那么窘迫，所以这个时候美国完全可以像一战前的德国那样把英国轰出去，然后一鼓作气把海军干到世界第一。

时任美国总统威尔逊确实是这么想的，在他看来，趁着战后欧洲列强集体趴窝，美国得赶紧抓住机会登上世界领导者的宝座。为此他还特地倡导组建了国际联盟，自己帮自己把舞台都搭好了。

现在一切准备就绪，然后美国的选民们说了不。

尽管美国通过参加一战攫取了大量的国家利益，但普通人并没有意识到这一点。在他们看来，为了掺和另一片大陆上的战争而造成大量伤亡是非常不划算的。于是，战后的美国重新回到了孤立主义之中，对掺和美洲以外的事务非常反感。

结果美国不要说趁机扩张海军争做世界第一了，连自己倡导组建的国际联盟都没能加入（被参议院否了）。人们并不感谢率领美国打赢一战的威尔逊总统，他所属的民主党在年底的总统大选中惨败，接替他上台的是共和党的哈定（该总统任上丑闻不断，并在上任2年多后离奇去世）。

作为跟民主党针锋相对的对手，哈定上台的第一件事就是裁减军费。这下美国彻底踏实了，只能老老实实地和包括英国在内的一帮穷鬼聊起了理性消费的事。

1921年11月12日，为限制列强海军的竞争和协调国际关系，各国在美国华盛顿大陆纪念馆召开了华盛顿会议。

参会的有9个国家，美英法日意比荷葡中，但其中真正说得上话的只有5个：美英法日意。这5个国家就是当时世界上仅存的还没彻底趴窝的列强。

这场会议除了处理巴黎和会遗留下来的问题外，主要内容就是限制这5个大佬的海军规模。

331

在这个问题上，美国提出来的基本思路是这样的：大家在未来十年内都不要再造新的主力舰了（标准排水量超过一万吨，主炮口径超过203毫米的战舰定义为主力舰），美英日法意五国的主力舰维持在5∶5∶3∶1.75∶1.75的比例，超出比例的部分各自销毁拆除。

对于这个比例，法国一开始是拒绝的。

法国历史悠久，江湖地位很高，现在整得跟意大利一个档次了，这不就三流了吗？

然而外交场上最终讲的是实力。法国在一战中元气大伤，此时已经没有任何与英美日讨价还价的筹码，英美日敷衍了一下之后，法国也就认命了。

事实上在华盛顿会议中，真正关键的问题都是由三个人关起门来讨论决定的，他们是美国国务卿查尔斯·休斯、英国枢密院大臣亚瑟·巴尔福，以及日本海军大臣加藤友三郎。

除了限制主力舰吨位比例外，条约还规定各国都不得对自己占领的西太平洋岛屿进行军事化建设。

经过三个月的友好协商，各国最终签署了《美英法意日五国关于限制海军军备条约》，即《华盛顿海军条约》。这是人类历史上第一个大规模限制军备竞赛的条约，有效期为15年，其中1921~1931这10年里禁止新建战列舰，1931年后可以缓慢建造不超过3.5万吨，口径小于406毫米的战列舰。

此约一签，各国海军造船厂的订单瞬间归零，不仅图纸上的计划全部凉凉，甚至很多造到一半的新舰也要废弃。最后连英国阿姆斯特朗造船厂这样的军工巨头也关门大吉。列强的国土则因此享受到15年的和平，史称"海军假日时代"。

后来为了避免浪费，条约还是允许各国将一部分造到一半的主力舰完工，但是不得在上面安装主力舰标准的舰炮。于是各国只好在这些半成品上架起宽阔的甲板，用来放置负责侦察的飞机，这类"别扭"的军舰被称为航空母舰。

霸权旁落

从表面上看，《华盛顿条约》是对英国的巨大打击，英国被迫从王座上走下来，开始和暴发户美国平起平坐。

不过这已经是一个非常体面的结局，因为大英帝国的钱包早就被世界大战烧出了一个大窟窿。现在签署海军限制条约，表面上看是英国做出让步允许美国崛起。实际上如果不签这个条约，用不了几年，美国完全可以直接踩到他们的头上。

可以说，《华盛顿条约》又给了大英帝国15年的面子。

日本则认为自己吃了亏，华盛顿会议不仅让日本吐掉了不少在华特权，还把日本海军的规模限制在一个较低的水平。

按照日本自己的计算，它需要保持美国海军七成的战力才有与之一战的资本，现在条约只给了它六成的份额。更糟的是，条约还不允许它对一战期间占领的西太平洋岛屿进行军事化建设，这搞得日本感觉很不踏实。

于是日本回去后越想越气，以至于其国内很多人甚至认为华盛顿会议是日本的"屈辱外交"。

但今天我们再回过头去看这个条约，日本当年纯属闷声发大财，得了便宜还卖乖。

虽然从纸面上看，条约限制了日本的军舰数量，但军舰这玩意，就算不限制你，你也得有能力造才行。日本的工业实力远不如英美，如果大家都不限制放开了造，日本海军不要说美国的六成了，能不能维持在美国的两成都不好说。

正是因为《华盛顿条约》的存在，英美这样的强国才会躺平，给了日本海军一个和他们保持战力接近的机会。

然而，就像人们很容易把平台的机会当成自己的能力，日本在这之后就真的认为自己和英美的实力差距一点也不大。

当然，不管怎么说，5∶3的纸面差距还是很明显的。按照"一片海域的制海权只属于域内最强海军"的海权规律，日本在太平洋依然还是要唯美国马首是瞻。

但理论归理论，现实归现实，现实往往比理论复杂得多。条约下英美海军的战力虽然比日本高出一大截，但美国海军搞的是两洋战略，要同时兼顾太平洋和大西洋；英国也是类似的全球战略，世界各地一大堆殖民地要看着。因此，这两国的海军虽强，但力量是分散的。

而日本的力量只需要覆盖西太平洋海域，这就导致在日常状态下，日本海军在这一带海域对英美海军形成了相对优势。

另外，条约还有一个重要的规定，就是西太平洋岛屿的非军事化。日本对此很不爽，但这并非针对日本，而是对所有国家都一视同仁，这也导致英美所占岛屿的非军事化。

既然岛屿都"裸奔"了，那自然就是军舰说了算，所以这个规定客观上增强了日本海军对这一地区的统治力，这也为二十年后日本横扫东南亚埋下了伏笔。

当然，可能会有人提出疑问：虽然一战后日本海军在西太平洋取得了优势，但军舰的机动性很强，可以全世界到处跑，日本要是真敢搞事，美国把大西洋的舰队调过来一起打不就行了吗？

第十二章　霸权旁落

这里又有一个现实的问题：军舰虽然可以满世界跑，但毕竟不是瞬移，它航行起来需要时间。《华盛顿条约》下的海权格局在客观上给了日本一个打时间差的机会：日本可以出其不意，趁美军完成舰队调动之前，先把美军的太平洋舰队吃掉。

另外值得一提的是，在华盛顿会议开始后没几天，日本大正天皇就因病重而无法处理"朝政"。于是在这个决定日本未来命运的当口，该国的皇太子就走到了台前开始摄政。他经历了华盛顿会议的整个过程，对这个会议给日本带来的制约和机会都有非常清晰的认知。

这个皇太子，名叫裕仁。

美国通过华盛顿会议掌握了世界事务的主导权，并削弱了日本在东亚的特权，还通过英美日法四国公约瓦解了英日同盟，玩了一把全球版的离岸平衡。

这对美国来说是非常大的收获，他成功限制了日本在东亚的发展速度。

但美国在海军限制方面就比较吃亏了。因为就当时的国力而言，美国不仅远超日本，而且也把饱受战争冲击的英国甩在身后，是毫无疑问的世界第一，完全不怕跟这两个国家进行军备竞赛。

美国如果不作茧自缚，用不了几年美国海军的规模就能远远甩开对手，轻松保障自己势力范围内的长治久安。现在签了个《华盛顿条约》，生生把自己的海军实力摁在和英国并列第一的位置上，即使是跟日本相比也强得有限。

美国为什么这么"蠢"呢？

其实这也不是蠢，正如上文所说，这是美国的一个利益选择。普通美国人对海上的军事风险没什么兴趣，他们只看到各国都在为了省钱而裁军，便觉得美国也应该"跟国际接轨"。

造舰？不安逸！

搞钱？安逸！

最终这个国家在巨大的威胁面前蒙上了自己的眼睛。新一届政府"阉美国之力量，结列强之欢心"，主动签约裁军。

正所谓"忘战必危"，美国本来手握一把好牌，却因为贪图安逸而给自己挖了一个大坑，未来它将为此付出惨痛的代价。

英国通过第一次世界大战如愿以偿地压制住了最大的对手德国，然而等它回过头来，却发现欧洲文明已经不可避免地走向衰落。

华盛顿会议不仅标志着英国统御七海的百年霸权落下帷幕，也意味着世界的中心开始从大西洋转向太平洋。这个时候的人们打开世界地图，会看到美国虎踞东太平洋，日本手握西太平洋，英国控制印度洋，同时英美还共享着大西洋。

至此，人类世界王座易主，全球海权格局形成了英、美、日三分天下的鼎足之势。

结　语

1930年，为对《华盛顿条约》进行补充，列强聚集伦敦一番商讨，签署了《限制和削减海军军备条约》，即《伦敦条约》。

《伦敦条约》相当于《华盛顿条约》的补充条款，让英美日不得建造战列舰的期限又延长了5年。同时还约定了各国万吨以下巡洋舰、驱逐舰、潜艇的吨位份额，进一步限制了海军竞赛。

在《华盛顿条约》和《伦敦条约》管控的这15年时间里，列强进入了"海军假日"和平时代。避免了恶性军备竞赛，列强国土进入短暂的和平时期。

随着1936年条约到期,即便英国苦苦哀求,日本等国也纷纷表示不续签了,去它的和平条约。

列强迫不及待地一窝蜂开工一堆超标大家伙,最夸张的是日本直接造6万吨以上460毫米主炮的"大和"级战列舰。

只有英国还在幻想着把大家拉回谈判桌,老老实实按条约规则生产只有3.5万吨356毫米主炮的"英王乔治五世"级战列舰。事后丘吉尔痛斥:全世界都不讲武德了,只有我们还在愚蠢地遵守条约。

此时,海上再次弥漫起硝烟……